TU INOVAS?
TUTORIAL DA INOVAÇÃO!

Blucher

Paulo G. B. Cordaro

TU INOVAS?
TUTORIAL DA INOVAÇÃO!

Estabelecimento de uma atuação filosófica-científica para se inovar efetivamente

Tu inovas? Tutorial da inovação!: Estabelecimento de uma atuação filosófica-científica para se inovar efetivamente

Editora Edgard Blücher Ltda.

Publisher Edgard Blücher
Editor Eduardo Blücher
Coordenação editorial Rafael Fulanetti
Coordenação de produção Andressa Lira
Produção editorial Mariana Naime
Preparação de texto Luciana Moreira e Renata Truyts
Diagramação Plinio Ricca
Revisão de texto Helena Miranda
Capa Laércio Flenic
Imagem da capa iStockphoto

Blucher

Rua Pedroso Alvarenga, 1245, 4º andar
04531-934 – São Paulo – SP – Brasil
Tel.: 55 11 3078-5366
contato@blucher.com.br
www.blucher.com.br

Segundo o Novo Acordo Ortográfico, conforme 6. ed. do *Vocabulário Ortográfico da Língua Portuguesa*, Academia Brasileira de Letras, julho de 2021.

Dados Internacionais de Catalogação na Publicação (CIP)
Angélica Ilacqua CRB-8/7057

Cordaro, Paulo G. B.
Tu inovas? tutorial da inovação!: estabelecimento de uma atuação filosófica-científica para se inovar efetivamente / Paulo Cordaro. – São Paulo: Blucher, 2024.
240 p.: il., color.

Bibliografia
ISBN 978-85-212-2168-5

1. Conceitos 2. Inovações 3. Pesquisa I. Título
24-0366 CDD 121.4

Índices para catálogo sistemático:
1. Conceitos

Não verás a luz plena aquele que esteja no cárcere trancado
Não saboreará o alimento aquele caso o gosto não tenha provado
Só apreciará a brisa aquele com o rosto suado e colorado
Só entenderá a perseverança quando a dúvida tornar-te atormentado
Viverá a sua escolha, assim como as dores são do pecado
Preservará sua palavra, no incontestável valor do resultado
Sempre será melhor do que você mesmo no passado

Sofrimento é aflição, angústia e enganação
É algo que não se escolhe, pois quem almeja para si a deterioração
Do sofrer, então, podes decorrer em devoção, autodeterminação e elevação
Pois, caso viveis somente no sofrer, terás a dor, irritação, autoflagelação, punição e o fim como orientação
Para não quereis sofrer, deves ao menos o viver
Entender que a dor é parte do ato de compreender
O contexto em que vives, nesse podes estabelecer o que te farás crescer
Caso continue a sofrer, pensai que estás estagnado no estágio de apenas querer
Para se mover use o sofrer como o ar é comburente
E entenda que hoje se faz presente
Para amanhã ser um lembrado ausente

És o termo perdido e calado da abrupta emenda do simplório fazer
A decisão se faz amarga e não é rechaçada
Relaciona-te tu com o ato de entender, com pouco compreender
A procissão é a pessoa obrigada e enganada
Que por si só, percebas, faz-te retroceder
A pávida constatação de sofrer,

Que és o âmbito vendido do compadecer,
Almeja-te a forma elevada de reverberar
E esqueceis que também podes a promover
Reluta-te a realizar sem elaborar
A inovação que nos faz resultar, na civilizatória evolução do crescer

À minha amada filha, Carol.

Prefácio

A definição de Inovação já tem um vasto repertório bibliográfico, em que diversos autores e colegiados tecem sua transcrição ou descrição, exatamente a fim de a enunciar ou delinear um significado.

Dentre esses autores e colegiados, podem-se citar os mais aclamados e efetivos, que primordialmente indicam ou transcrevem, direta ou indiretamente, a Inovação:

> Joseph Alois Schumpeter, autor do célebre livro *Teoria do desenvolvimento econômico*;
>
> Manual de *Frascati*, documento-referência que propõe uma metodologia clara para tratar dados e estatísticas referentes à área de P&D, preparado e publicado, inicialmente, pela OCDE;
>
> Manual de *Oslo*, mais um documento-referência da OCDE, com o objetivo de oferecer diretrizes para a coleta e a interpretação de dados sobre Inovação, teorizando-a.

Todos esses documentos representam valores extremamente válidos para a formulação da Inovação, auxiliando em sua definição.

Este trabalho, de forma simples e singela, procura colaborar com a definição de Inovação a partir de observações empíricas, que não sejam exclusivas com a definição de Inovação em si, mas também outros conceitos adjacentes ou auxiliares que, fundamentalmente, efetivam e corroboram para a formulação da Inovação. Uma espécie de trâmite do entorno é respeitada, desde o que precede ou inicia a Inovação, direcionando-a ao que a estabelece e efetiva, até o respectivo desfecho resultante. Desenvolve-se, dessa forma, a definição de Inovação de maneira ampla e incorporada com o contexto e as circunstâncias que a cercam, com base exatamente nesses conceitos auxiliares, os quais compreendem o arredor ou a cercania relativa às peculiaridades e às correlações, específicas de cada caso ou situação, em que haja potencial, perspectiva promissora ou acontecimento de Inovação.

Assim, de forma alguma há a intenção de redefinir o termo Inovação. Usar a expressão "definição" ao longo deste trabalho representará exatamente o entendimento e a compreensão da Inovação em termos de um estudo mais abrangente e passível de contextualização. Dessa forma, pode-se determinar a Inovação por uma definição extremamente factível e replicável, para escopos e situações diversas. Nesse contexto, podem-se citar vários outros conceitos que apresentam definições diferenciadas como forma de colaboração ou aprimoramento quanto ao respectivo entendimento da Inovação.

Além disso, a utilização da palavra "definição" respeitará acepções variadas, cujos significados podem variar conforme o contexto (ou ponto de vista) de entendimento. Por exemplo, em termos de geometria descritiva, a definição do conceito de segmento de reta não é necessariamente a menor distância entre dois pontos, ela também pode ser definida como um arco de circunferência com o limite do raio tendendo ao infinito. Assim, fica intrínseco e perceptível que as definições das coisas podem depender uma das outras ou se correlacionar, conforme o ponto de vista contextualizado. Então, como exemplificado na definição do segmento de reta, esse torna-se proveniente do ponto de vista da geometria descritiva, conjuntamente, do cálculo de limite.

Por esse exato anseio de colaborar na determinação de ampla definição da Inovação, conforme diversos conceitos auxiliares e pontos de vista correlacionáveis, este trabalho se apresenta como um tutorial, não sendo absoluto ou absolutista nas afirmações, e sim orientador e guia quanto ao se inovar, precedido pelo entendimento e pela compreensão. É estabelecida uma abordagem filosófica-científica para com o ato de inovar, respeitando-se, assim, diversos pontos de vista inerentes que envolvem o contexto da Inovação e definindo-a de forma mais abrangente e elucidativa. A partir dessa abordagem de tutorial, diversos outros conceitos serão concomitantemente elucidados, explicados e correlacionados quanto à própria definição, e, assim, com a formatação sistemática da Inovação.

Essa é a tônica desta obra: prover o entendimento e a compreensão da Inovação para sua realização, partindo dos contextos iniciais (previamente formadores ou formuladores da Inovação), a constituição da Inovação em si (obtendo-a, também, com base no contexto que a determina) e o resultado prático ou pretendido, decorrente das ações e atividades inerentes na realização da Inovação.

Por essa razão, o trabalho é organizado a fim de explanar os conceitos e termos, ao detalhe, que podem envolver a Inovação (traçado a partir do trinômio começo, meio e fim). Assim, a obra se caracteriza pela busca da transcrição determinativa de todo o contexto que seja passível de associação ou vinculação com a Inovação, compreendendo-os em uma série de conceitos, termos e acepções adicionais ou complementários, que sejam identificáveis com o cotidiano de alguém ou de uma organização que almeje inovar.

Como um tutorial explicativo, o presente não procura traçar caminhos específicos, ou apresentar metodologias práticas a se aplicar. E sim, explicar os possíveis caminhos ou formas de realização, a partir de conceitos, em que definitivamente se possa obter a Inovação, independentemente da alusão construtiva dessa, ou do meio e do contexto, em si, em que a Inovação seja inerente.

Referenciando o *Manual de Oslo*, em sua terceira edição, temos:

O trabalho de Joseph Schumpeter influenciou bastante as teorias da Inovação. Seu argumento é de que o desenvolvimento econômico é conduzido pela Inovação por meio de um processo dinâmico em que as novas tecnologias substituem as antigas, um processo por ele denominado "destruição criadora". Segundo Schumpeter, inovações "radicais" engendram rupturas mais intensas, enquanto inovações "incrementais" dão continuidade ao processo de mudança. Schumpeter (1934) propôs uma lista de cinco tipos de Inovação:

i) introdução de novos produtos;

ii) introdução de novos métodos de produção;

iii) abertura de novos mercados;

iv) desenvolvimento de novas fontes provedoras de matérias-primas e outros insumos;

v) criação de novas estruturas de mercado em uma indústria.

Temos, assim, uma definição autoral, a partir do trabalho de Joseph A. Schumpeter, referenciado no *Manual de Oslo*, que representa um complemento do *Manual Frascati*, uma vez que ambos são editados pela OCDE (Organização de Cooperação e Desenvolvimento Econômico). Tornando-se essas referências associáveis entre si, uma vez que os trabalhos de Joseph A. Schumpeter são precursores da definição da Inovação, o *Manual Frascati* tange uma abordagem orientada à P&D (Pesquisa e Desenvolvimento) e, assim, o *Manual de Oslo* visa ser um compêndio de todas as ditas teorias da Inovação (que envolve diversos outros autores e estudos que consideram a Inovação elemento primordial dos desenvolvimentos socioeconômicos, por exemplo, citando, especificamente, Romer, P., *Mudança tecnológica endógena*, que contribui nessa teorização).

Importante ressaltar que P&D pode originar a Inovação, porém, essa afirmação não é uma constante ou um axioma, pois essencialmente a Inovação pode surgir de qualquer procedência, em termos de organização, ou também via um indivíduo. Por exemplo, usualmente pesquisas denominadas como básicas, puras ou fundamentais ocorrem em predominância em universidades (por exatamente envolver a graduação e, especialmente, a pós-graduação), em que prevalece a intenção de estabelecer ou expandir os preceitos de conhecimento (ciências em geral, conforme os diversos campos de estudo ou conhecimento). Já as denominadas pesquisas aplicadas procedem em parte também nas universidades, nos institutos de tecnologias e centros de pesquisas, via profissionais já formados e inteiramente dedicados às atividades de P&D. E, por fim, as pesquisas apenas de aplicação ocorrem em empresas privadas, que transformam as pesquisas em produtos e serviços. Esses preceitos transitórios quanto às pesquisas e aos desenvolvimentos, ou, em termos gerais, ao que tange o conhecimento, não são um mantra ou um trâmite determinista, e sim somente uma observação quanto a uma usualidade. A Inovação é tratada e relatada neste livro na essência de seu surgimento e da sua formação (independentemente de se originar de atividades unicamente de P&D ou de atividades pouco convencionais) quanto à definição dessas funções, e não unicamente fundamentada no meio ou forma em que se origina, embora tal tema seja abordado, a fim exatamente de melhor apurar os efeitos quanto ao surgimento, à formação e ao prosseguimento da Inovação. Uma vez que, por exemplo, um trabalho acadêmico, caracterizado na dita pesquisa básica, já pode consequentemente desencadear uma Inovação, mesmo sendo isso uma situação típica da pesquisa de aplicação.

Entretanto, o conhecimento não se cerceará somente na imposição e nas regras dos meios acadêmicos ou universitários, e sim, majoritariamente, em qualquer atividade que possa ser encarada como Inovação aplicada (no sentido de já utilizar um ato ou algo de cunho inovador, com determinadas aplicação e finalidade), uma vez que o conceito de obtenção de tecnologias inovadoras, por exemplo, não se originaria unicamente em uma única forma ou tipo de trâmite.

Assim, no *Manual de Oslo*, em sua terceira edição, temos:

> Uma inovação é a implementação de um produto (bem ou serviço) novo ou significativamente melhorado, ou um processo, ou um novo método de marketing, ou um novo método organizacional nas práticas de negócios, na organização do local de trabalho ou nas relações externas.

Isso já representa uma definição de Inovação.

Dessa forma, nos capítulos a seguir, uma transcrição mais abrangente quanto à Inovação ocorrerá, não representando uma definição contraditória, competitiva ou avessa quanto à já editada pelo *Manual Oslo*, e sim uma colaboração complementar, mais específica e elucidada quanto ao conceito de Inovação. Porém, não é menos sucinta quanto ao *Manual de Oslo*, apenas mais específica ou detalhada em relação a esse, proporcionando tal caráter complementador e colaborativo, a partir dos diversos pontos de vista inerentes nos trâmites de elaboração, realização e resultantes da Inovação.

Importante ressaltar que esse tutorial tange as definições filosófica, técnica e específica da Inovação, considerando-se o seu aspecto funcional, característica primordial e primária da Inovação. Decorrendo-se desse, os outros aspectos que representariam a consequência; como o *Manual de Oslo*, que cita os processos ou trâmites de marketing (mercadologia) efetivados, como forma determinante da definição de um ato ou ação como inovadores. Neste tutorial, o autor principal desse ato ou ação da Inovação não é determinado, podendo ser qualquer tipo de organização, pública ou privada, com finalidades distintas quanto a lucro ou objetivos, por exemplo, podendo também ser um indivíduo isolado, que efetua Inovação (fato esse relativamente amparado por acontecimentos históricos, que serão citados neste trabalho). Assim, desgarra-se, neste trabalho, de um objetivo primordialmente teórico-econômico para se atentar em promover entendimento e compreensão práticos e realísticos da definição e determinação da Inovação, de forma independente da caracterização e classificação do contexto existencialista (dimensão ou escala socioeconômica) e formulador (pessoa jurídica ou física) quanto à Inovação em vias de se efetivar ou acontecer.

Por fim, este trabalho se estrutura em cinco capítulos, em que o entendimento amplo é passível de ser intercalado, entre tais capítulos; porém, também, cada capítulo é distinguível, comparativamente aos demais. Proporcionando assim, leituras distintas e intercaláveis (ou até concomitantes), não sendo necessariamente obrigatória a leitura completa e sequenciada; pois, sempre, caso necessário, ocorrerá a referenciação de capítulos distintos, quanto à complementação e citação de determinado assunto ou conceito.

Isso decorre, exatamente, pelo objetivo dessa obra ser um tutorial, apresentando todo um encadeamento das concepções associáveis à Inovação, separadas ou distinguidas, em que cada capítulo apresente considerações relevantes e específicas, conforme a elegibilidade ou necessidade da pessoa ou equipe que o lê.

Dessa forma, no Capítulo 1 se tangem e tecem os princípios que norteiam, identificam e definem a concepção de Inovação, a partir de uma série de acepções e outros conceitos acessórios. Há a distinção entre a transcrição da Inovação e a sua expressividade; e, em conjunto, com a definição do funcionamento desta. Dessa forma, há conjuntamente o enredo do que se leva ou determina a Inovação, como o respectivo nascedouro, com o que e como essa é obtida, em termos conceituais e explicativos. Dessa forma, complementa-se o entendimento e compreensão da Inovação, via os contextos e circunstâncias desde o início precursor ou motivador, a formulação ou obtenção e, assim, a realização ou resultante final; traçando-se a relação de causa e efeito da Inovação.

Já o Capítulo 2 descreve para todo o entorno que envolve a decisão da Inovação. Não somente a decisão de inovar, e também, majoritariamente, os contextos argumentativo, perceptivo e enunciador dos quais decorre a Inovação. Pois, muitas vezes o ato de inovar implica em diversas, incidentes e intensas dúvidas, estendendo-as até na propriedade ou capacidade de se perceber uma situação para se inovar, considerando-se, inclusive, aspectos de configuração mental, atrelados à cognição e afeto. Ainda, há uma série de aspectos que influenciam e determinam a decisão de se inovar, atreláveis à contextualização da argumentação com a situação atual e uma situação projetável (futura), calcada em distinção de pontos de vistas, vieses e disposições.

O Capítulo 3 trata do fenômeno da regra, cujo contexto das regras vigentes pode conflitar com a obtenção da Inovação. Assim, a fim de se traçar um cenário ou ambiente propício à Inovação, faz-se necessário atentar para o contexto e circunstância que a envolvem, em termos das regras (tácitas ou formais) que regem e orientam os trâmites e processos vigentes, contextualizados na situação preliminar de se inovar.

O Capítulo 4 representa uma antítese (complementadora) do Capítulo 2, a partir da transcrição das contradições funcionais passíveis de ocorrência, as quais implicam um contexto que pode tolher ou incentivar a Inovação. Assim, para fins de tutorial, tal análise se faz de extrema relevância, entrelaçando-se as concepções descritas, a fim de se identificar situações contraditórias, que influenciam o andamento da Inovação.

Por fim, o Capítulo 5 apresenta o índice de Inovação, com o qual faz-se possível avaliar o contexto, em termos de se identificar e se obter a Inovação, via uma simples mensuração e compilação, aplicável a um indivíduo, como também, a uma organização ou a um coletivo, por exemplo; a partir da capacidade e propriedade de se aventar, captar ou criar novas possibilidades solucionadoras (via uma relação de causa e efeito inovadora), como, também, na mesma propriedade de efetivar tais possibilidades, em termos práticos e medíveis.

É importante comentar que todo o trabalho explicativo é apoiado pela composição e aplicação de diagramas elucidativos, em esquemas, fluxos de informações e dados e combinações de conceitos, concepções e acepções; os quais são amplamente utilizados, exatamente a fim de agregar uma elucidação ilustrativa e intuitiva, aliando funcionalidade com visualidade. Assim, faz-se válido observar tais diagramas, pois, para evitar redundância, a parte textualizada procurará somente complementar as informações já providas.

A finalidade básica deste livro é fazer a Inovação acontecer efetivamente, de maneira esclarecida, independentemente do contexto, da natureza e finalidade do objetivo de Inovação. Pode então ser decorrente do denominado *intrapreneur* (ou intraempreendedor), um empreendedor ou empresário efetivo, um estudante, um autônomo, um curioso, um desbravador, um aventureiro, um pioneiro etc. Cada uma dessas acepções semânticas ou aspectos de caracterizações podem implicar em fins lucrativos ou não (em que a finalidade seja o conhecimento, por exemplo, ou a educação). Assim, não é relevante o tipo de pessoa ou organização ou a finalidade monetária, e sim o estabelecimento da Inovação a partir do princípio da causalidade, em que uma relação de causa-efeito ocorra, em decorrência de um princípio de funcionalidade, sendo esses aspectos as linhas-mestras da definição e obtenção da Inovação.

Uma última análise refere-se à qualificação definidora de alguns conceitos para fins de Inovação, como obviedade, simplicidade, complexidade, percepção e sucesso, os quais auxiliarão nos desdobramentos dos capítulos.

Obviedade, em uma rápida avaliação, nos faz considerar a propriedade de algo ser bastante e bem materializado (mesmo que isso seja também para ideias e conceitos), por se apresentar possivelmente com um entendimento e compreensão sucintos, objetivos e simples de serem percebidos. Então, a qualidade de perceber, para obviedades, remete à percepção de se tornar algo que aparentemente é trivial e simples, entretanto, há nuances para se perceber um conceito, que nem sempre é totalmente atrelável com a simplicidade. Um exemplo que será mais de uma vez referenciado no decorrer dos próximos capítulos vincula-se com a célebre definição geométrica de uma reta, sendo essa a menor distância entre dois pontos. É algo trivial e, assim, óbvio; porém, perceber a reta a partir de outra definição (não seria a dita polissemia, mas sim a propriedade de se definir algo com argumentações elucidativas distintas, inferido mais nas propriedades da denotação) que também seja válida não descaracteriza a definição da geometria-analítica-plana mais usual; com base na geometria-descritiva, uma reta pode ser também um arco delineado do comprimento de uma circunferência, na qual o raio tende ao infinito.

Sem dúvida, a primeira definição da reta é mais simples e objetiva, porém, a definição da geometria-descritiva apresenta também um valor, no qual a percepção se torna mais ampla e irrestrita, apesar de aparentar ser específica, pois o raciocínio que a tece decorre dos princípios que estruturam o cálculo de limite, de derivada e o integral. Esses cálculos são um ramo da matemática que, desde Issac Newton, implica na fundamentação imprescindível para a estruturação da engenharia e a evolução científica.

Portanto, o ato de perceber algo de uma maneira diferente, mesmo que classificável como óbvio ou complexo, pode implicar em valor para a Inovação, não sendo tal classificação a característica mais imperativa ou mandatória.

Outro exemplo refere-se a uma extremada argumentação (e contra-argumentos também exercidos) quanto à questão filosófica (e não física): se uma árvore é quebrada, e não há ninguém para perceber isso, podemos realmente afirmar que esse fato existiu? Essa questão, na verdade, é quanto à percepção e às consequências dessa mesma percepção, pois, por analogia, podemos dizer que uma proposta de Inovação que foi apresentada ou demonstrada, e que também ninguém a escutou (ou não a quis escutar, por desinteresse e desatenção); e, portanto, da mesma maneira que a árvore partida, apesar de fisicamente ter existido o som de sua partilha, como também factualmente a proposta de Inovação existiu, por ninguém a notar (a perceber), é como se realmente não tivesse existido.

Note que a não percepção de uma árvore partida pode aparentemente ser algo sem total relevância. Entretanto, pode também ser importante, dependendo da propriedade de percepção. Perceber que um galho quebrou, e disso perceber também que uma tempestade com relampejos se aproxima, ou se demonstra ser bem intensa e severa, pode auxiliar numa eventual prevenção. Ainda, ao perceber que um galho quebrou, e que todas as demais árvores do entorno aparentam também estarem secas, logo, então, percebe-se que algo aconteceu com a propriedade natural de irrigação dessa área. Ainda, percebe-se que um galho quebrou, pelo fato de a árvore estar seca, por causa de um raio, e imediatamente se vê fogo; e, temos, então, uma hipótese e um exemplo de como os hominídeos que, a partir da percepção, descobriram o fogo, percebendo-se a grande valia e Inovação, em futuramente reproduzir essas chamas, poderia ter isso para a sua existência e na dos seus demais semelhantes.

A percepção talvez seja um dos mais relevantes elementos fundamentadores da Inovação (sendo essa óbvia ou complexa), pois a percepção requer mais que a simples constatação; em que, a percepção emana a intensa compreensão e entendimento, firmados no diagnóstico com o prognóstico, quanto a formas diferentes de elaborar, realizar e resultar em algo que, assim, possa implicar novidade.

A obviedade e a complexidade não deveriam se caracterizar somente como propriedades de qualificação, quanto à validação e definição; e sim, propriedades interligadas com as novas possibilidades, uma vez que classificar algo como óbvio ou complexo não deve, necessariamente, se atrelar e implicar com a qualidade de ruim e bom, ou de fácil e difícil.

Da mesma maneira, o sucesso se define simplesmente como aquilo que sucedeu. Claro que a semântica mais usual do termo sucesso refere-se ao sentido de bom-resultado, vitória, êxito, triunfo ou conquista. Entretanto, o valor derradeiro de sucesso seria de conquista, complementado com o saber e a constatação de que, para isso, transpôs-se uma dificuldade limitante, passando essa a ser superada; sucedendo-a na forma nominal do sucesso. Sucessos, então, são realmente sucessões de realizações, em que percebe-se a suplementação da melhor propriedade de elaborar e resultar, conjuntamente.

Assim, o sucesso se define adequadamente como aquilo que se sucedeu bem, e que, para realmente valer um merecimento (da conquista), deve-se antes perceber o que significou tecer e executar um ciclo de elaboração, realização e resultante; em termos da caracterização da necessidade (a motivação), ação de efetivação (fazer; ação) e consequências (resultado). Pois o válido sucesso é perceber que um resultado é aquilo que provoca melhoria (no sentido de uma evolução positiva), superando-se dificuldades e contestações percebidas como extremamente desencorajadoras e que tolhiam, na verdade, as ações a se efetivar a elaboração, a realização e a resultante de uma Inovação, por exemplo. Assim, o sucesso em si seria como a dualidade entre processo e produto, em que na prática não existe um sem o outro, pois ambos precisam ser percebidos, para posteriormente serem materializados.

Boa e válida contenta!

Conteúdo

1. Princípios da Inovação **21**

1.1. Transcrevendo o conceito de Inovação 21

1.2. Obtendo a Inovação – princípios e abordagem 30

2. A decisão **69**

2.1. O Ciclo Decisório 70

2.2. Ação: Função, Valor e Atividade 72

2.3. Propósito, elaboração e realização (resultados) 74

2.4. Intelecção e Interlocução – ponto de vista, opinião e argumentação (relações entre pessoas – liderança e equipe – presunção, suposição, análise e comprovação) 84

2.5. Análise da relevância (primária e secundária) e seletividade dos aspectos consideráveis 118

2.6. Incertezas, perspicácia, diagnóstico, receituário e prognóstico 123

2.7. Exames, Análises e Engendramentos (Sínteses) 127

2.8. Interesse (visão) Individual e Interesse (visão) coletivo 141

2.9. O Respaldar e o alinhar (expectativas): a diferença entre convicção e teimosia é diretamente proporcional ao discernimento da interlocução 144

2.10. Definição dos parâmetros como forma de medida do valor (como meio de fundamentação da Inovação) 144

3. As normas como influência da Inovação ('-nomia') 153

3.1. Anomia 159

3.2. Isonomia 164

3.3. Antinomia 170

3.4. Autonomia e Heteronomia 173

3.5. A proposta neologista do termo "Hipernomia" (excesso de normas ou regras) 175

3.6. O equívoco do estabelecimento de uma anormalidade como uma normalidade 183

4. A contradição funcional – razões e motivos que propiciam ou tolhem a Inovação 189

5. O índice da elaboração, realização e resultante de Inovação 191

5.1. Divergências e convergências entre abordagem pragmática e abordagem inovadora (lógicas objetiva e subjetiva) 191

5.2. Estratégia via Inovação 196

5.3. Considerações quanto ao Índice da Elaboração, Realização e Resultante de Inovação 218

5.4. Aplicação e Utilização do Índice de Inovação em relação a outros índices existentes 226

5.5. A confusão que há no entendimento e utilização de conceitos aplicáveis à Inovação 226

Referências **233**

CAPÍTULO 1
Princípios da Inovação

1.1. TRANSCREVENDO O CONCEITO DE INOVAÇÃO

Com base no conteúdo do prefácio, claramente percebe-se que o uso do termo Inovação se tornou bastante abrangente e generalizado, permitindo acepções, adaptações e aplicações dos mais diversos tipos e formatos semânticos. A Inovação, assim, por consequência, refere-se a um substantivo ainda abstrato, designando ideias ou conceitos cuja existência concreta ou real estará subentendida, intrínseca ou vinculada a algo, sendo um produto ou um conceito teórico, por exemplo. Então, nesse contexto, a definição de Inovação carece de uma especificidade que ao menos permita a elucidação e posterior distinção entre algo de fato e efetivado como inovador (a partir de princípios ou critérios), tornando-se passível de comparação com outra coisa que de fato não seja classificável como inovador, por exemplo, mesmo que haja uma similaridade.

Conforme o *Dicionário Houaiss da língua portuguesa*, a etimologia da palavra Inovação se origina do latim *innovato*, em que o uso do prefixo *in* significa uma superposição ou aproximação, "no interior; em", tornando algo, em si, uma renovação. A principal acepção decorre da ação ou efeito de inovar; aquilo que é novo, novidade. Dessa forma, torna-se bastante intuitivo que a Inovação signifique um aprimoramento, em que máquinas térmicas tenham um aumento significativo na eficiência, por exemplo. Ou que, desenvolva-se um novo produto de tal forma que esse atenda a uma expectativa latente ou demanda reprimida, que o torne tão atrativo como necessário. Entretanto, definir a Inovação somente com as acepções da palavra se torna vago e pouco efetivo em termos de entendimento e compreensão como um estado da arte, em que a identificação, explicação, formulação e replicação de nexos, correlações ou acontecimentos existam e sejam configuradas como Inovação, abnegando-se do tácito para o expresso ou formal (cartesiano). Dessa forma, outros conceitos são necessários, mesmo que acessórios, porém, auxiliares ou adjacentes, a fim de que a definição da Inovação tenha um entendimento e compressão suficientes para que seja replicável, conforme um processo ou uma sucessão de etapas organizadas, como ocorre com a aplicação do método científico, por exemplo. Assim, avalia-se:

Diagrama 1.1-a: conceitos adjacentes para a definição da Inovação.

Observando o Diagrama 1.1-a, nota-se, pela sua simplicidade, que o conceito de Inovação configura uma congruência das palavras solução e demanda, convergindo--as em resultado. A acepção da palavra "solução" é bastante direta, emitindo o significado do que se soluciona em termos de entendimento factível, técnico e funcional, associado alusivamente, porém não exclusivamente, a um dos princípios das leis da mecânica clássica: quando há uma ação, corresponde a uma reação. Ainda, menciona inventividade e criatividade, significando conjuntamente a propriedade, qualidade ou capacidade de inventar e criar. Dessa forma, o termo solução indica "o que permite" a Inovação. Já o termo Demanda, simultaneamente, denota "o que impulsiona" ou motiva a Inovação, por exatamente exprimir uma necessidade ou oportunidade. O termo final, Resultado, configura, portanto, a extensão de sentido de consequência ou efeito da junção ou nexo da solução e demanda, desde que ambas impliquem Inovação. Para isso, contudo, é necessário que os predicados desse resultado sejam compatíveis com situações em que atividades de pesquisa e desenvolvimento (P&D) ou difusão (e transferência) ocorram, em termos de convergência de conhecimento, aplicabilidade factível, concepção de algo novo bem delineada, viabilidade averiguada e existência de uma correlação de causa e efeito.

No Diagrama 1.1-b é possível a compreensão aprofundada desses conceitos acessórios para com a definição da Inovação.

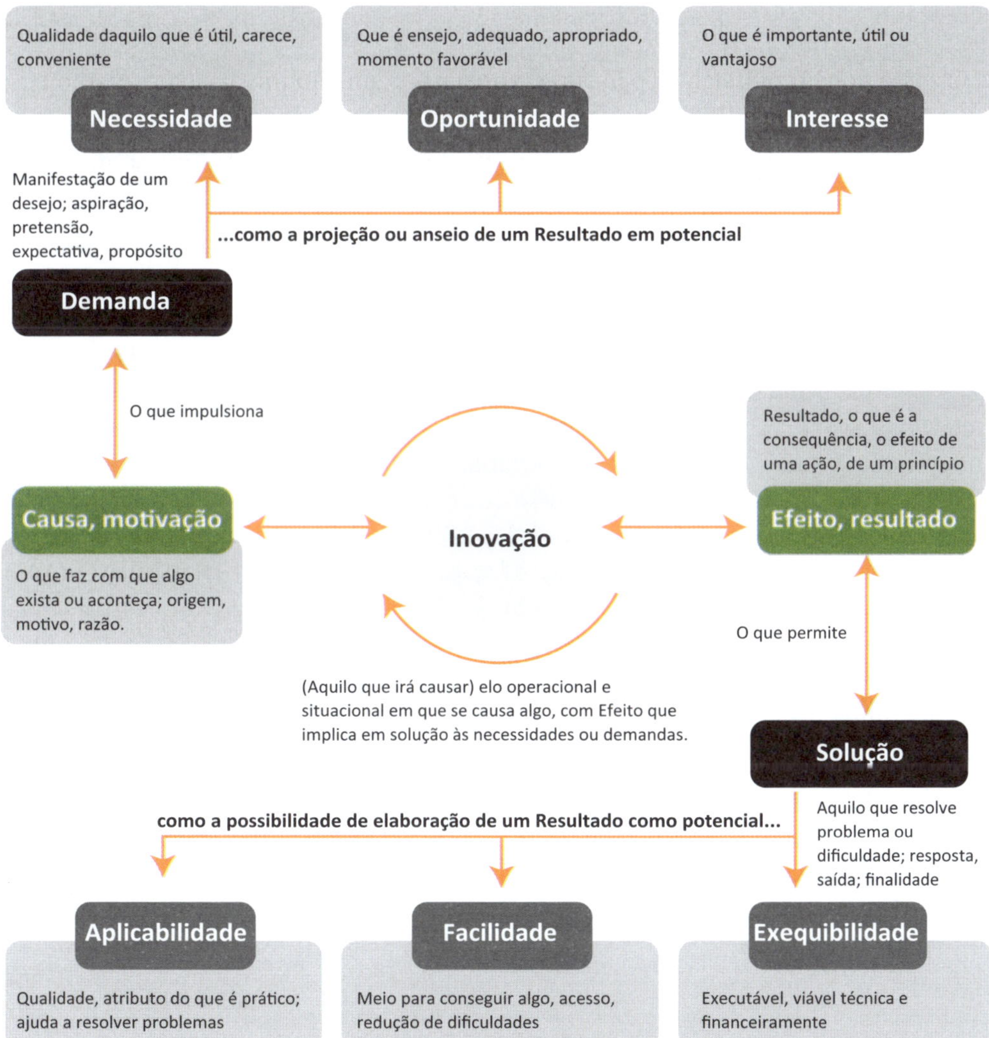

Diagrama 1.1-b: correlação dos conceitos adjacentes para a definição da Inovação.

Centralmente, o termo Inovação significa o elo entre os demais termos, determinando a sua coexistência. Dessa forma, a definição conceitual da Inovação carece da correlação entre demanda e solução. Uma vez que uma solução é inovadora, é porque existe uma demanda relevante ou importante para isso. Esse consortismo ou mutualidade essencialmente é o que define a Inovação. Os termos demanda e solução significam, respectivamente, manifestação de um desejo, aspiração, pretensão ou expectativa, e aquilo que resolve, a resposta ou saída para um problema. Contudo, caso o termo demanda esteja associado, por extensão de sentido, aos termos complementares necessidade, oportunidade e interesse, e o termo solução seja da mesma forma agregado aos termos aplicabilidade, facilidade e exequibilidade, a definição de Inovação se torna efetivamente mais suscetível à compreensão, uma vez que uma solução é inovadora diante de uma demanda relevante. Por relevante, entende-se, portanto, algo que configure necessidade, oportunidade e interesse. Necessidade é a qualidade de útil e conveniente; oportunidade, a qualidade de favorável, adequado, ensejo ou, simplesmente, apropriado; interesse, o que é importante ou vantajoso. Tem-se, assim, a demanda representada como uma motivação, uma causa.

Um exemplo simples que denota a compreensão da demanda decorre da teoria da produtividade marginal, que estabelece um limite entre a relação proporcional do aumento da produção e da adição ou da multiplicação ou da suplementação de um método produtivo. A situação clássica relatada é da suplementação de mais colaboradores em uma linha de montagem, em que cada colaborador corresponde à determinada quantidade de produtos montados e acabados por um período. Assim, aumentando a quantidade desses colaboradores, consequentemente há o proporcional aumento de produção (observando-se que não se faz especificamente uma avaliação quanto à relação de custos e lucros, via o BEP – acrônimo em inglês de *break even point*). Entretanto, há um limite dessa relação, em termos de incremento, em que, marginalmente, atingindo-se esse limite, a produção estagna ou até diminui, não importando se há adição de mais colaboradores (vide posteriormente a Seção 4.1.4.4). A demanda então é estabelecida, pois passa a ter uma nova necessidade, atrelada a encontrar e obter uma forma de aumento da produção, ao atingir o limite da produção marginal, decorrendo-se em produtividade.

A solução significa efetivamente uma resposta, no sentido de resolução de um problema ou dificuldade. O termo "aplicabilidade", no sentido de atributo do que é prático ou útil, alinhado ao termo "facilidade," observando os conceitos de custo e funcionalidade, configuram um meio para se conseguir algo, e "exequibilidade", como viável ou exequível. Dessa forma, o conceito adjacente denominado "solução", efetivamente, significa aquilo que permite (exequível) aplicação, para resolução de um problema ou dificuldade, junto com agregar facilidade, no mesmo contexto de problema ou dificuldade, ocasionando, assim, um resultado ou efeito, uma consequência de algo, especificamente relacionado à demanda.

Torna-se inovadora, portanto, uma solução que agregue um efeito ou resultado bem delineado ou alinhado com uma demanda especificada, que represente uma motivação ou causa que tenha vasta relevância.

Então, em uma definição concisa, e assim resumida, para o termo *Inovação* é a concepção ou aplicação de algo que tenha um princípio de funcionalidade, que seja realizável, como uma ação ou atividade com função de transformação, em que o resultado ou saída cause um efeito que implique em aumentar ou estabelecer novas possibilidades de solução ou resolução quanto a causas, necessidades ou demandas importantes e relevantes.

Ainda, a *obtenção da Inovação* se define como a sequência de atividades ou etapas, com funções bem estruturadas, organizadas e formalizadas, em que um princípio de funcionalidade (precedido pelos atributos de criatividade, inventividade e originalidade) seja identificado como uma solução, representando um resultado ou efeito a partir de aplicabilidades e facilidades factíveis (exequibilidades técnica e financeira) em relação a uma demanda que represente uma motivação, objetivo ou causa, a partir de necessidades, interesses e oportunidades latentes e devidamente enunciadas.

Como já exposto nos Diagramas 1.1-a e 1.1-b, a definição e a obtenção concisas da Inovação carecem, invariavelmente, de termos e acepções acessórios ou adjacentes, para que a completude e precisão do significado sejam coerente e assertivamente determinadas e efetivadas. Há, entretanto, um destaque para o termo *princípio de funcionalidade*, o qual, efetivamente, significa o que primeira ou essencialmente determina como a Inovação ocorre, acontece, desempenha e se define ou como é organizada em termos conceituais e práticos ou funcionais. Portanto, representa como a solução funciona, para responder adequadamente à demanda.

Assim, podemos relacionar a dicopodia de causa e efeito, em que a Inovação é exatamente o nexo ou elo entre, por exemplo, um novo produto e as consequências que desse decorre (sendo o efeito), em relação à necessidade, interesse e oportunidade (causa). Por exemplo, ao analisarmos a evolução tecnológica de um aparelho de televisão, notamos claramente um aprimoramento na diminuição do comprimento (ou profundidade) e aumento da largura e altura, tendo, assim, uma maior área expositiva da imagem, sem que ocupe um espaço demasiado na sua acomodação. O que se nota, claramente, com esse aprimoramento (efeito ou resultado) é que a televisão alterou as referências ou padrões de aplicação de um lar ou escritório, permitindo que esse aparelho seja acomodado na parede, como um quadro, não sendo mais obrigatório um cômodo e espaço exclusivo, acarretando novas possibilidades de arranjo decorativo e funcional (motivação ou causa), que anteriormente não existiam. O princípio de funcionalidade é exatamente a tecnologia, mais aceita ou difundida, que permitiu a diminuição da profundidade e o aumento da largura e altura. Outro exemplo refere-se ao desenvolvimento e à aplicação das primeiras brocas mecanizadas destinadas ao tratamento dentário. Com esse dispositivo, fez-se possível extirpar o tecido dentário deteriorado ou afetado pela cárie, por exemplo, sem a necessidade da extração completa do dente, prática anteriormente utilizada. A relação de causa e efeito é bastante nítida, agregada pela Inovação de se adaptar brocas e aparelhos motrizes para esse uso exclusivo (princípio de funcionalidade). Também vejamos o exemplo do desenvolvimento de lentes específicas, que funcionam como prótese do cristalino ocular para a catarata. Antes dessa Inovação, a pessoa acometida por esse mal degenerativo tinha o diagnóstico de cegueira. Portanto, a associação de causa (tratamento cirúrgico da catarata, denominado *facoemulsificação*) e efeito (fim do diagnóstico de cegueira, a partir do implante de próteses de lente) decorrente da Inovação (pesquisa, desenvolvimento e aplicação cirúrgica de lentes [intraocular], para este fim específico, tendo assim o princípio de funcionalidade) é claramente identificável.

Assim, com base nos exemplos e o celeuma conceitual atrelado à Inovação, podemos estritamente concluir a acepção da palavra Inovação, ao que concerne este trabalho, como o conceito (podendo esse estar transvestido em um produto) que estabelece o nexo entre causa e efeito, sendo a causa um bem determinado e delineado motivo, objetivo ou propósito, acarretando em expectativa, necessidade ou demanda, que, estando implementada ou instaurada, decorre no efeito como consequência da resolução ou resposta para essa expectativa, necessidade ou demanda. O princípio de funcionalidade é exatamente o que permite a relação de causa e efeito.

A distinção entre o conceito de causa, princípio de funcionalidade e, consequentemente, do efeito é de suma importância para o entendimento construtivo da Inovação. Algumas vezes tais conceitos podem apresentar uma sobreposição de significado, definindo-se de forma dúbia; entretanto, a acepção adequada para o termo "causa" é exatamente a aplicação de duas extensões de sentidos permitidos: a primeira (a palavra causa como substantivo), ao que se refere à busca, à defesa ou ao ensejo de uma ideia, interesse, ação ou algo; a segunda acepção (a palavra causa como verbo bitransitivo: causar) refere-se ao motivo, à razão ou ao que simplesmente faz acontecer. O interessante, e dificultoso, é que para a definição da Inovação ambas as acepções são aceitáveis, devido ao fato de que o contexto da Inovação ainda é latente, ou teórico ou em potencial. Assim, a causa é algo que se deseja e que acarretará também um efeito e, por seguinte, um resultado, quando ocorrer. Um exemplo bastante simples: para um atleta conseguir correr a prova dos cem metros rasos num tempo inferior a dez segundos, faz-se indiscutivelmente necessário um treinamento e uma aptidão física extremamente específicos e direcionados para esse objetivo. Dessa forma, o que seria a causa e o efeito? A causa seria correr os cem metros em menos de dez segundos, uma vez que o atleta ainda não o faz; o efeito é esse, uma vez que esse é o resultado objetivado. Ou a causa seria o treinamento específico e a aptidão física adequados para assim obter o resultado? Porém, a correta condição física para correr os cem metros seria o efeito do treinamento ou o princípio de funcionalidade?

Como a primordial e inicial situação consiste numa tempestividade futura, ou ainda por acontecer, o termo causa e efeito, em específico a causa, assume a acepção de acontecimento, sendo então a causa o fato de conseguir ou se permitir que um atleta esteja apto a correr os cem metros rasos e o efeito é que isso aconteça em menos de dez segundos. A identificação de um atleta com potencial físico, o treinamento contínuo e o desenvolvimento dessa aptidão ou técnica ou condição são, dessa forma, definidos como o princípio de funcionalidade. Uma vez que esse feito ocorra num contexto em que se tenham necessidades, oportunidades e interesses sanados de forma aplicável, factível e executável, tem-se uma Inovação (quanto ao treinamento, por exemplo, em que qualquer atleta em condições minimamente aceitáveis realiza tal feito, após tal treinamento específico).

Sendo assim, o elo ou o nexo conceitual ou tecnológico entre causa e efeito, que é exatamente o princípio de funcionalidade da Inovação, viabiliza, portanto, a Inovação ocorrer. Faz-se necessário, contudo, reforçar que um princípio de funcionalidade é definível como um requerimento conceitual, em um projeto específico, por exemplo, uma vez que se investiga, busca ou pesquisa como tal princípio irá resolver uma determinada demanda, necessidade ou Causa; e, em decorrência, permitiria o Efeito, solução ou resultado. Então, essas denominações são apenas o desbravamento conceitual da Inovação, em termos de uma abordagem prática e metodológica. Por exemplo, as perspectivas criativas e inventivas do aprimoramento da televisão são a alteração da tecnologia de tubo de imagem (conceito de "canhão eletrônico") e a possibilidade de se obter maior área de tela, com a diminuição do espaço ocupado (cota relacionada ao comprimento). E o requerimento conceitual tece a pesquisa e o desenvolvimento de alternativas tecnológicas que viabilizem isso, como a tecnologia LED, por exemplo.

Podemos, intuitivamente, considerar que a Inovação (e assim a perspectiva criativa, inventiva e o requerimento conceitual) precede a causa e, claro, o efeito. Contudo, exatamente para fins metodológicos, a causa é que antecede a Inovação, tornando-a o objetivo (acepção de ensejo). Será essa exatamente a melhor forma de entendermos a Inovação: uma ideia primária e elusiva que nos direcionará a um objetivo (bem delineado), enxergando-o posteriormente como a causa. Para se atingir esse objetivo, teremos exatamente as atividades de pesquisa e desenvolvimento ou difusão, obtendo-se o princípio de funcionalidade a partir de um requerimento. E, por fim, tendo o conceito ou produto concluído, obtêm-se os efeitos. Assim, a dualidade entre causa e efeito, descrita de forma correlacionável, provém à Inovação o vínculo factível de realização ou convergência, exatamente dessa correlação. Essa correlação torna-se, portanto, passível de temporalidade e sequencialidade, não sendo, entretanto, mandatória, pois, muitas vezes, ao se determinar a exequibilidade de um princípio de funcionalidade, a respectiva associação com uma causa e um efeito poderia ser imprevista, ou previamente não percebida ou identificada. Também ocorrem situações em que causa e efeito são bastante claros, determinados, porém não correlacionáveis, pois não há um princípio de funcionalidade factível que consiga efetuar a devida correlação.

Por essa razão, o princípio de funcionalidade pode, por exemplo, ser identificado inicialmente, e a respectiva aplicação e utilização, posteriormente. Por isso, a definição da relação de causa e efeito implica também a correspondente concepção da aplicação, ou a aplicabilidade da Inovação, terminologia essa que será melhor explorada nos capítulos seguintes.

A Inovação tecnológica, na maior parte das vezes, é concebida na forma de produto, porém, potencialmente inerente às etapas anteriores de concepção e efetivação (escopo: projeto, produto, processo, produção). Assim, implicitamente carrega a vertente da novidade (algo efetivamente novo) ou o aprimoramento, a partir de um produto já existente, como o exemplo da televisão, citado anteriormente. Sendo algo novo, a Inovação atribui, no tocante aos quesitos mercadológico e tecnológico (conceitual e prático), uma clara distinção de marcos entre o que existia e o que passa a valer com a apresentação e existência desse fato novo ou solução inovadora. Logo, a correlação adequada entre perguntas e respostas, como as de causa e efeito, entre demanda e suprimento etc., passa somente a apresentar coerência com a existência de um elo conceitual (ou concreto, como um "produto", por exemplo), decorrente de uma Inovação tecnológica ou conceitual.

Conjuntamente, temos, dessa forma, a obtenção da solução inovadora, conforme o Diagrama 1.1-c, no tocante aos seguintes conceitos:

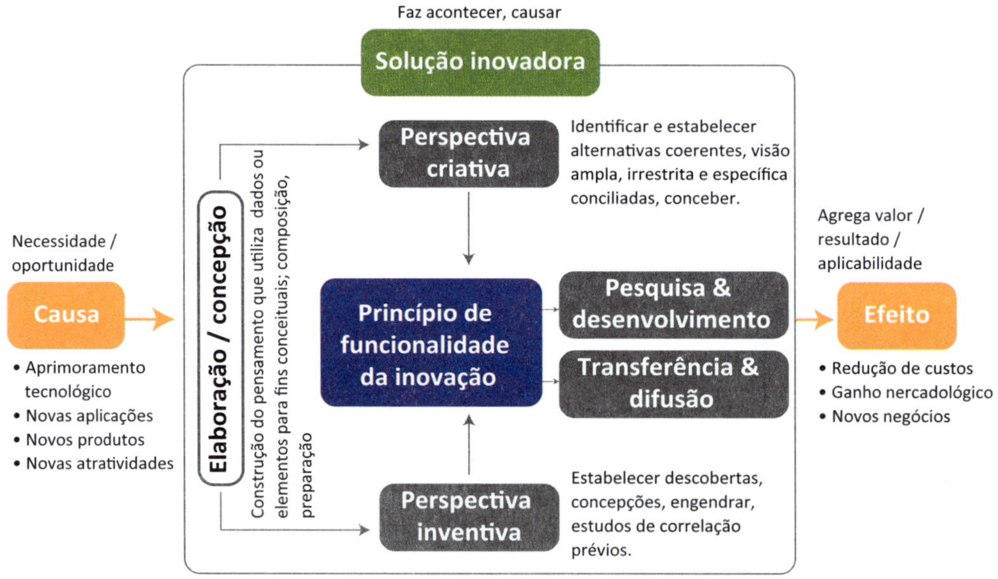

Diagrama 1.1-c: Correlação de causa e efeito a partir de uma solução inovadora.

A transcrição do conceito de Inovação, portanto, decorre da relação de causa e efeito, quando respeitadas a definição e formulação de uma solução, sendo inovadora quando um princípio de funcionalidade é preposto, obedecendo às perspectivas criativas e inventivas e originando-se ou decorrendo de atividades de P&D ou transferência/difusão de conhecimento ou tecnologia ou conceito. O termo "princípio de funcionalidade" já foi explicado: aquilo que primeira ou essencialmente determina como a Inovação ocorre, acontece, é definida, cumpre, desempenha ou como é organizada em termos conceituais e práticos ou funcionais. Entretanto, esse termo é estabelecido mediante a associação com as expressões "perspectivas criativas e inventivas" (originais), decorrendo em solução inovadora, tendo uma correlação e mutualidade entre criatividade, inventividade, perspectivas, funcionalidade, Inovação e solução (ou efeito).

Dessa forma, definitivamente o conceito de Inovação se transcreve de forma resumida conforme o Diagrama 1.1-d, no qual todas as acepções e termos (conceitualizações descritas anteriormente) são convergidos e transcritos a partir da possibilidade de combinação, de forma dinâmica:

Explicação do Diagrama 1.1-d: (Definição da Inovação) em uma animação detalhada

Portanto, toda a transcrição em torno da definição do conceito de Inovação se resume às combinações ou correlações demonstradas no Diagrama 1.1-d, compreendendo-se com as definições dos conceitos auxiliares ou adjacentes que, de forma correlata, definem a Inovação, tendo, assim, a correlação entre um resultado coerente com uma necessidade, a partir de uma solução proveniente de um princípio de funcionalidade factível e viável. Caso não exista essa exequibilidade, não há uma solução, e o efeito dicotômico entre causa e efeito prevalece, inexistindo a Inovação e sendo somente uma oportunidade.

O conceito da definição do princípio de funcionalidade como uma solução estará transcrito e explicado no Capítulo 2, uma vez que se faz necessária a transcrição do significado da Inovação separada da forma de se obter a Inovação. Essa distinção conceitual é necessária, uma vez que a definição da Inovação se torne perene, ou constante, independentemente de cada situação, e varie significantemente, conforme o contexto e as circunstâncias inerentes à situação vigente.

Vale ainda referenciar a simples indagação: por quais razões se deve inovar? Claro que a resposta, em diversas situações, torna-se bastante inexorável, reluzente e óbvia, e, em outros casos, bastante singela, discreta e latente. Dessa forma, na Seção 2.3, esse tema e a resposta da questão serão amplamente avaliados, de forma mais objetiva. Entretanto, neste mesmo capítulo há um indício de resposta, quando se aborda a convergência entre demanda e solução, em especial quando a demanda está implícita em determinada relevância ou importância, parecendo bastante associável e perceptível à correspondente razão de se inovar. Assim, a indagação mais válida, ao invés de se perguntar as razões, seria adequadamente perguntar quais necessidades ou demandas importantes e relevantes, dentro do contexto e circunstâncias inerentes, podem oferecer novas possibilidades de solução ou resolução.

1.2. OBTENDO A INOVAÇÃO – PRINCÍPIOS E ABORDAGEM

Conforme já relatado, temos o termo *Inovação* como a concepção ou aplicação de algo que tenha um princípio de funcionalidade, que seja realizável, como ação ou atividades com função de transformação, em que o resultado ou saída cause um efeito que implique aumentar ou estabelecer novas possibilidades de solução ou resolução, quanto a causas, necessidades ou demandas importantes e relevantes.

Já a *obtenção da Inovação* se define como a sequência de atividades ou etapas, com funções bem estruturadas, organizadas e formalizadas, em que um princípio de funcionalidade (precedido pelos atributos de criatividade, inventividade e originalidade) seja identificado como uma solução, representando um resultado ou efeito a partir de aplicabilidades e facilidades factíveis (exequibilidades técnica e financeira), em relação a uma demanda que represente uma motivação, objetivo ou causa, a partir de necessidades, interesses e oportunidades latentes e devidamente enunciadas.

Assim, a obtenção da Inovação se torna distinta da transcrição e do enunciado da Inovação em si, uma vez que a obtenção implica processos ou trâmites dos mais variados, conforme o campo de conhecimento (específico ou um grupo) do tema, as aplicações e as atuações.

Após o entendimento do conceito de Inovação, vale considerar o desdobramento para sua obtenção. Em primeiro lugar, define-se o estabelecimento da Inovação, conforme o Diagrama 1.2-a.

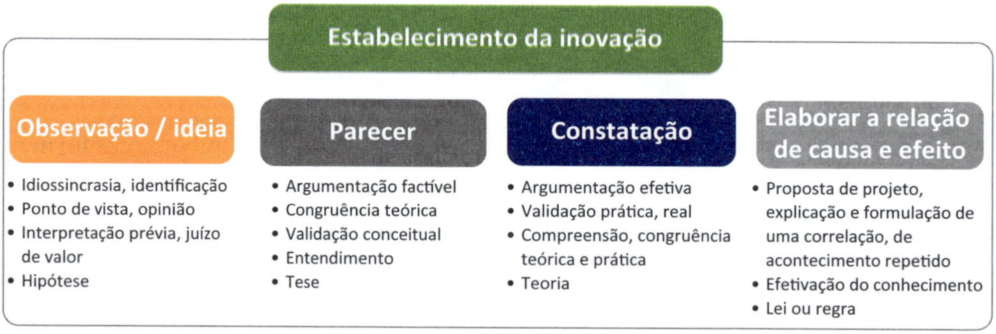

Ao se replicar o "Método Científico" como forma de estabelecimento do conhecimento, para o estabelecimento da Inovação, efetua-se uma extensão de sentindo, configurando-se um processo, trâmite ou método em que a Inovação é definida e consumada.

Diagrama 1.2-a: processo ou trâmite para estabelecimento da Inovação.

O termo "estabelecimento" não implica a obtenção, que se delineia a partir de especificidades inerentes ao contexto e às circunstâncias, tanto socioeconômicos como tecnológicos. O estabelecimento da Inovação, entretanto, traça-se como a disposição inicial em se obter uma relação de causa e efeito, que poderá formar um princípio de funcionalidade que, possivelmente, torna-se uma solução. É, portanto, precursor ou predecessor quanto à obtenção efetiva da Inovação. O estabelecimento da Inovação, portanto, parte da replicação do "método científico" clássico (via epistemologia, em que há o sequenciamento: dados levam à informação, que leva ao conhecimento, que acarreta a inteligência), no qual uma sequência de fatos e acontecimentos se sucedem de forma organizada, coerente e, principalmente, são correlacionáveis e passíveis de repetição. O início ocorre a partir de uma *ideia* primordial, oriunda de uma *observação*, ou ponto de vista. Nessa etapa se estabelece uma hipótese, definida como "proposição que se admite, independentemente do fato de ser verdadeiro ou falso, como um princípio a partir do qual se pode deduzir um determinado conjunto de consequências; suposição, conjectura". Tem-se, assim, nessa fase, uma elucubração em que possíveis ocorrências ou implicações conceituais são identificadas como algo potencialmente inovador. Posteriormente, a partir dos princípios conceituais, a proposta ou simplesmente a ideia decorrente dessa observação estrutura-se num *parecer*, no qual argumentações e validações teóricas ocorrem, determinando uma sustentação conceitual e, assim, um entendimento prévio quanto à exequibilidade futura e efetiva da ideia. A *constatação* significa a fase ou etapa com a qual a validação prática confronta ou verifica os preceitos, assunções e premissas definidas conceitualmente, permitindo-se, dessa forma, uma retroalimentação e redefinição conceitual, caso cabível. Assim, nessa etapa se apresentam a estruturação e organização teórica plena da ideia, já a conformando-as como um projeto potencial. Na última etapa ou fase, tem-se o estabelecimento da *relação de causa e efeito*, que, dessa forma, determina todo o contexto da Inovação, como qual demanda será atendida, a partir de determinada solução, com um resultado correspondente (e desejável).

Já a obtenção da Inovação respeitará um trâmite processual específico, porém coerente com o método científico, conforme demonstrado no Diagrama 1.2-b:

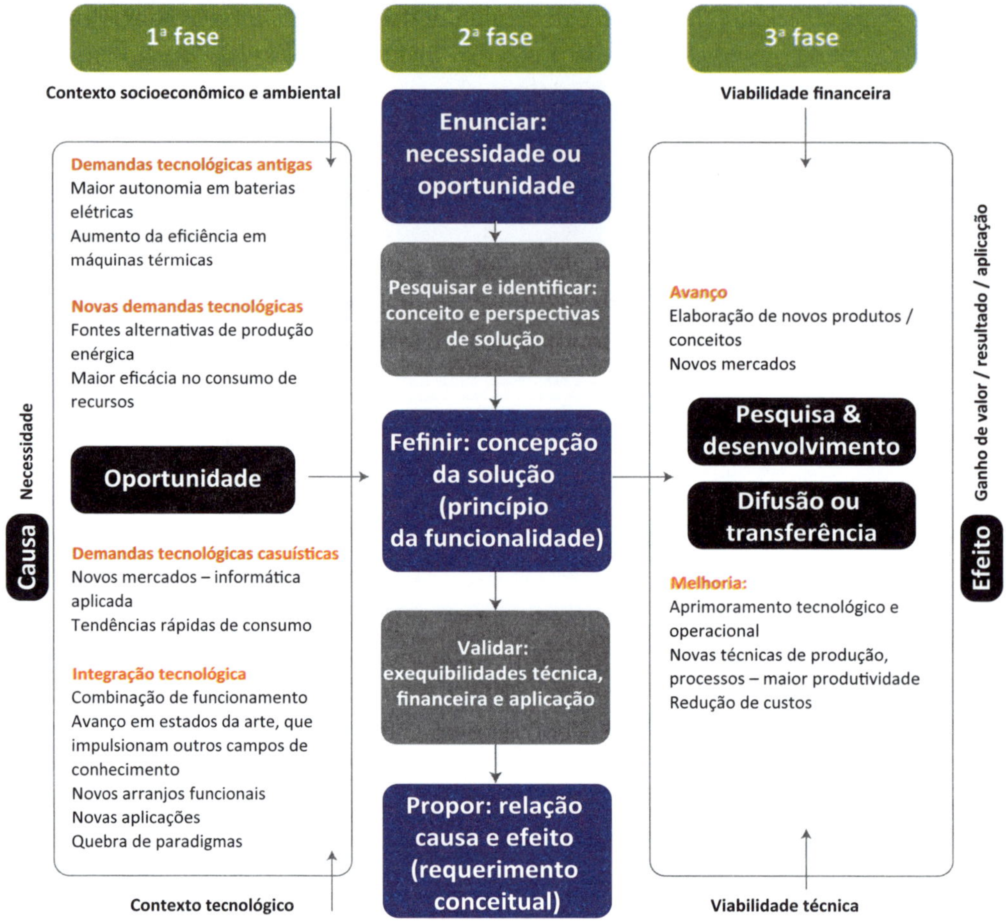

Diagrama 1.2-b: processo ou trâmite para obtenção da Inovação.

Os contextos socioeconômico, ambiental e tecnológico, demonstrados na 1ª fase, são relativos à definição do binômio necessidade e oportunidade (vide Diagrama 1.1-d). Assim, contextos (entrelaçar, reunir, tecer) em que circunstâncias (estar ao redor) de necessidade de racionamento considerável ou economia de recursos naturais alinham-se à oportunidade de se prover máquinas térmicas mais eficientes, por exemplo. Nisso, tecnologicamente, as necessidades e oportunidades se tornam mais complexas, devido ao entrelaçamento de demandas, por exemplo, a necessidade de se ter baterias com maior propriedade de armazenamento da carga elétrica, alinhando com um período maior de autonomia, para serem utilizadas em automóveis que não usam combustíveis para a combustão interna, e, portanto, não geram emissão de poluentes. Assim, há uma congruência com a necessidade de se ter automóveis cujo motor de combustão interna seja mais efetivo, em termos de consumo, emissão e desempenho; porém, a coexistência de automóveis predominantemente tracionados por motorização elétrica implica uma demanda que se justifica em um contexto socioeconômico no qual isso se torne relevante, mesmo que paralelamente haja a demanda de máquinas térmicas mais eficazes. Dessa forma, caso, hipoteticamente, ocorra a Inovação de se obter um motor de combustão com eficiência altíssima, na ordem de 95%, a demanda por carros elétricos pode se tornar menos relevante e, assim, passível de uma necessidade menos oportuna.

Por outro lado, demandas novas podem se firmar, em decorrência de integrações tecnológicas, em que uma nova disposição de utilização e aplicação de determinado conceito (de produto ou tecnologia) ocorra, arrematando-a em uma oportunidade latente, mesmo que a necessidade não seja anteriormente bem delineada ou identificada. Essa situação casuística torna-se relevante caso o contexto socioeconômico seja propício e receptivo às novas demandas, firmando-as como necessidades oportunas no imediato.

Também há demandas antigas, sobre as quais já se enunciaram as necessidades e oportunidades inerentes, e o desafio é ainda determinar uma solução. Dessa forma, a origem ou formatação das demandas ocorre de forma variada, conforme demonstrado na 1ª fase do Diagrama 1.2-b, no qual se procura demonstrar as principais fontes ou origens das demandas, em termos de uma simples e prévia tipificação. Destaque para a forma denominada "integração tecnológica", a partir da qual muitas vezes novas demandas são originadas devido à combinação, em que avanços em campos de conhecimentos distintos, que por essa combinação ou correlação, acabam por se influenciar mutuamente, afetando-os, mesmo que indiretamente ou não propositalmente. Por exemplo, como mencionado anteriormente, o uso de um sistema de broca mecânico, adaptado para tratamento dentário; sinaliza essa integração tecnológica.

Conforme explicitadas no Diagrama 1.1-b, as demandas, independentemente da sua origem ou tipificação, são transcritas conforme necessidades, interesses e oportunidades. No Diagrama 1.2-b, esses conceitos são refletidos ou demonstrados de forma explícita, sendo os interesses diretamente explicados a partir da divisão das demandas a seguir:

- *Demandas de tecnologias antigas*: nesse tópico, faz-se menção a interesses há bastante tempo sinalizados, em que a busca por soluções definitivas ou melhorias efetivas ainda são de magnitude pouco significante. Exemplo disso são as necessidades de se obter baterias com maior autonomia. Também a busca por máquinas térmicas com alto valor de eficiência.
- *Demandas de novas tecnologias*: são demandas bastante vinculadas com os contextos socioeconômico, ambiental e tecnológico. Por exemplo, em situações em que o preço de consumo de combustíveis e insumos provenientes de extração mineral sofrem alta incidência de variações de aumento de alta intensidade.
- *Demandas tecnológicas casuísticas*: conforme previamente explicado, são demandas que implicam rápidas alterações, e, portanto, o surgimento de novas demandas, ou intensificação de outras já existentes, porém, antes, com baixo interesse, decorrente da implementação ou aplicação de outras soluções, criando-se, por exemplo, um mercado específico. Um exemplo é o mercado de concepção e desenvolvimento de aplicativos destinados a celulares (ou telefones móveis, *smartphones*), nas respectivas plataformas do sistema operacional, que deslanchou a partir da disseminação desses aparelhos.
- *Demandas por integração tecnológica*: consiste em se utilizar campos de conhecimentos distintos, com as respectivas soluções já estabelecidas, para se resolver

uma questão técnica, que determinará o nexo de causa e efeito, obtendo-se um princípio de funcionalidade viável e aplicável. São exatamente os contextos tecnológicos que determinarão a relevância dessa nova solução, a partir de resoluções que sejam concomitantes e anteriormente já conhecidas. Um exemplo disso é a aplicação de uma máquina térmica utilizando-se do ciclo termodinâmico de Carnot como referência para estimar a eficiência máxima de outra máquina térmica, como um motor que se utiliza do ciclo termodinâmico Otto. Nesse exemplo, há somente uma distinção para fins de aplicação, integrando-se dois ciclos termodinâmicos distintos, porém com características térmicas correlacionáveis, em que o contexto tecnológico demanda uma necessidade na qual o uso do ciclo Carnot permita, por exemplo, entender os parâmetros limites de funcionamento, e que, no contexto do automóvel, determinam-se as possibilidades de eficiência. Outro exemplo bastante consolidado consiste em se utilizar as técnicas de fabricação de lentes óticas em óculos a partir de diagnóstico de um médico oftalmologista. Nesse exemplo, há dois campos de conhecimento distintos que se unem, permitindo uma solução para os desvios de visão a partir de dois campos de conhecimento bastante distintos (ótica e medicina), porém passíveis de correlação.

Dessa forma, a partir do conjunto conceitual exposto no Diagrama 1.2-b, especificamente na primeira fase, já se indica ou sinaliza uma relação de causa e efeito prévia, para uma nova proposta de solução, definindo-a ainda como oportunidade, já que, conforme o Diagrama 1.1-d, não há ainda a correlação da causa e efeito, proveniente de um princípio de funcionalidade que seja uma solução comprovada ou definida.

Na segunda fase, começa a traçar o processo (conforme a definição de obtenção da Inovação, a parte que cita "sequência de atividades ou etapas, com funções bem estruturadas, organizadas e formalizadas") de definição efetiva da Inovação, em que o conceito elucubrado e previamente avaliado começa efetivamente a se delinear como um potencial de solução. Portanto, a partir dos preceitos do Diagrama 1.2-a, em consonância com a primeira fase do explicitado no Diagrama 1.2-b, a segunda fase se inicia efetivamente.

Um processo ou trâmite se faz extremamente válido, pois um requerimento conceitual será elaborado, definindo-o como uma reivindicação ou pedido, relativo ao que se foi enunciado como demanda e oportunidade, associado às perspectivas e expectativas de solução. Portanto, a segunda fase corresponde a cinco etapas bem definidas quanto às que se deve fazer em termos de condução da avaliação e validação dessa proposição de Inovação.

1.2.1. AS CINCO ETAPAS, A EXPRESSIVIDADE E O FUNCIONAMENTO DA INOVAÇÃO

No Diagrama 1.2-c, a seguir, essas cinco etapas de atividades são demonstradas, conforme o encadeamento lógico e processual em que toda a avaliação e análise das correlações da Inovação se fazem efetivamente, possíveis ou passíveis, originando, a proposta de Inovação, definida ainda como um requerimento ou indícios (indica, com probabilidade, a existência da Inovação) relevantes.

Etapas da inovação

1ª Etapa **Enunciado**	**Enunciar: a necessidade ou oportunidade** Lembre-se da frase: "a necessidade é a mãe da criatividade". Portanto, enunciar as questões que efetivamente transcrevam a Necessidade, Demanda ou Oportunidade são os fatores ou elementos primordiais e fundamentais para a formulação e definição de um requerimento objetivo, a fim de iniciar a busca ou pesquisa da solução, considerando sempre uma abordagem inovativa. Assim, define-se a relação entre Causa (necessidade) e Efeito (efetivação da oportunidade, aplicação).
2ª Etapa **Procura**	**Pesquisar e identificar: perspectivas de solução** Entender os conceitos: Inovação, Criatividade e Inventividade. A partida é buscar integração em estados da arte diversos, em que uma solução esteja atrelada a um princípio de funcionalidade da Inovação; o qual, conceitualmente, correlaciona a Causa e o Efeito de forma viável. E que a definição da Causa e do Efeito ocorra em consonância com o Enunciado. Para tanto, nessa etapa é que se faz mais atuante o sentindo de Compreensão, definido a partir de uma visão ampla, irrestrita e específica.
3ª Etapa **Inovação**	**Definir: concepção da solução** Define a solução conceitual, elaborando uma proposta prévia e plausível tecnicamente, que responda às questões enunciadas e, também, representa uma integração de tecnologia apoiada por um novo contexto técnico e inovador, estabelecendo claramente o princípio de funcionalidade da Inovação. Uma solução razoável necessita, ao menos, agregar resultado em conceitos relacionado ao custo, eficiência e melhoria de desempenho.
4ª Etapa **Validação**	**Validar: exequibilidades técnica, financeira e aplicação** A exequibilidade representa o mais relevante aspecto a ser validado quanto à solução inovadora. Predicados para determinar a viabilidade de um projeto são baseados em pré-requisitos realísticos que permitam uma validação técnica-financeira bem orientada quanto às qualidades e propriedades do produto ou conceito tecnológico apresentado. Por validação técnica, entende-se a definição da abrangência quanto aos testes conceituais e físicos, esse último, quando possível. A partir do aspecto relevante relacionável ao resultado (aumento da eficiência, por exemplo), identifica-se como o retorno financeiro conceitualmente ocorrerá.
5ª Etapa **Proposta**	**Propor: Relação de Causa e Efeito** Estabelecer efetivamente a relação de Causa e Efeito, ou um Requerimento Conceitual, para fins de P&D posterior, caso aplicável. Assim, deve-se claramente descrever o princípio de funcionalidade da Inovação, e como e no o que, este, resulta. Assim, elementos mensuráveis devem associar os resultados técnicos, com as necessidades, previamente enunciadas. Por fim, definir se o resultado se transverte num produto, em um conceito ou em uma tecnologia aplicável.

Diagrama 1.2.1-a: cinco etapas das atividades da preposição da Inovação.

Explicação detalhada do Diagrama 1.2.1-a

Assim, referenciando novamente o Diagrama 1.2-b, a terceira e última fase consiste exatamente na utilização do requerimento conceitual, podendo esse decorrer em atividades posteriores de P&D e já implicar na aplicação da solução, difundindo-a ou a transferindo. A consequência disso pode implicar melhorias e avanços. Ambas, essencialmente, significam aprimoramento. A distinção, entretanto, consiste na simples delineação, em que o avanço significa ir adiante e a novidade se estabelece pela inclusão de um produto ou conceito que inexistia anteriormente, ou um novo mercado se cria e estabelece; temos assim a "abertura de uma nova perspectiva para a solução de um problema, ou para o progresso do conhecimento" (dicionário Houaiss). Já a melhoria significa aquilo que se torna melhor, em que haja o mais, relativo a condições, satisfação, adequação, apreço ou superior ("mais alto ou acima de outro", [dicionário Houaiss]), em que um produto, por exemplo, que já exista tenha em algum atributo ou característica um incremento, implicando maior satisfação para aqueles que o utilizam.

Um exemplo de avanço é a criação do mercado de aplicativos, destinado aos aparelhos telefônicos móveis (*smartphones*), que se caracterizam pelo amplo acesso à internet e processamento rápido dos dados. Esse mercado consiste no surgimento de diversas empresas, estabelecendo-se com características e profissionais bastante específicos.

Já um exemplo para melhoria consiste no aprimoramento de uma simples lâmpada de iluminação. Antes confeccionada de filamento de tungstênio, emantava bastante energia calórica e carecia de um consumo de energia elétrica alto, para a respectiva grandeza e o valor de iluminação. Atualmente, as lâmpadas são compostas pelo princípio de funcionalidade de LED, com a transformação em alta eficiência da energia elétrica em energia luminosa, quase não emantando mais calor, necessitando de uma carga de energia menor para se obter o mesmo valor na grandeza de iluminação, comparada ao modelo de filamento. Claro que já existiam outros princípios de funcionalidade para a confecção de lâmpadas, porém, as de filamento de tungstênio praticamente desapareceram, e o mercado de lâmpadas de iluminação continuou essencialmente o mesmo, em termos dos entes que o compõem, não sofrendo reestruturação, e sim variação da qualidade do produto ofertado.

Dessa forma, ao longo da Seção 1.1, discriminou-se a transcrição da Inovação. Na Seção 1.2, relata-se a obtenção da Inovação. A elaboração, realização e concepção do princípio de funcionalidade da Inovação consistem no que efetivamente acarretará se obter a Inovação (conforme descrição na Seção 1.1). Isso decorre porque o princípio de funcionalidade representa exatamente o quê, por quê, como quando e onde a Inovação ocorre, relacionada com um motivo ou causa, o princípio de funcionalidade será a resposta ou o efeito, representado como o resultado da Inovação. Portanto, a obtenção da Inovação consiste, em termos de atividades, em primeiramente saber se o que se pretende pode efetivamente ser classificado como inovador e, posteriormente, definir a obtenção dessa Inovação. Assim, discrimina-se a obtenção da Inovação conforme as seguintes partes:

- *Expressividade (eloquência) da Inovação*: Identificação ou mapeamento dos princípios, contextos ou circunstâncias que definem a solução como inovadora, correlacionado com uma elucidada relação de causa e efeito;
- *Funcionamento da Inovação*: Conceber e elaborar os Princípios de Funcionalidade, que determinam a realização e efetivação da solução inovadora.

A primeira parte consiste em todo o trâmite de identificação da Inovação, relacionada pela relação de causa e efeito, conforme descrito na Seção 1.1; já a segunda parte consiste em se obter aquilo que realmente faz a Inovação acontecer, que é, conforme já anteriormente relatado (Seção 1.1), o Princípio de funcionalidade da Inovação.

Isso fica relativamente explicitado nas etapas 2, 3 e 4 do Diagrama 1.2.1-a; relativas ao mapeamento dos Princípios de Funcionalidade, que determinam a obtenção e efetivação da solução inovadora. Já a primeira e quinta etapas do Diagrama 1.2.1-a correspondem ao mapeamento dos Princípios que definem a solução como inovadora. Essas duas distinções, quanto à eloquência da Inovação e como funciona ou se processa a Inovação, também são demonstradas, respectivamente, nas 1ª e 3 ª fases do Diagrama 1.2-b, sendo a 2ª fase, posteriormente, detalhada no Diagrama 1.2.1-a.

Dessa forma, a expressividade da Inovação é pressuposta pela precedência de uma demanda, significando uma causa ou motivo, necessidade e oportunidade, decorrida pela aplicabilidade, exequibilidade e facilidade inerente à uma solução, como efeito ou resultado, de princípio de funcionalidade.

1.2.2. PRINCÍPIO DE FUNCIONALIDADE DA INOVAÇÃO

O conceito que arremete à definição do princípio de funcionalidade da Inovação, de forma generalista, é o que primeira ou essencialmente determina como a Inovação ocorre, acontece, é definida, é cumprida, é desempenhada, realizada ou como é organizada em termos práticos ou funcionais.

Intuitivamente, o princípio de funcionalidade consistiria na atividade-meio, em que haja algo que permita a relação de causa-efeito quanto à efetivação e, por consequente, à Inovação. Também, simplesmente pode ser uma ideia (por exemplo, uma retórica, uma hipótese, uma teoria), ou um mecanismo, ou uma atividade, ou um processo ou trâmite que transforma determinado valor, representável por uma grandeza mensurável (energia calórica, por exemplo) proveniente de algo (um estado ou situação inicial) para outra coisa (alteração para outro estado ou situação), em determinado contexto de Inovação e referente a uma relação de causa e efeito.

Por exemplo, para se obter movimento mecânico a partir de uma fonte elétrica, é estabelecida uma relação de causa-efeito em que a partir de uma simples fonte elétrica residencial (uma tomada) se possa obter diversos movimentos mecânicos, mensuráveis a partir das grandezas como resultante, trabalho e potência, com as quais diversas atividades domésticas possam ser realizadas, como triturar alimentos (com um liquidificador), limpar roupas (com máquina de lavar), agregar conforto térmico (com um ventilador), dentre diversas outras coisas. Para isso, assim, o princípio de funcionalidade consiste em um conversor eletromecânico, simplesmente denominado motor elétrico. Existem diversos motores elétricos, e todos funcionam basicamente a partir de um princípio de funcionalidade, que é a indução eletromagnética, via bobinas elétricas e imãs, estabelecendo-se um rotor e um extrator, que permite a obtenção do movimento mecânico, mensuráveis e dimensionáveis a partir das grandezas eletrotécnicas de corrente, voltagem e potência.

Entretanto, para fins generalizáveis de obtenção da Inovação, faz-se necessário a conceptualização desse termo, com uma abrangência mais efetiva, em termos de esclarecimento e factível interpretação, proporcionando a adequada resposta quanto à interpelação.

Note, então, que os Diagramas 1.1-c e 1.1-d já referenciam previamente os termos auxiliares como perspectivas criativas e inventivas, também os termos similares: criatividade e inventividade. Dessa forma, a obtenção de um novo princípio de funcionalidade requer qualificações de criatividade e inventividade, concomitante ou parcialmente, uma vez que, conforme a definição da obtenção da Inovação: o Princípio de Funcionalidade [...] seja identificado como uma Solução; esses termos se tornam relevantes, pois uma solução inovadora é inerente quanto a uma novidade.

Têm-se, assim, que tanto a definição da Criatividade como também da Inventividade tornam-se relativamente intuitivas, uma vez que são termos também relativamente usuais. Entretanto, interpela-se em relação a se definir quais seriam as diferenças entre ambos os termos. Assim, temos:

- Criatividade: simplesmente a qualidade de quem ou algo que seja criativo, proporcionando-se criações originais, na essência. Em termos práticos:
  - Criar nova perspectiva ou alternativa de função (funcionamento, interação ou integração) de algo;
  - Uso suprarracional e efetivo dos recursos disponíveis.
- Inventividade: aptidão de conceber, através da imaginação e/ou dos estudos, do experimento; engendrar, sintetizar, descobrir (aplicações ou uso). Em termos práticos:
  - Descobrir algo novo, em termos implícitos, com o uso e aplicação, proveniente de estudos de correlações;
  - Estabelecer uma criação, efetivando-a em termos factíveis, com produtividade e repetitividade.

Há, portanto, a possibilidade de alguém ou algo ser criativo sem ser inventivo? A resposta é sim! E o contrário, ser inventivo sem ser criativo? A resposta é não!

Pois, efetivamente para ser inventivo, há a implicação de uma criação. Portanto, inventar é sinonímia de criar. Porém, nada impede de se obter a criatividade sem que essa implique inventividade, pois implica descoberta de uso e aplicação. Um exemplo bastante simples decorre da gastronomia, na qual há uma demanda por criações que não necessariamente implicam invenção, como usar um ingrediente já usual, porém em quantidade diferente, alterando-se o sabor efetivo de um tipo de culinária. Entretanto, caso esse ingrediente seja utilizado em outro tipo de culinária que anteriormente não utilizava esse ingrediente e esse se mostrou efetivo na apreciação do sabor, implicando satisfação daqueles que consumem tal culinária, o resultado é uma invenção.

Outro exemplo relaciona-se com a indústria automobilística, mais relacionada com o desenvolvimento de motores de combustão interna. Notem que a inventividade nesse campo de conhecimento é quase nula atualmente, pois, efetivamente, utilizam-se dos mesmos ciclos operacionais termodinâmicos (Otto e Diesel) definidos há bastante décadas. Entretanto, a criatividade é bastante vasta, respaldada pelos avanços no desempenho desses, em termos de maior eficiência no consumo de combustíveis. Tal criatividade e inovações estão na interação de subsistemas eletromecânicos de atuação, implícitos em um trâmite de instrumentação, automação e controle das funções do motor. Também há novas alternativas viáveis de uso de materiais que implicam ganhos de valor e melhoria de desempenho. Assim, comparando-se dois motores de combustão interna, do mesmo ciclo termodinâmico, datados com cinquenta anos de diferença, nota-se que o mesmo princípio de funcionalidade mecânico do ciclo termodinâmico é adotado, porém, são diferentes outras funções acessórias e outros materiais utilizados, tornando tais motores bastante distintos na formatação total e no desempenho (dependendo do parâmetro utilizado para mensuração). Assim, é importante ressaltar que essa exemplificação se delineia quanto à criação e invenção de novos ciclos termodinâmicos, a serem aplicados como motores de combustão interna. Há um histórico de invenções (e criações), porém em equipamentos auxiliares do motor de combustão interna, como a elaboração e utilização do turbo compressor, por exemplo, e o sistema de recuperação de energia.

Portanto, para um princípio de funcionalidade decorrer de criatividade e inventividades, essas, essencialmente implicam um princípio em que haja originalidade ("qualidade do que é inusitado, do que não foi imaginado antes, feito; singularidade").

Corroborando isso, o Diagrama 1.2.2-a demonstra a coexistência da criatividade e inventividade, como fomentadoras ou formuladoras de um princípio de funcionalidade da Inovação. Com a observação que o Diagrama 1.2.2-a inicia a observação no sentido de baixo para cima.

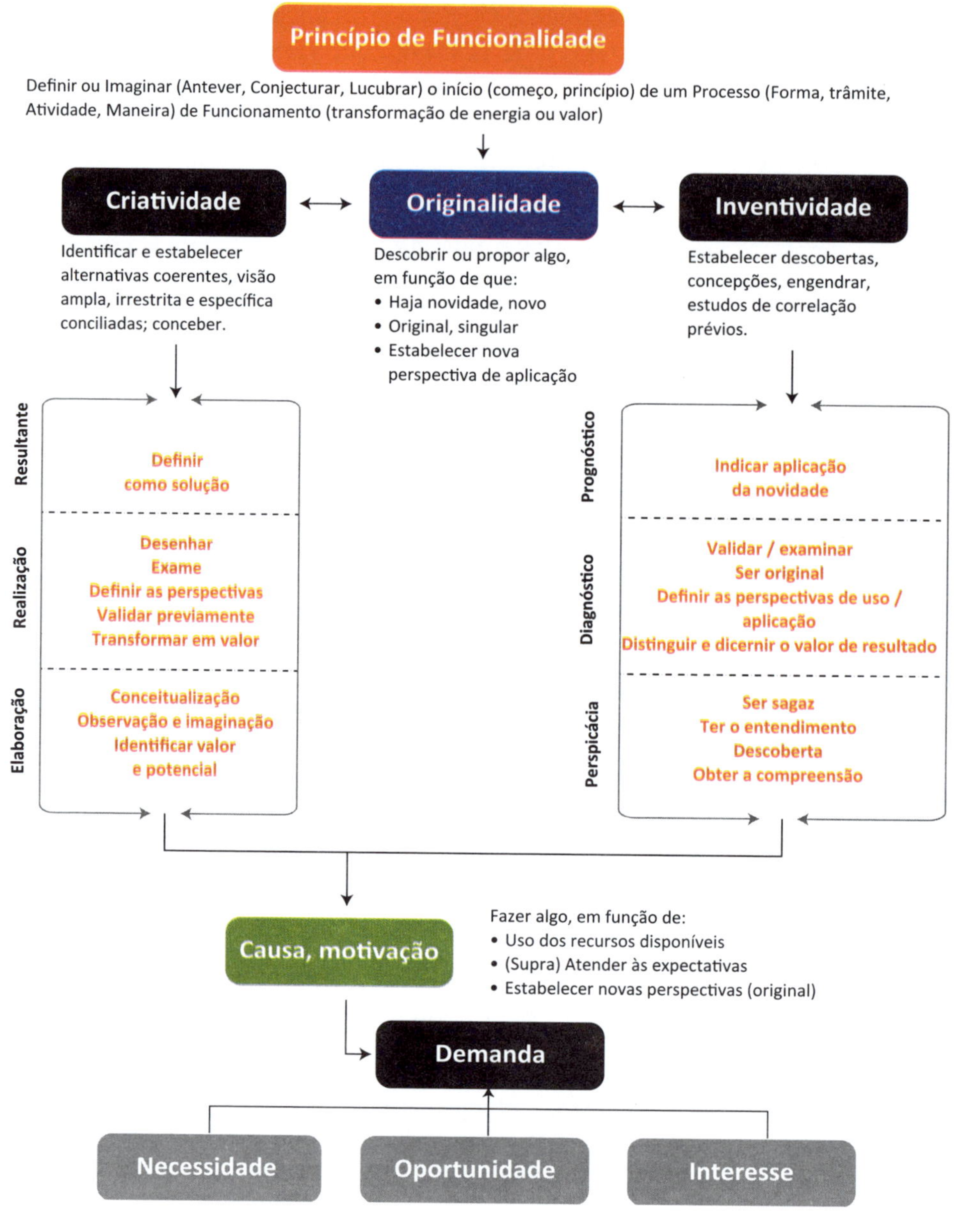

Diagrama 1.2.2-a: Criatividade, Inventividade e o Princípio de Funcionalidade.

Notam-se duas formas centrais, que representam o fluxo da informação, em termos de valor agregado. Desde a base até a aresta superior, as informações são transformadas, afunilando-se na formatação de uma solução e de uma novidade, determinando-se respetivamente a criatividade e inventividade. Ambas, conjugadas, podem significar a formatação de um princípio de funcionalidade. Tal combinação, variavelmente, não necessariamente implica sempre num princípio de funcionalidade, uma vez que se prevaleça antes a iniciativa (resolução) ou a percepção de se obter uma novidade como solução. Entretanto, a partir da definição prévia da criatividade (estabelecimento de alternativa de função) e inventividade (novidade de aplicação ou uso dessa alternativa), a elaboração do princípio de funcionalidade se torna direcionado para esse objetivo, desde que se considere os preceitos relacionados ao Diagrama 1.2-b.

Adicionalmente, consta a necessidade do uso de termos auxiliares ou adjacentes, como acepções adicionais, a fim exatamente de auxiliar na definição completa ou abrangente dos termos, criatividade e inventividade, conforme o demonstrado no Diagrama 1.2.2-a.

Para criatividade: elaboração (concepção), realização e resultante, significando "construção do pensamento que utiliza dados ou elementos para fins conceituais; composição; preparação". Concepção: "trabalho de criação; projeto, plano, ideia". Realização: "tudo que se põe em prática, que se consegue realizar". E, resultante: "que resulta; consequente, derivado", conforme o *Dicionário Houaiss da língua portuguesa.*

Assim, a criatividade, por meio do uso desses termos auxiliares, acaba por extensão de sentido significar a ação de projetar possibilidades já em termos práticos ou aplicáveis.

Para inventividade, há as acepções de: perspicácia, diagnóstico e prognóstico, significando, assim, a perspicácia: "capacidade de penetração, de agudeza do espírito, sagacidade". Já as palavras diagnóstico e prognóstico remetem a uma avaliação etimológica, antecedendo pelo sufixo de origem grega *-gnóstico*, significando "*relativo à ação de conhecer, relativo ao conhecimento, relativo à ciência e à sabedoria*". Já se aplicando a anteposição *dia-*, com o sentido de "através; através de, ao longo de, durante, por meio de, por, por causa de"; ocorrendo, portanto, a acepção de diagnóstico como um ato ou ação "de discernir, capaz de distinguir"; decorrendo na noção de entender, compreender ou identificar (estudar) algo. Já o uso da anteposição "pro" remete a "*diante de; para a frente de; antes; em defesa de; de preferência a; por causa de*", com noção de "antecedência (no espaço ou tempo)". Por essa razão, o significado de prognóstico remete para a sua acepção de "que concerne ao conhecimento do que deve acontecer".

Portanto, a inventividade, por meio desses termos auxiliares, direciona para a noção do entendimento e da construção do conhecimento, tanto no momento vigente como também ao futuro, antecipando um uso ou aplicação.

Dessa maneira, a determinação de um princípio de funcionalidade se torna a mutualidade entre criatividade e inventividade, pois faz-se necessário projetar um conceito tanto funcional quanto exequível; assim, o estudar, definindo a completa compreensão e entendimento desse conceito, para o utilizar via uma aplicação prática futura.

Também respeita-se a sequencialidade entre esses grupos de termos, proporcionando a construção ou formatação do princípio de funcionalidade, tanto em termos de criatividade como a inventividade. Lembrando que a conjunção de ambos precisa também estar atrelada com a propriedade da originalidade, implicando-se, assim, na novidade e, portanto, na Inovação.

Por essa razão, também, utiliza-se a expressão princípio, significando o primeiro momento de algo; início, ou também, o que serve de base, fundamento ou proposição elementar, a ordem do conhecimento. Dessa forma, o princípio de funcionalidade da Inovação respeita o contexto que envolve a Inovação em si (relação de causa e efeito), e, portanto, decorre de tipos de Inovações possíveis (via delineação), correlacionando--as para cada subtipo de princípios, a saber:

Princípio de Funcionalidade da Inovação

O que é → É o que primeiramente ou essencialmente determina como a Inovação ocorre, acontece, é definida, cumpre, desempenha ou como é organizada em termos práticos ou funcionais

Definindo-se, a seguir. Sendo tais definições passíveis de sobreposições.

1 - Princípio da Novidade, Originalidade, Avanço

Algo que realmente implique em novidade, novo, original, que não foi imaginado anteriormente. Sendo uma nova qualidade, um novo método ou processo, novo mercado, novo produto. Algo que realmente não existia anteriormente, estabelecendo um novo padrão de interação ou comportamento socioeconômico.
Exemplos:

- Estabelecimento da linha de produção seriada pela Ford Motor Co no começo do século XX.
- Estabelecimento do mercado e da rota da seda, na Antiguidade.
- Surgimento das emissoras e comercialização da televisão, em meados do século XX.
- Lançamento do primeiro satélite artificial na órbita da Terra.

2 - Princípio da Melhoria, Incremento

Algo que represente um passo adiante, como uma evolução ou uso de tecnologias inéditas, em algo já existente, implicando em alterações de matérias, métodos, melhorias etc.; mantendo, porém, as características fundamentais antes da mudança. Implicando em escopo variado de produtos, processos e serviços.
Exemplos:

- Estabelecimento do motor de turbina, ante o de hélice, em aviões, nos meados do século XX.
- Uso do alumínio e outras ligas metálicas leves na construção do chassi e carenagem dos automóveis.
- Uso do auxílio de computadores e programas no desenho de projetos técnicos de engenharia.

3 - Princípio da Integração, Combinação

É o princípio em que Estados da Arte distintos são, de alguma forma, conectados, ocasionando novas funcionalidades de aplicação coerente e desejável. Fundamentalmente, a inovação decorre da junção de outras funcionalidades em igual medida de proporção, como também por uma interação adjacente ou auxiliar.
Exemplos:

- Estabelecimento da injeção eletrônica de combustível na câmera de combustão de motores de explosão interna.
- Uso de brocas motorizadas no tratamento dentário de cáries.
- Uso de lentes, como prótese do cristalino do olho, como forma de apartar a cegueira decorrente do mal da catarata.

4 - Princípio da Atratividade visual e interação

Implica em alteração essencialmente visual, ou estética, com implicações ergonômicas, significando uma interação homem e objeto plenamente estabelecida e funcional.
Exemplos:

- Novo design de uma computador, sofá, luminária ou qualquer objeto, que agregue mudanças na sua percepção, e que desperte atenção e que implique em questões culturais.
- Mercado de moda de vestuários, que constantemente apresenta novidades visuais.
- Desenho estético, e inserção de novas cores, em carros, motos e bicicletas.

Diagrama 1.2.2-b: subtipos de princípios de funcionalidade da Inovação.

Cada subprincípio respeita a atuação ou dinamismo da Inovação, distribuído em quatro subtipos principais, sendo-os, conforme descrito no Diagrama 1.2.2-b, a novidade (ou avanço significativo), melhoria ou incremento, integração ou combinação e atratividade visual. Tais distinções implicam somente uma categorização ou classificação da Inovação, em relação ao significado do dinamismo de atuação. Assim:

Princípio da novidade, originalidade e avanço:

Essa categorização da Inovação apresenta fundamentalmente uma essência ou configuração em que haja necessariamente o novo ou a novidade, não correspondendo a precedentes, em termos da expressividade e funcionamento da Inovação. Essa classificação se torna, então, totalmente passível de concomitância com as demais.

Princípio da melhoria ou incremento:

A princípio, poderia ser definida como uma espécie de ganho marginal, de uma aplicação ou uso de algo, que exatamente sofrera um ajuste de evolução ou desenvolvimento positivo, em termos do funcionamento da Inovação. Dessa forma, o exemplo da alteração dos aviões de longos trajetos, da forma de propulsão de funcionamento em turbo das hélices para os motores a jato, exemplificam bem esse tipo de Inovação, pois os aviões continuam respondendo a uma relação de causa e efeito clara e objetiva, porém, funcionalmente passam a ter uma maior representatividade operacional, por poderem voar em maiores altitudes e autonomias.

Torna-se mais intuitivo considerar essa categorização, especialmente ao se considerar processos produtivos. Por exemplo, em indústrias manufatureiras, em que se observa pela teoria da produção marginal um esgotamento do ganho de produção ou produtividade, a partir de um método ou processo aplicado, em que, via Inovação, estabelece-se um novo processo produtivo, o qual produzirá os mesmos produtos anteriores, na mesma planta ou unidade fabril, porém agregado de ganhos de volume, qualidade e prazos.

Nessa categorização, a Inovação pode ser endógena ou exógena, e a primeira categorização também, apesar de existir a indicação ou maior disposição por ser caracterizar endógena (vide Seção 4.7.3, Relações distorcidas institucionais-organizacionais ou a cultura-consuetudinária de não se inovar).

Princípio da integração e combinação:

Os conceitos de teia de conexão e colaboração se tornam muito presentes nessa categorização, pois exatamente implicam Inovações decorrentes de ampla colaboração, de variados campos do conhecimento, intensamente convergidos, integrados e combinados em uma solução.

Vale ressaltar, na obtenção dessas categorizações de Inovações, o conceito de *espírito* colaborativo. Claro que o termo espírito não se utiliza, nesse contexto, da acepção de entidade imaterial ou alma humana, e sim o sentido de índole ou "princípio pensante" de um indivíduo ou coletivo. Esse conceito torna-se mais claro com a ideia de teias de conexão e visões (ampla, específica e irrestrita), porém, previamente o espírito colaborativo se caracteriza como a propriedade de se trabalhar a Inovação (tanto como objetivo-final como um meio de obtenção), em que haja a predisposição ou índole de colaboração, entre pessoas ou instituições ou quaisquer organizações (com ou sem finalidade de lucro), para atuar na evolução ou desenvolvimento de uma proposta ou intenção de Inovação.

Princípio da atratividade visual e interação:

Essa caracterização faz bastante menção ao conceito apresentando na "teoria do vidro quebrado", ou aspectos generalizados de morfologia, em que a partir de características inerentes à visualidade e estética tenha-se uma percepção e perspicácia orientadas à Inovação. Curiosamente, a palavra estética é etimologicamente derivada do grego *aisthétikós*, significando "relativo à percepção", e a percepção (e perspicácia) se faz valer essencialmente da visualidade, em que formas de objetos simplesmente implicam significância. E essa pode implicar diversas propriedades funcionais. Por exemplo, a forma geométrica de um cone oco implica variadas significâncias funcionais, dependendo somente de detalhes como altura e variações dos diâmetros menores e maiores, e determinado tipo de cone pode ser um funil, uma ampulheta (usando um par, dispostos inversamente), um objeto de marcação e sinalização de vias de trânsitos automotivos, uma luminária (na forma de pendente), entre outras coisas. Dessa forma, um objeto implica necessariamente ser adotável de uma forma física, a qual arremete a uma significância, percebível às pessoas a partir de uma função.

As artes visuais já são trabalhadas há milênios pala civilização humana, existindo desde as ilustrações de pinturas rupestres, passando pela arte da escultura, pintura, chegando às artes cinematográficas-fotográficas. Assim, a visualidade é denotada pela qualidade de ser visível, significando que seja algo unicamente sentido (e percebido) pela vista. A Inovação, nessa categorização, implica determinar uma nova significância, em termos de funcionalidade (por exemplo, a ergonomia) ou pura visualidade, a partir da forma ou estética.

Um exemplo bem simples em que há Inovação a partir da interação de novas formas alterando-se a visualidade, porém com uma significância funcional, refere-se à adoção, nas competições automotoras dos carros com aerofólios, ou denominados carros asa, no final da década de 1960. A partir da simples preposição inovadora, de se correlacionar o uso de aerofólios para se obter um coeficiente de sustentação dos aviões, ao adotar o aerofólio em um carro de competição (fórmula que é a denominação dos monopostos de esporte automotor), com efeito contrário, permite-se gerar pressão e aumento do contato entre os pneus e o piso, agregando aderência.

Essa disposição inovativa fora observada por Jim Hall, ex-piloto norte-americano, que elaborou e realizou o Chaparral 2F, tornando-o o primeiro monoposto com adoção de aerofólios e, assim, utilizando-se de conceitos aerodinâmicos em prol de melhores propriedades competitivas. Torna-se curioso que a visualidade dos monopostos se alterou consideravelmente, em relação aos modelos anteriores, sem adição de aerofólios, tornando essa Inovação com características de funcionalidade a partir do uso e manipulação de novos objetos a partir da forma, e assim, a significância por uma visualidade não diretamente associada à estética.

Ainda, faz-se necessário caracterizar a junção criatividade-inventividade-originalidade quanto ao nascedouro, ao menos conceitualmente e inicialmente, já que esse tema será tratado também na Seção 2.7, pois, explicar tanto a criatividade e a inventividade para fins de Inovação (e assim têm-se como originais) via as acepções e sentidos etimológicos possivelmente não seja completo, já que se faz necessário um ponto de vista psiquiátrico e epistemológico. Para isso, como referenciamento, utiliza-se fundamentalmente dos trabalhos do psiquiatra Silvano Arieti e do sociólogo Domenico de Masi, os quais estabelecem fundamentalmente a criatividade como a propriedade, tanto de um indivíduo como de um coletivo, em fantasiar e conseguir concretizar ou materializar tal fantasia, conforme o esquema já definido:

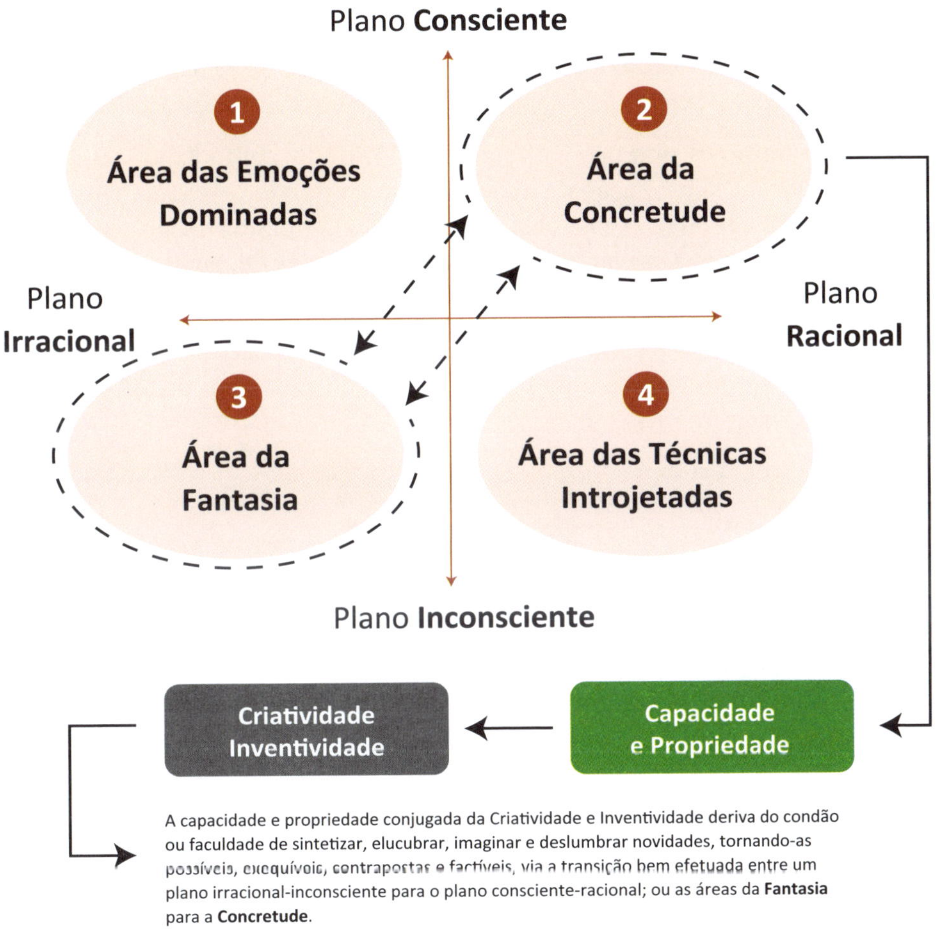

Diagrama 1.2.2-c: esquema demonstrativo de Silvano Arieti e Domenico de Masi quanto ao irrompimento da propriedade e capacidade da Criatividade (e consequentemente a inventividade).

Nos trabalhos de Silvano Arieti e Domenico de Masi, o termo inventividade não é utilizado, entretanto, é aplicado por extensão de sentido principalmente por ser inerente à conjunção com a criatividade e a originalidade, para fins de Inovação.

No Diagrama 1.2.2-c, há o já consagrado esquema, em que uma mente essencialmente (mas que possa ser estendido para um coletivo de pessoas) é diferenciada em quatro porções ou partes, combinadas cartesianamente entre os planos racional, inconsciente, irracional e consciente. A combinação em par desses quatro planos forma também quatro áreas, as quais se relacionam, caracterizando-se espécies de estados mental concomitantes. Dois desses estados, que são as áreas da Fantasia e Concretude, quando em uma pessoa ou coletivo, possibilitam a síntese e o engendramento, efetua-se a transição de uma conceptibilidade para uma materialidade (a ser mais aprofundado na Seção 2.9, com destaque ao Diagrama 2.9-b).

O termo Fantasia, da área 1, referido no Diagrama 1.2.2-c, faz menção à acepção de ideação, auspicioso, elucubração e imaginação com a finalidade da criação; já a área 2 se refere à concretude na acepção mais intuitiva de real, efetivo, concreto e demonstrável.

Por fim, o termo escopo não é diretamente utilizado, contudo, vale sua distinção quanto somente à diferenciação da aplicação final, estando delineada entre produto, projeto, processo e produção. Os substantivos apresentam uma noção genérica, entretanto, facilmente entendível quanto ao significado, independentemente do campo de atuação ou escopo, referente à Inovação.

Um eventual escopo da Inovação pode ser a obtenção de determinado produto, percorrido por um processo e uma produção, preconizados por projetos, passível de correlação no Diagrama 1.2.2-d:

Diagrama 1.2.2-d: escopo de atuação, quanto ao dinamismo da Inovação.

O escopo definitivo da Inovação não precisa ser exatamente delineado, conforme o Diagrama 1.2.2-d, e sim, eventualmente, pelo princípio de funcionalidade que tenha o atributo de maior relevância ou destaque. Por exemplo, ao estudarmos a adoção da primeira linha de produção seriada para montagem de automóveis, o princípio de funcionalidade da Inovação tange os escopos processo e produção como os de maior relevância, mesmo que, para isso, faça-se relevante os trabalhos de projetos e a aderência quanto ao produto em questão. Entretanto, o princípio de funcionalidade consiste em se obter automóveis, conforme tolerância padrão do produto, de forma mais rápida e em maior quantidade (efeito), a partir da adoção de uma série de processos a evento contínuo (causa), adequadamente coordenados de forma precursora ou inédita. Mesmo que haja uma integração ou correlação entre projeto, produto (que não precisa ser necessariamente algo físico, como uma peça publicitária), processo e produção, a delineação do campo de atuação, e, portanto, do escopo de maior relevância se faz perceber no processo produtivo. Entretanto, a Inovação em si é a do tipo Novidade, uma vez que o princípio de funcionalidade novo tange ou atua com uma relação de causa e efeito sem precedentes para com a época. Dessa forma, compreende-se como:

- Tipo de Inovação: Diagrama 1.2.2-b;
- Campo de atuação/escopo: Diagrama 1.2.2-d (delineáveis conforme relevância ou predominância do princípio de funcionalidade precursor).

Essa distinção entre tipo e escopo da Inovação se faz necessária, uma vez que na prática os trabalhos são direcionados no princípio de funcionalidade, em que temos como se obtém efetivamente a Inovação. A relevância de determinado princípio de funcionalidade contextualizado em relação a outro também implica uma análise e síntese factível, entendível e replicável, uma vez que a compreensão carece de critérios e orientações bem suscetíveis e exequíveis.

Assim, aplica-se o princípio da visão ampla, específica e irrestrita, definida a seguir como forma de orientação (tutorial) relativa ao dinamismo vigente no funcionamento da Inovação.

1.2.2.1. Visão ampla, específica e irrestrita

Trata-se de um conceito ou princípio que visa essencialmente estabelecer uma orientação, guia ou tutorial, quanto às considerações dos diversos aspectos e atributos, de determinados temas ou assuntos caracterizáveis pela complexidade (por exemplo: em um projeto de uma nova fábrica, ou a logística operacional de transporte de um transformador elétrico de 250 toneladas), em relação desde o menor detalhe até a completude de maior espectro de abrangência, contextualizando todas essas considerações com uma simples conexão coordenada (cartesiana) e sistêmica ou sistematizável.

De forma simples, o conceito se refere, a partir da alusão da palavra visão, a exercer com a extensão de sentido de perceber ou identificar tanto o amplo ou vasto ou abrangente (*lato sensu*) como também o específico, como detalhado ou especializado (*stricto sensu*), ambos de forma irrestrita, ou sem limitação de compreensão e entendimento.

Significa, portanto, simplesmente a capacidade e propriedade de ver (no sentido de perceber, identificar, diagnosticar) desde as minúcias do detalhe até a abrangência de todo o contexto ou envolvimento, relativo ao tema ou assunto em voga. Assim, não representa em si tal conceito uma novidade, e sim somente um indutor em forma de guia ou tutorial para referenciar a importância e relevância de se considerar o detalhado e o abrangente de forma mútua, em termos de compreensão e entendimento.

Há uma correlação com a obtenção da Inovação e, por conseguinte, o estabelecimento de um princípio de funcionalidade, uma vez que a criatividade implica também, como já referenciado, encontrar novas perspectivas, seja pela integração de métodos (antes distintos, porém interligáveis), seja pela idealização de alternativas, via correlações de uso e aplicações. A busca por alternativas representa o estudo e exame de diversos outros campos de conhecimentos, a fim exatamente de se poder encontrar um princípio ou atributo ou característica que colabore na determinação de uma solução, seja por similaridade, seja por analogia, seja via respaldo, a referenciar ou aludir.

Assim, esse conceito é inicialmente explanado a seguir:

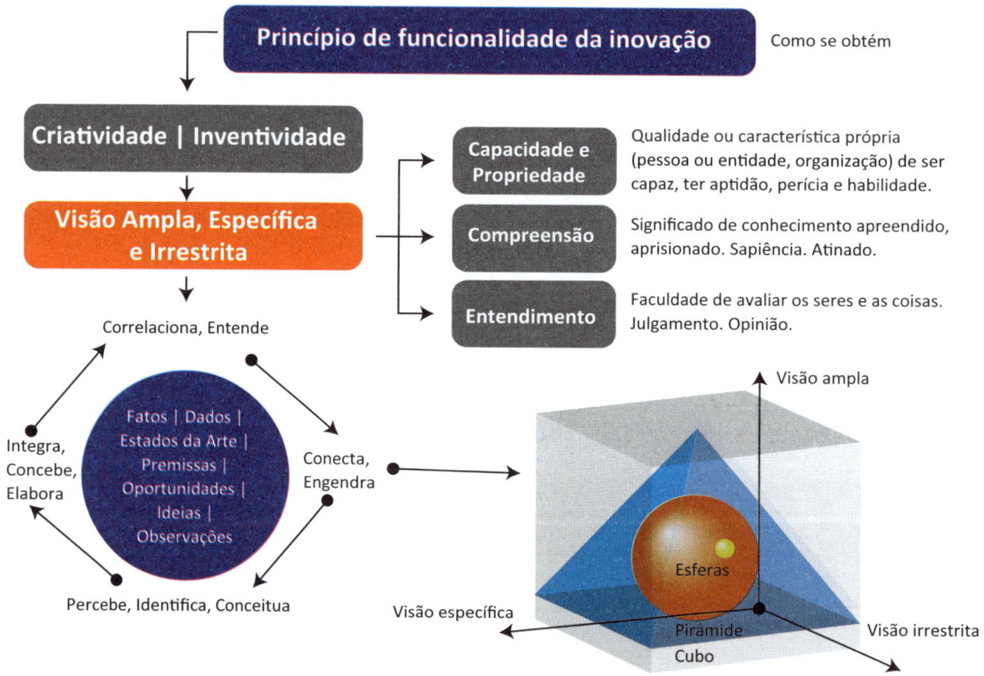

Diagrama 1.2.2.1-a: Visão Ampla, Específica e Irrestrita.

A adoção do princípio da visão ampla, específica e irrestrita se configura pela necessidade precursora quanto à Capacidade e Propriedade de Compreensão e Entendimento.

Essa capacidade e propriedade, fundamentalmente, é inerente ao indivíduo, sempre haverá pessoas com maior ou menor proficiência no entendimento e na compreensão; entretanto, coletivamente esses atributos se devem valer, permitindo a proliferação da atuação. Tal conceito permite a visualização dos assuntos, temas e situações conforme os respectivos atributos, quanto à complexidade, ao grau de especialidade requerido e ao arranjo combinatório que situações peculiares isoladas, somando-as, configuram o contexto macro processual ou situacional. Significa, assim, que o contexto geral, em conjunto com as circunstâncias específicas, são entendidos e compreendidos tanto isoladamente como somadas ou integradas (estando no coletivo).

Uma circunstância significa "ato acessório ou outro pormenor que se prende a um acontecimento ou a uma situação; particularidade". E o contexto é "inter-relação de circunstâncias que acompanham um fato ou uma situação", considerando-a de maior abrangência.

Por isso, o conceito de visão ampla, específica e irrestrita considera e significa a capacidade de compreender e entender, sendo inteligível tanto o contexto geral (macro situacional) como as circunstâncias isoladas, ou detalhes específicos (micro situacional), de forma irrestrita, com inteligibilidade e ubiquidade, conforme demonstrado a seguir:

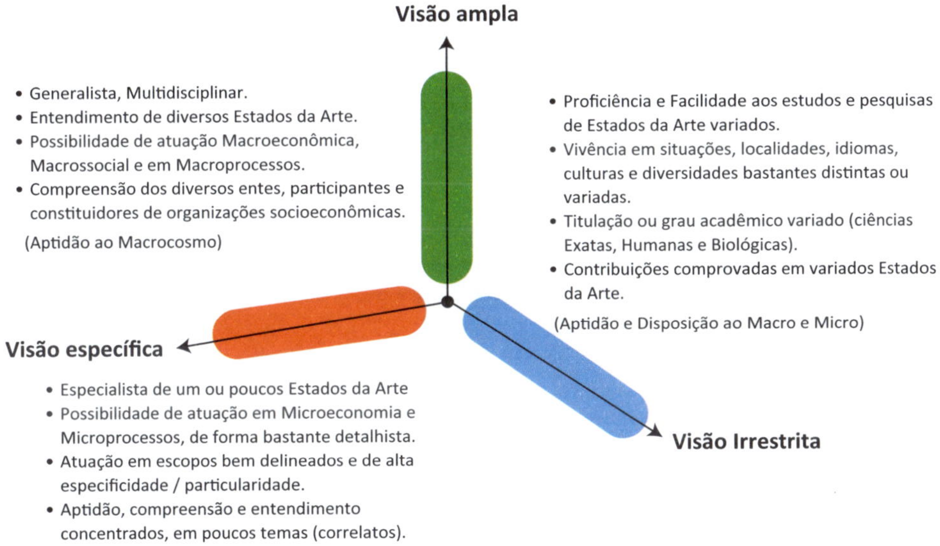

Diagrama 1.2.2.1-b: Explicação da Visão Ampla, Específica e Irrestrita.

Considerando-se três eixos de coordenadas, em perspectivas "tri-métrica" ou tridimensional, conforme o Diagrama 1.2.2.1-b, distribui-se cada eixo para uma visão: ampla, irrestrita e específica, significando, dessa forma, a mutualidade de se observar cada eixo isoladamente e combinados, o que, efetivamente, atenta para a característica de um indivíduo ou equipe (coletivo), quanto a esse arranjo entre os três eixos. Portanto, isoladamente, conforme descrito no Diagrama 1.2.1.1-b, tem-se a visão ampla com um generalista, multidisciplinar; a visão específica, como um especialista; e a visão irrestrita, um polivalente; com ubiquação, onipalrante ou polímata. Dessa forma, o conceito remete a um indivíduo ou equipe que não tenha restrições quanto à compreensão e entendimento tanto do geral como do detalhado.

Essa proposição é extremamente válida ao se submeter com temas com alta variedade de assuntos e peculiaridades, de diversos aspectos e atributos, em que pessoas, sistemas, sistemáticas e equipes díspares se correlacionam, tanto diretamente como indiretamente, em um projeto, uma organização ou em qualquer atividade que visa a objetivos lícitos. Isso denomina-se complexidade. Uma organização, com o sentido de "dotar de uma estrutura", requer invariavelmente, num contexto de alta complexidade, a capacidade e propriedade de ver de forma ampla, específica e irrestrita. Assim, faz-se possível o entendimento e a compreensão dessas diversas e variadas interdependências e coordenações de atividades e processos.

Dessa forma, o termo irrestrito, como visão, significa o nexo ou elo entre o amplo e o específico; assim, de forma irrestrita, pode-se interligar e até integrar as correlações entre o micro e o macroprocesso. O que não significa a necessidade de se entender cada assunto ou tema, correspondente ou implicado como generalista e detalhista, e sim compreender a atribuição e influência desses, conforme o contexto de complexidade, inerente ao projeto ou organização. Dessa forma, esse conceito parte do simples preceito de se organizar sempre se atentando, compreendendo e entendo o contexto e as correlações inerentes aos assuntos e temas, tanto específicos e detalhados como amplos e genéricos. Algo ou alguém, que seja efetivamente amplo, em termos de visão, sucessivamente já o consideraria como irrestrito? A resposta é que possivelmente sim, uma vez que a ausência de restrições à obtenção e interação de conhecimento implica então ter uma visão ampla. Porém, essa atribuição se torna a mais dificultosa em se ter, uma vez que o mais válido seja a correlação entre o que seja amplo com o específico.

Uma referência bem simples decorre do livro *The Voyage of the Space Beagle*, datado em 1950, escrito por Alfred Elton van Vogt, no qual o autor cunha a expressão nexialismo. Tal expressão ainda se mantém como um neologismo, não sendo catalogada em diversos dicionários; porém, a expressão denota para a etimologia da palavra *nexum*, em latim, implicando nexo ou conexão, ligação ou interligação, integração. Assim, o *nexialismo* seria o aspecto que promove ou do qual provém a ligação e conexão, de diversos temas e assuntos ou situações e contextos (complexos). Portanto, o irrestrito se associa a essa propriedade de se promover a interligação, junção ou conexão, em um contexto de complexidade, de temas ou assuntos tanto amplos ou genéricos com outros temas ou assuntos detalhados ou altamente específicos.

Um exemplo, contextualizado, é a simples utilização de portas com trancas. A finalidade de se ter uma porta com fechadura de tranca remete à necessidade de segurança (relacionável ao acesso, ou à preservação de um ativo ou propriedade). Assim, partindo-se dessa simples lógica, determinado edifício de uma organização repleta de pessoas que tenha a necessidade de segurança, possivelmente por causa disso tenha os acessos demarcado por portas com trancas, entre outras medidas de segurança. Assim, amplamente, pode-se estabelecer uma forma de preservação e acesso, conforme um contexto planejado de segurança, pois somente quem tiver uma devida autoridade ou autorização será portador das chaves correspondentes a determinadas portas. Detalhadamente, faz-se necessário também que essas chaves e trancas sejam confiáveis. Efetua-se, então, a correlação entre o amplo e o específico, faz-se necessário integrar um método de controle, a partir da gestão das chaves com a autorização de acessos e que se garanta que as trancas sejam intransponíveis.

O nexialismo (visão irrestrita), citado por Alfred Elton van Vogt, implicaria conectar a forma de permitir os acessos (visão ampla), que envolveria uma atuação gerencial de autorizações, a partir da forma que esse acesso ocorra tecnicamente e efetivamente (visão específica), em decorrência de se ter trancas efetivas nas portas.

Em uma hipótese de falha, ainda nesse exemplo das trancas, as atuações amplas e as específicas podem ocorrer de forma equivocada, na qualificação de ambas, pois, invariavelmente, pode-se conceder um acesso indevido como também a tranca pode ser facilmente transponível por alguém que não tenha prévia autorização de acesso.

Por essa razão, o amplo e o específico precisam ser irrestritos entre si para a correta integração de ambos.

Assim obtemos:

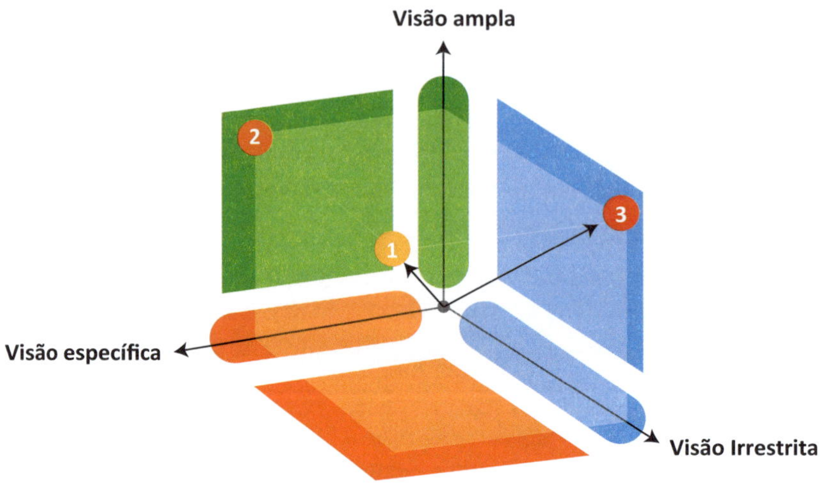

1 **Visões: Ampla, Irrestrita e Específica**
Indivíduo, Grupo ou Organização com capacidade e propriedade de vasta Compreensão em diversos Estados da Arte.
Exemplos:

- Grupo empresarial multinacional com atuação em segmentos e mercados extremamente variados, desde indústria de base siderúrgica, até mercado financeiro. Tendo a situação relativamente típica de conglomerados asiáticos com atuação em mercados distintos, como: automobilísticos, indústria naval, siderurgia, ferroviário, energia, defesa e tecnologia da informação.
- Pessoa com titulações de mestrados nas ciências exatas, humanas e biológicas. Assim, torna-se um pesquisador com vasta propriedade em Estados da Arte bastante distintos e variados, porém, com ótima possibilidades de integrar conhecimentos de campos, originalmente não conectados ou cooperativos.

2 **Visões: Ampla e Específica**
Indivíduo, Grupo ou Organização especialista em um ou poucos Estados da Arte; e, com entendimento, porém sem compreensão de outros Estados da Arte. Significa alguém ou algo com uma atuação bastante específica e detalhada, e que entende as consequências do trabalho para com o todo.
Exemplo:

- Empresa com atuação em segmento e mercado bem específicos, porém com entendimento do uso de seus produtos nos mercados dos clientes. Como fabricantes de microprocessadores computacionais ou hardware, e desenvolvedores de programas ou softwares, utilizados em máquinas industriais, automóveis, celulares, desktops e laptops.
- Pessoa com titulação de um doutorado ou pós-doutorado em ciências computacionais. Torna-se especialista, porém com a utilização e aplicação do conhecimento em processos subsequentes bastante variados.

3 **Visões: Ampla e Irrestrita**
Indivíduo, Grupo ou Organização com entendimento e consideráveis possibilidades de compreensão de outros Estados da Arte.
Exemplo:

- Grupo empresarial multinacional com atuação em segmentos e mercados massificados, com forte atuação em mercadologia. Como empresa de bebidas, com fórmulas e sabores consagrados, com mercado de extensa concorrência e forte ações de propaganda e publicidade.
- Pessoa generalista com uma titulação acadêmica, graduação ou mestrado, porém com extensa vivência e experiência em muitas empresas diferentes, e com trabalhos em mercados e campos de conhecimento distintos.

Compreensão: conhecimento apreendido, aprisionado. Sapiência. Atinado.
Entendimento: faculdade de avaliar os seres e as coisas. Julgamento. Opinião.

Diagrama 1.2.2.1-c: Correlações entre a Visão Ampla, Específica e Irrestrita.

No Diagrama 1.2.2.1-c, portanto, obtém-se a combinação em três grupos, relativos a cada eixo de coordenada, correspondente às visões. Nota-se que outras combinações seriam possíveis, porém, para fins de demonstração são delineados esses três grupos referenciados, em termos de Inovação:

1) Grande a propriedade e capacidade de perceber ou identificar novas perspectivas, para fins de se criar e inventar princípios de funcionalidade, com implicação de novidade em aplicação e uso.
2) Aventa boas possibilidades de induzir a Inovação, uma vez que, apesar da especificidade inerente, permite diversas aplicações, em campos de conhecimentos distintos ou variados. Tem-se, assim, uso compartilhado de aplicação e uso.
3) Possibilita a Inovação, citando a necessidade ou transcrevendo um potencial resultado, e mesmo que, não detalhadamente, possa efetivamente conceituar o princípio de funcionalidade, já deslumbrando a causa do efeito. Assim, participa na expressividade da Inovação, desenhando o que se almeja e apenas conceituando a determinação de seu funcionamento.

Portanto, ser irrestrito significa, na prática, a capacidade de não se determinar as fontes de conhecimentos ou descobertas, e essas podem ser originadas em diversas ocasiões ou situações que nem valeriam as referenciar ou catalogar; e sim estar ou *ter disposição e capacidade de as perceber ou identificar.*

A melhor elucidação da propriedade de visão ampla, específica e irrestrita pode ocorrer a partir do Diagrama 1.2.2.1-d, em que se demonstra por analogia a correlação de temas, assuntos, necessidades e conhecimento, a partir de formas geométricas, associadas aos eixos de cada visão, já previamente inserido no Diagrama 1.2.2.1-a:

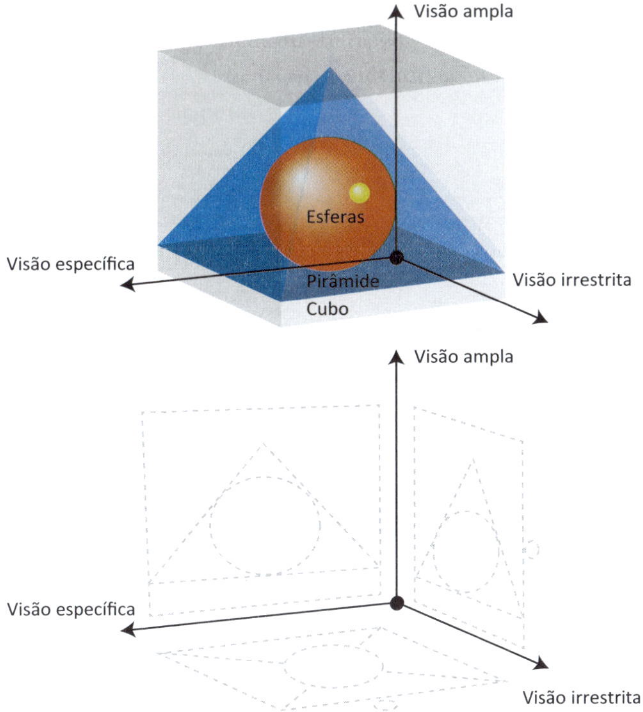

Diagrama 1.2.2.1-d: Analogia de Correlações das coisas com a Visão Ampla, Específica e Irrestrita.

Assim, cada visão é inserida conforme a disposição dos três eixos espaciais, em que, na primeira parte do Diagrama 1.2.2.1-d, nota-se a existência de um cubo, uma pirâmide e duas esferas, dispostas e sobrepostas, e com interações distintas em relação à luz (opaco e translúcido), caracterizando-os como analogicamente um contexto. Entretanto, na segunda parte, pode-se identificar essas formas a partir da combinação de dois eixos pelo grupo total de eixos (C3,2). Então, nessas combinações entre as visões, temos:

- Combinação das visões *Ampla* com a *Específica*: identifica-se somente que há um quadrado, um triângulo isóscele e um círculo; faltando o outro círculo, pois é decorrente da esfera menor, em posição oposta com a esfera maior, que é opaca.
- Combinação das visões *Ampla* com a *Irrestrita:* identificam-se todas as formas nesse plano geométrico, porém, efetivamente, não se faz válido perceber qual forma apresenta opacidade ou encontra-se translucidado; ainda, as posições relativas das formas também não são passíveis de determinação assertiva.
- Combinação das visões *Específica* com a *Irrestrita:* não se identifica a projeção em triângulo, proveniente da pirâmide, com clareza, uma vez que está sobreposta com o cubo e a esfera maior; porém, não se valida efetivamente as posições relativas, considerando-se a opacidade e translucidado das formas.

Dessa forma, as visões combinadas em um plano, proveniente da junção de dois eixos, provêm pouca substância conclusiva, para se saber que se trata de um cubo translúcido, tendo no interior uma pirâmide, também translúcida, tendo no interior uma esfera (a maior) de interação opaca com a iluminação; e, existindo, por fim, outra esfera (a de menor dimensão) encostada externamente ao cubo.

Essa simples analogia representa que, vista isoladamente, temos essas quatro formas tridimensionais. Contudo, integrando-as, há inúmeras possibilidades de arranjos e combinações, a partir dos respectivos posicionamentos relativos e das propriedades de opacidade e transparência (ou translucidado), em que a conclusão final de como é efetivamente esse arranjo posicional decorre da necessidade de uma visão ampla, específica e irrestrita. Faz-se necessária a visão ampla, para se identificar todos os posicionamentos; específica, para se identificar a interação de cada forma com a luz; e irrestrita, por não se limitar em apenas um referencial, e sim diversos, considerando-os intercalados ou interligados.

Portanto, essa analogia vale com a *disponibilidade e disposição da informação*, em que a disponibilidade seja a propriedade de acessar a informação, divergindo ou depurando quanto a eventuais restrições desse acesso. E a disposição, a propriedade de ordenar, ajeitar ou organizar a informação, estruturando ou permitindo que essa seja inteligível.

A partir de uma visão ampla, específica e irrestrita, faz-se possível uma plena disponibilidade e disposição de toda a informação, tanto para acessá-la e identificá-la como também para entendê-la e compreendê-la, tornando-a inteligível.

Por essa razão, a combinação dessas três visões, consolidadas ou convergidas, torna possível também a obtenção da Inovação, pois essa, muitas vezes, conforme o Diagrama 1.2-b, consiste em uma série de informações, dispostas e combinadas de formas distintas (assim como os objetos do Diagrama 1.2.2.1-d), e que concomitantemente não estejam facilmente disponíveis. Portanto, conclui-se que a propriedade e capacidade de uma visão ampla, específica e irrestrita significa também a capacidade de entendimento e compreensão de todo o ciclo que envolve a Inovação, desde o início até a obtenção efetiva dos resultados, representado pelo contexto e todas as circunstâncias de situações e informações existentes.

Por isso, torna-se importante conscientizar que não há detalhes menores, aos quais se atribui uma denotação jocosa, pois muitas vezes um detalhe pequeno pode representar ou implicar a impossibilidade de um projeto, por exemplo.

O uso do conceito da visão ampla, específica e irrestrita não é somente delineado para a obtenção da Inovação, e sim para qualquer organização em que se trabalha e transforma informações, dados e objetos. Porém, particularmente, ao considerarmos o desafio que é se obter uma Inovação efetiva, o uso dessas visões combinadas permeia e possibilita a identificação, a definição, o planejamento, a conduta, a execução e a consumação para a obtenção da Inovação, conforme explicitado sucintamente no Diagrama 1.2.1-a.

1.2.3. TEIA DE CONEXÕES DE CAUSAS E EFEITOS (IDENTIFICAÇÃO DA CORRELAÇÃO PARA A INOVAÇÃO)

Dentre as diversas acepções do substantivo combinação, há duas que o descrevem como: "reunião de coisas, semelhantes ou diferentes, em determinada ordem"; e: "arranjo, composição para a consecução de determinado fim", conforme o *Dicionário Houaiss da língua portuguesa*. Assim, o ato de combinar significa a associação, junção ou interligação entre partes, antes distintas, que, juntas, combinam-se para uma realização ou simplesmente se tornando ou transformando em algo.

A relação de causa e efeito, antes já explicada nos Diagramas 1.1-b-c-d e 1.2.1-a (tanto por definição como por alusão), refere-se ao nexo ou elo entre o que causa, ou determina, com um resultado ou efeito, como consequência, em termos direcionados à Inovação, ou também via o estabelecimento da novidade, do incremento, da integração e da atratividade.

Efetuando uma breve menção e recapitulação de todos os temas e assuntos tratados até esse tópico, nota-se que conceitos e acepções foram apresentados, combinando esses para se definir a Inovação e as considerar também para obtenção da Inovação.

De todos os conceitos, o estabelecimento do binômio causa e efeito, então, é o que possibilita o fomento de uma teia de conexões, em que se permeie esse trâmite completo da Inovação (definição e obtenção).

É válido ressaltar que, ao se inferir com uma relação de Causa e Efeito, essa última pode variar quanto à resultante. Assim, seria bastante usual se obter uma relação de *Causa com Efeito variável*. O que, na prática, significa a obtenção de efeitos que implicam resultados ou consequências múltiplas, em termos de variação de intensidade e na variação do efeito em si.

O termo teia refere-se, na extensão de sentido, a entrelaçar ou tramar coisas ou situações, tanto pelo espaço como pelo tempo e conceitualmente. A relação de causa e efeito, para fins de Inovação, determina a associação ou nexo entre uma demanda ou necessidade, em relação a uma solução ou resultado almejado. Assim, uma teia de causas e efeitos significa a possibilidade de conexões entre essas, uma vez que muitas vezes não são claras e objetivas tais conexões.

Por exemplo, o químico e matemático William Sealy Gosset trabalhava para uma cervejaria (inclusive sendo em determinada época mestre cervejeiro), no início do século XX, e necessitando avaliar as variações de qualidade do preparo da cerveja, especificamente para pequenas amostras relacionadas com a fermentação da cevada, em termos da quantidade de fermento utilizado e a temperatura da fermentação, originou, desse estudo, a formulação da distribuição *t-student*, que é extremamente válida na estatística, que veria a se desenvolver posteriormente. Também dessa atuação decorre o Controle Estatístico de Processos, que atualmente é utilizado como método e técnica de estabelecimento do controle da qualidade de fabricação.

Neste exemplo, a relação de causa e efeito não é direta, também nota-se por ter múltiplos eventos como consequência. Assim, a necessidade de William Sealy Gosset era entender o comportamento de variáveis no processo de fermentação, quanto a uma qualidade almejada de cerveja. A solução seria aplicar uma técnica de coleta, tratamento e análise de dados numéricos de sua própria autoria, pois os estudos desse ramo matemático não se mostravam efetivos quanto à aderência aos resultados reais ou empíricos. Portanto, a relação de causa e efeito era a necessidade de se ter uma técnica estatística aplicável a uma situação peculiar, de pequenas amostras, existente no processo produtivo da cerveja, permitindo um controle extremamente efetivo na qualidade final desse produto. Porém, esse efeito não se limita somente para com as situações produtivas da cerveja, tornando-o aplicável em diversas outras situações, definindo-o como um modelo de distribuição estatístico e tornando, assim, esse efeito passível de diversos resultados ou soluções.

Uma teia de conexão entre causas e efeitos, dessa forma, representa isso: diversas necessidades (ou causas) são passíveis de resolução, via um efeito, em que a aplicação se torne possível ou factível. E a origem ou definição desse efeito muitas vezes decorre de estudos, campos de conhecimento, técnicas, situações e diversas outras distinções que não se assemelham com o contexto inerente à causa.

Por isso, uma teia representa um termo exato, pois a inovação decorre da possibilidade de correlação de conhecimentos formais ou tácitos, fatos ou situações distintas, em que esses demonstram-se relacionados com a solução ou resultado adequado de uma necessidade ou demanda. Como já citado anteriormente, a aplicação ou aplicabilidade ("qualidade ou atributo do que é aplicável") em que se tenha uma relação de causa e efeito originais decorre de uma criatividade e inventividade em exatamente determinar ou observar tal aplicabilidade.

Uma visão ampla, específica e irrestrita é exatamente um guia em que se pode determinar a aplicabilidade, e assim, ter-se uma relação de causa e efeito inovadora. E a teia de conexão representa o meio para se efetivar a devida visão, identificando o nexo (causa e efeito), e consequentemente, a aplicabilidade.

A seguir há um exemplo simples de teia de conexão:

Diagrama 1.2.3-a: Teia de Conexão das Ciências, campos de conhecimento e estudos.

A teia de conexão demonstrada no Diagrama 1.2.3-a é de interessante correlação, considerando-se o exemplo da definição da distribuição *t-student*, pois conecta diversas ciências ou campos de conhecimentos, como a matemática e estatística (em ciências formais), biologia e química (ciências naturais), envolvendo ainda profissões (tecnologia e saúde) e também economia e sociologia (ciências sociais), pois efetuou-se um estudo matemático (e posteriormente seria denominado estatístico) que são campos de conhecimentos inseridos na denominada ciências formais, aplicável na produção de cerveja, que carece de conhecimento nas ciências naturais, pois envolve biologia (fermentação) e química, ainda, numa empresa fabricante e comerciante, o que envolve o conhecimento em ciências sociais e econômicas. Isso influencia em campos de conhecimento profissionalizantes, como engenharia, tecnologia e saúde.

Assim, a teia de conexão corresponde a quatro grandes grupos do conhecimento ou ciências, atribuída a ainda entre oito e nove campos (ou subgrupos) específicos do conhecimento. Ao centro, há o objetivo ou a fundamentação ou essência (ou substrato) do trabalho, que é encontrar ou determinar uma Inovação, transcrita como uma novidade, ou um incremento, ou a integração ou tornar atrativo.

Projetando-se a aplicação da distribuição estatística *t-student* em outras ciências, atualmente, não seria falácia afirmar que ela teria uma aplicabilidade extremamente vasta, envolvendo ciências políticas, espaciais, antropológicas, computacionais, medicinais, entre outras; caracterizando-se como uma Inovação de alta aplicabilidade, ou possibilidades de correlação ou conexão.

Assim, a teia de conexão de causa e efeito corresponde às possibilidades de interação, e, portanto, conexão ou correlação, entre o que define e se obtém como Inovação. A partir do atributo da visão ampla, específica e irrestrita, em que se convida para uma ampla e vasta propriedade de observação, entendimento e compreensão, a institucionalização de uma teia de conexão significa o aprimoramento de como ou por onde se observar.

A teia do Diagrama 1.2.3-a, conceitualmente, poderia se aplicar como um exemplo genérico de uso, uma vez que praticamente todos os campos de conhecimento ou disciplinas acadêmicas estão expostas. Porém, estão com uma forma ampla de demonstração do conhecimento, pois efetivamente, ao se aprofundar somente nas ciências medicinais, a quantidade de disciplinas e estados da arte simplesmente é extremamente numerosa. Assim, a teia de conexão deve respeitar o escopo de detalhamento que envolva o objetivo de um trabalho em andamento ou almejado. Por essa razão, tendo a teia como as propriedades de visão (ampla, específica e irrestrita), são necessárias avaliação conjuntas.

Considerando-se todas as termologias e acepções utilizadas para a definição da Inovação e respectiva obtenção, compreende-se a seguinte teia de conexão:

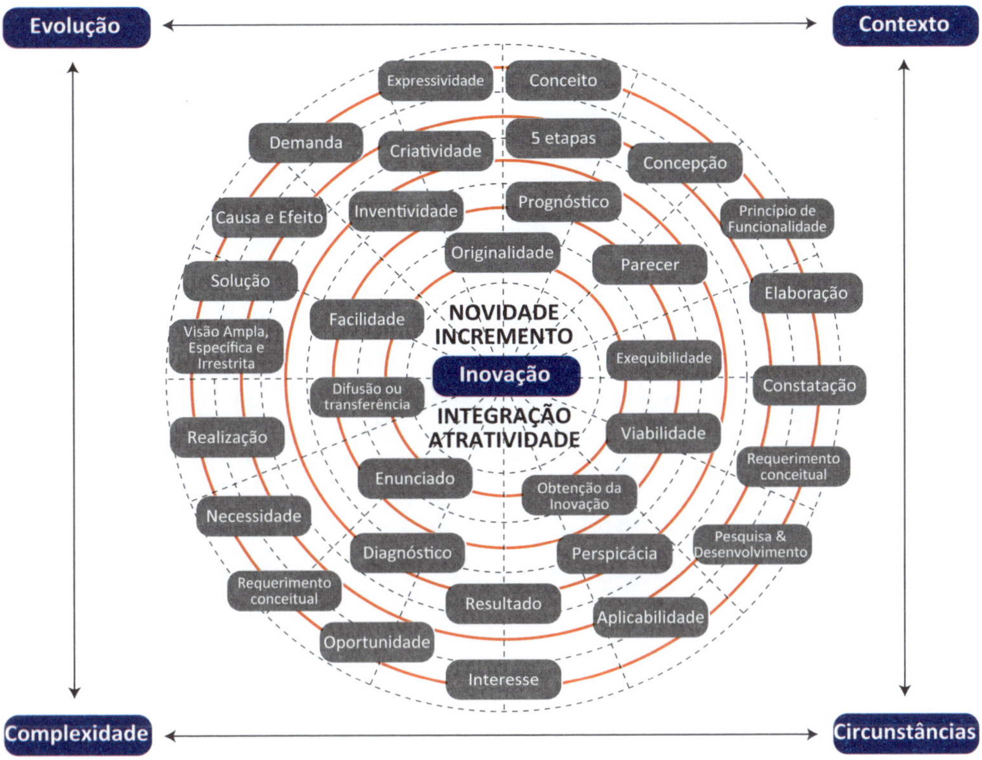

Diagrama 1.2.3-b: Teia de Conexão e escopo da definição e obtenção da Inovação.

Nota-se que essa é uma teia orientada para um objetivo bem delineado, que é a definição e obtenção da Inovação. Conforme já tratado anteriormente, essas acepções e termos estão agrupados e, assim, passíveis de conexão e correlação. Por exemplo, ao se definir o Princípio de Funcionalidade, utiliza-se os termos criatividade, inventividade e originalidade. E esses, por sua vez, utilizam-se de outros termos, como prognóstico e realização. Porém, ao definirmos a relação de causa e efeito, por exemplo, no Diagrama 1.1-d, o termo Princípio de funcionalidade é um componente, em conjunto com outros termos, como solução e viabilidade, por exemplo.

Todos esses termos são apresentados no Diagrama 1.1.3-b. Porém, o sequenciamento adequado dos termos ou acepções depende fundamentalmente de como o trabalho se define, fazendo-se necessárias outras teias de conexão, em que o devido detalhamento (que seja de forma amplo, ou específico) seja assim descrito.

Por essa razão, o escopo, conforme o Diagrama 1.2.3-b, corresponde aos termos evolução, complexidade, circunstâncias e contexto. Assim, um escopo se define ao considerar as coisas, ou delineamento ou limite, do como e o que se faz, em termos de tempo e espaço, por exemplo. Analogamente, determina-se o escopo via o uso do 5W2H, acrônimo de um método de distinção de atuação, amplamente e já bastante utilizado e difundido.

- *What* ⇒ O quê
- *Why* ⇒ Por quê
- *Where* ⇒ Onde
- *When* ⇒ Quando
- *Who* ⇒ Quem
- *How* ⇒ Como
- *How much* ⇒ Quanto

Dessa forma, ainda considerando o Diagrama 1.2.3-b, o escopo se define, pois a evolução é o "por quê", a complexidade é o "como", o "quanto" e o "o quê" e o contexto e a circunstâncias compreendem o "onde", "quando" e "quanto".

Assim, conforme já delineado a partir dos Diagramas 1.2-b e 1.2.1-a, e da Seção 1.2.1, a obtenção da Inovação corresponde à Expressividade (eloquência) da Inovação e o Funcionamento da Inovação, em que o escopo ou o 5W2H são devidamente definidos.

Por exemplo, pensando em uma organização industrial, temos o seguinte macrofluxo de processo:

Macrofluxo de processos

Diagrama 1.2.3-c: composição genérica de um macrofluxo de processos de uma empresa industrial.

Nota-se nesse macrofluxo que há três grandes grupos, nos quais processos ou trâmites específicos se definem, porém, sem demonstrar com clareza sua correlação, e sim uma ideia de sequenciamento de tarefas e funções. Assim, uma teia de conexão teria, por princípio, permitir todas as correlações possíveis, entre esses trâmites ou processos, conforme a seguir:

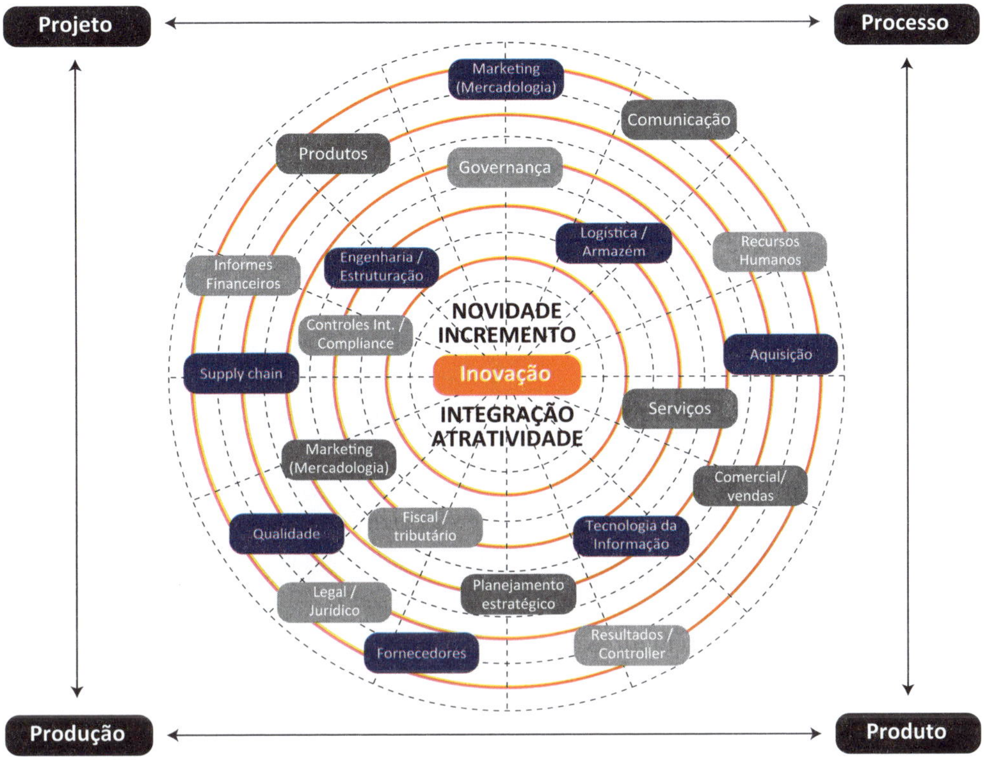

Diagrama 1.2.3-d: Teia de conexão derivada do macrofluxo de uma organização industrial.

Com base no Diagrama 1.2.3-c, obtém-se a teia de conexão, organizada a partir das denominações que qualificam, ou caracterizam, os trâmites organizacionais da empresa. Nota-se que na teia acima há a definição do escopo, diferenciada pelo quadrinômio Projeto, Processo, Produção e Produto. Por exemplo, o trâmite da empresa destinado como "Produtos" pode parecer em sobreposição ou redundância, em relação ao escopo "Produto"; entretanto, apesar da similaridade da palavra, a acepção é distinta, pois o trâmite "Produtos" consiste no escopo de obter ou redefinir o escopo "Produto", entretanto, concomitantemente o trâmite "Produtos" respeita o escopo de um "Processo", em que haja uma "Produção", que seja de ideias ou conceitos, por exemplo, visando ainda a um "Projeto" específico. Ainda, o trâmite "Produtos", em termos relacionados ao escopo, correspondente ao "Processo", carece de auxílio ou interação funcional com outros trâmites, por exemplo, "aquisição", "engenharia", "*compliance*", "comercial/vendas", "mercadologia", entre outros. Observando-se o Diagrama 1.2.3-b, o trâmite "Produtos" se utilizaria dessa teia para, por exemplo, buscar um produto inovador ao mercado.

Portanto, essa teia se destina aos trâmites organizacionais internos da empresa, em que, por exemplo, busca-se ou se intenciona obter Inovação, essa será em decorrência de melhor integração e incremento, pois os trâmites serão processados de uma nova maneira, em que se obterá melhores resultados, mais eficientes.

A partir desse objetivo, o escopo fica delineado no quadrinômio Projeto, Processo, Produção e Produto, tangendo os componentes do 5W2H: "o quê", "onde" e "quem"; de forma genérica. Os demais componentes, temos o "como" descrito a partir do Diagrama 1.2.3-b. Já o componente do 5W2H "por quê" se torna implícito ao que fundamenta ou define o objetivo, que seria ou introduzir novidades aos trâmites, atividades e funções organizacionais, ou aprimorá-los, integrar ou agregar atratividade.

Dessa forma, pode-se objetivar a Inovação via o escopo demonstrado a seguir:

	Projetos	**Produtos**	**Processos**	**Produção**
Mercado para o Negócio	**Função**: Fazer...	**Função**: Obter...	**Função**: Promover...	**Função**: Prover...
	• Aprimoramento das vendas • Divulgação / Publicidade eficaz • Melhoria na relação com os Clientes • Segmentação percebida, para satisfazer as necessidades dos clientes • Desenvolvimento de marcas	• Concepção alinhada com as necessidades ou demandas dos clientes • Baixo custo no Desenvolvimento • Alta Inovação em agregar atratividade • Integração aos Clientes	• Acesso fácil entre a percepção dos clientes dos produtos • Venda simplificada • Feedback constante: Cliente, fornecedores, colaboradores • Busca por eficiência e eficácia • As cinco etapas da obtenção da Inovação	• Parceiros / Fornecedores em sintonia de objetivos • Simplicidade na definição dos objetivos • Redução de Custos • Ganhos de eficiência e eficácia • Ganhos de qualidade
	Mensuração:	**Mensuração:**	**Mensuração:**	**Mensuração:**
	• Acessos (experimentação) x Vendas • Ação de Mkt x Vendas • Qualificação dos clientes • Ticket médio das vendas • Tendências	• Teste de aceitação • Pesquisa assistida • Valor agregado por atividade • Tendência de vendas • Participação no mercado	• Comentários e avaliação dos clientes • Formas de remuneração • Análise de antes e depois • Valor econômico	• *Leadtime* • Demanda x Oferta • Valor agregado por atividade

Cadeia Operacional	**Função**: Estabelecer...	**Função**: Determinar...	**Função**: Efetuar...	**Função**: Realizar...
	• SLA de Fornecedores • Métodos da cadeia produtiva • Estrutura para as atividades • Definição do valor agregado efetivo • Fluxo operacional completo • Estrutura física a baixo custo	• Fornecedores de desenvolvimento • Integração do produto com toda a cadeia produtiva • Adaptabilidade do produto em toda a cadeia operacional • Repetitividade e Reprodutibilidade • Codificação e organização	• Procedimentos operacionais • Metas e objetivos • Padrões de Qualidade • Intercomunicação	• Produto acabado • Entrega aos clientes • Entendimento do "tambor, pulmão e corda"
	Mensuração:	**Mensuração:**	**Mensuração:**	**Mensuração:**
	• FUP do Planejado x Realizado • KPIs constantes • Relatório Qualitativo • Valor agregado por atividade	• Gestão de fornecedores via desempenho – KPIs • Fluxo de movimentação • Valor agregado por atividade	• KPIs baseados no valor agregado.	• *Leadtime* • Kanban • Engenharia do Valor
Resultados, Valor e Finanças	**Função**: Efetivar...	**Função**: Identificar...	**Função**: Informar...	**Função**: Gerir...
	• Orçamento • Fluxo de caixa • Melhor metodologia de Custo • Planejamento tributário (substituição) • Conta corrente de investimentos e despesas • Relatórios periódicos	• Rentabilidade por item • Custo variável • Margem operacional ideal • Margem de lucro	• Taxa de Valor agregado para cada etapa • Desempenho em situações relevantes • Custos acumulados	• Taxa de Valor agregado para cada etapa • Desempenho em situações relevantes • Custos acumulados
	Mensuração:	**Mensuração:**	**Mensuração:**	**Mensuração:**
	• Indicadores de Resultados • Informe Financeiros (contábil e efetivo)	• Margens planejado x efetivado • Validação dos Custos	• Valor agregado por atividade • KFIs	• Valor agregado por atividade • KFIs

Tabela 1.2.3-a: resultante da conexão ou correlação entre trâmites, objetivos e funções.

Conforme Diagrama 1.2.2-b, os princípios de funcionalidade da Inovação concernem à novidade, ao incremento, à integração e à atratividade. Dessa forma, tendo a Inovação como objetivo, deve-se correlacioná-la com algumas funções específicas, demonstradas em cada quadrante ou diedro de correlação na tabela acima, em que tais funções são expressas em verbos no infinitivo, com a finalidade ou o substrato de se objetivar, buscar ou obter. Assim, observa-se que a Tabela 1.2.3-a, diferentemente do Diagrama 1.2.3-c, estabelece a partir da teia expressa no Diagrama 1.2.3-d as atividades efetivas, como processos ou trâmites, conforme um objetivo funcional que visa à Inovação, tanto primordialmente como secundariamente, pois uma organização mercadológica visa ao necessário lucro ou retorno, correspondente à respectiva atuação.

Na Tabela 1.2.3-a se faz possível já definir as formas de mensuração para conseguir identificar a aderência de atendimento ou realização quanto aos objetivos, existindo a "mensuração" em todos os quadrantes de correlação. Ainda, tal tabela visa unicamente expressar as correlações e conexões a partir da teia do Diagrama 1.2.3-d, e as colunas e linhas devem permitir isso. Opta-se por expressar os escopos e objetivos nas linhas, como cabeçalho e o macrofluxo. Porém, pode-se também simplesmente replicar o macrofluxo como colunas, permitindo a conexão e interação de todos os trâmites. O válido, portanto, da Tabela 1.2.3-a é permitir ou expressar as conexões possíveis, de forma já detalhada ou específica, efetiva ação de busca pela Inovação. A teia do Diagrama 1.2.3-d permite as correlações amplas e possíveis.

Assim, a teia de conexão permite uma prévia definição das correlações possíveis e que, importante, tais correlações visem ou objetivem algo, aumento das vendas, melhor qualidade, maior produtividade. E que o substrato desse objetivo, ou seja, a base ou fundamento ou essência desse objetivo, possa considerar a Inovação, pois inovando (ou obtendo novidades, originalidade, incremento, melhorias, integração, combinação e interação) produtos, processos, produção e projetos; fundamentalmente, obtêm-se saltos quantitativos de ganhos, eficiência, eficácia, resultados, valor econômico e valor agregado.

Assim, faz-se necessário o uso de diversas teias de conexão, dependendo do objetivo pretendido e detalhamento necessário. Tais teias são formadas a partir das possibilidades de conexões e correlações e, importante, que sejam alinhadas com uma perspectiva de interação (irrestrita) entre as visões ampla e específica, mesmo que essas sejam expressas em teias diferentes, com a finalidade de somente agregar melhor entendimento e compreensão.

Assim, por exemplo, a teia demonstrada no Diagrama 1.2.3-b pode ser facilmente utilizada somente no trâmite "Produtos", descrito na teia do Diagrama 1.2.3-d. Esse trâmite pode ter as conexões e correlações totalmente definidas e expressas, conforme o exemplo da Tabela 1.2.3-a, em que o objetivo ou escopo "Produtos" se intercala ou trama com todo o macrofluxo de processos e, consequentemente, os respectivos trâmites de atividades subsequentes.

A produção ou obtenção de Inovação pode ser também avaliada como a propriedade de constantemente se dispor em fazer ou estabelecer as coisas de forma diferente, em que máximas como "mais com menos" ou "fazer a diferença" impliquem o significado de que a Inovação seja algo que permita um salto qualitativo ou ganho substancial em um processo de transformação que vise à evolução positiva.

Segundo a frase "O homem deve criar as oportunidades e não somente encontrá-las", de Francis Bacon (1561-1626), filósofo britânico, estabelecer novas possibilidades, então, implicaria a capacidade de se ter ou estabelecer novas soluções, opções e alternativas, conforme um contexto vigente.

Assim, a teia de conexão pode ser também entendida como uma oportunidade de *conjunção de fatores*, em que se permita a mobilização ou ação de se obter Inovação, via institucionalização da capacidade de incrementar as possibilidades ou opções de ações, via arranjo combinatório. Isso aconteceria a partir da capacidade e possibilidade de combinar ou conjungir conhecimentos, até então esparsos, em algo conectivo, em que de alguma forma (estudos, observações etc.) estabeleça-se como uma opção de solução. Ao promover conhecimentos (até então não combinados) em solução, efetua-se a Inovação (via ciclo epistemológico, vide posteriormente os Diagramas 2.4-b e especialmente o 2.4.2.4-a) por exatamente permitir uma combinação nova, que antes não fora notada ou percebida, possibilitando uma nova alternativa que possa ser entendida e compreendida como solução em relação a uma demanda, necessidade ou um problema.

Peculiarmente, os termos *institucionalização*, *instituição* e *instituto* são derivados do sentido e acepção de *instituir*, que significa também "dar começo; estabelecer, criar, fundar". Assim, prover as propriedades de se observar a teia de conexão do conhecimento e a partir do complexo arranjo combinatório dessa elucubram-se possíveis soluções inovadoras implica viavelmente na instituição da capacidade de se criar novas possibilidades de soluções, via uma abordagem inovadora.

Portanto, institucionalizar a ação, o hábito e a atividade de observar a teia de conexão do conhecimento a partir de uma visão ampla, irrestrita e específica torna-se uma das formas fundamentadoras de se definir a obtenção da Inovação, carecendo, claro, de propriedades acessórias e relevantes, a fim de se efetivar o estabelecimento da Inovação (obter e definir uma relação de causa-efeito com um princípio de funcionalidade), como se verificará nos capítulos a seguir.

Assim:

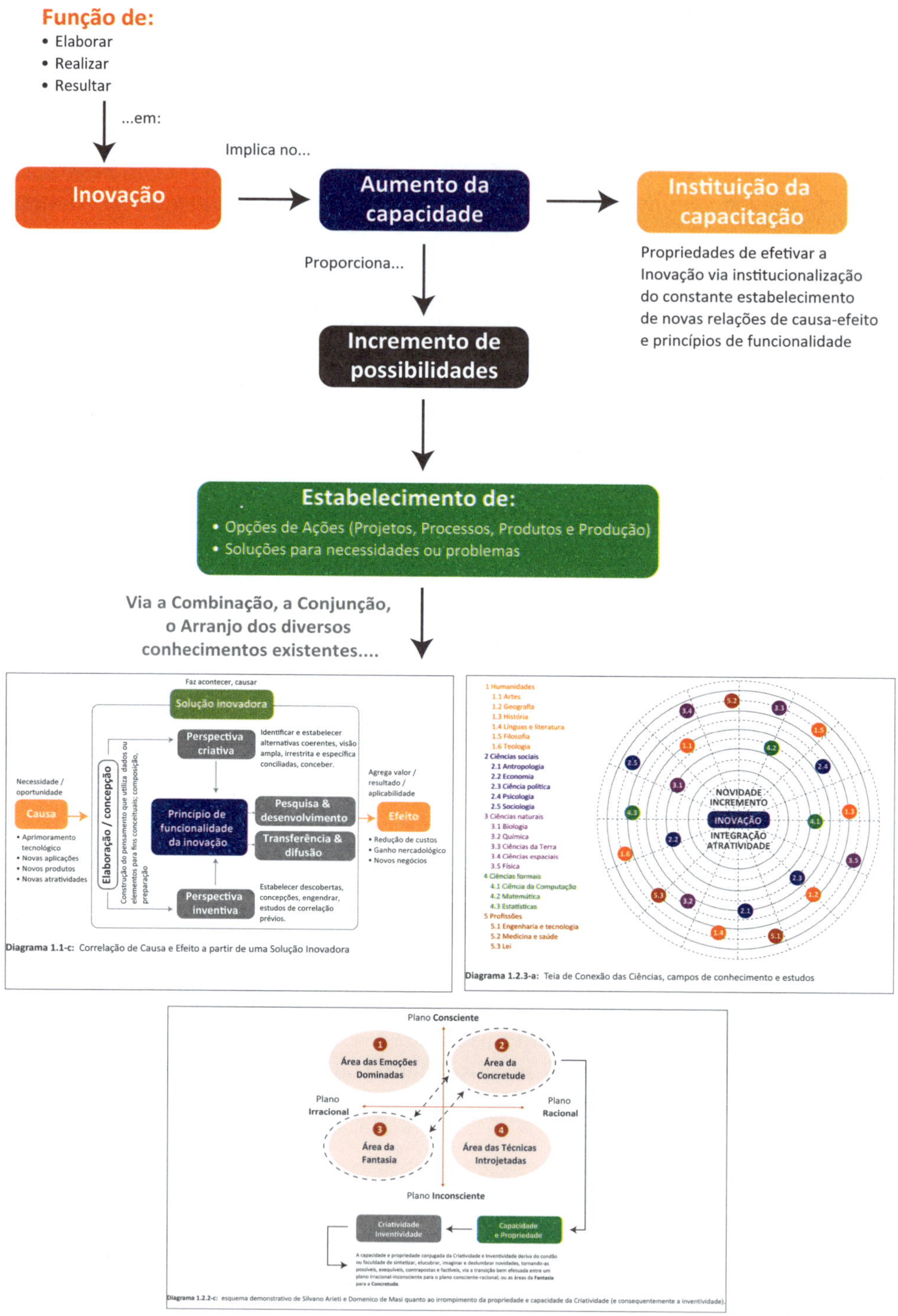

Diagrama 1.2.3-e: Instituição da Capacidade de estabelecer opções e soluções inovadoras a partir da Teia de Conexão.

Nessa análise, a teia de conexão intercala-se também com o conceito de contexto, circunstância e conjuntura. Esse trinômio será amplamente citado e decorre basicamente da definição do termo "tempestade perfeita", ou ainda do conceito de "cadeia de eventos" em que haja a convergência, a combinação e a conjunção de fatores que permitam ou viabilizem um determinado acontecimento ou situação. Um exemplo, em termos históricos (e não religioso), decorre do trabalho de Martinho Lutero (1483-1546), um monge agostiniano que propôs alterações no catolicismo (as denominadas 95 teses), considerando-se que o próprio Lutero não almejava deixar a igreja católica, e sim aprimorá-la. Entretanto, Lutero foi excomungado; a partir do contexto vigente na época, em que uma série de principados germânicos, mostravam-se ressentidos com as decisões papais, como também e almejavam maior liberdade do Sacro Império Romano-Germânico, que era hegemônico na figura do imperador Carlos V, o qual era alinhado com o papado do Vaticano. Dessa forma, a convergência-conjunção de fatores permitiu a quebra do monopolismo cristão pela igreja Católica Apostólica Romana, na Europa Central a partir de 1534, em que tais principados se desvincularam politicamente, ao menos quanto à hegemonia total do imperador, fazendo-o via dissociação religiosa; uma vez que, na época, não havia a separação entre Estado e Igreja (religiosidade).

A convergência-conjunção de fatores é bastante observável à Inovação, uma vez que mesmo existindo uma válida relação causa-efeito, um bem definido princípio de funcionalidade, uma coerente visão ampla, irrestrita e específica, por fim, a teia de conexão, influi também quanto ao contexto e que esse seja permissivo ou não quanto à proposta de Inovação, uma vez que tal processo será transposto pelas etapas de elaboração, realização e resultante, especificamente quando ainda a Inovação é uma proposta conceitual.

CAPÍTULO 2
A decisão

A partir das seguintes citações: "Nada é mais difícil, e por isso mais precioso, do que ser capaz de decidir." – Napoleão Bonaparte

"Raros são aqueles que decidem após madura reflexão; os outros andam ao sabor das ondas e longe de se conduzirem deixam-se levar pelos primeiros" – Sêneca

"De cada vez que eu tomo uma decisão errada, tomo logo uma decisão nova." Harry Truman

"O homem que insiste em ver a mais perfeita clareza antes de decidir, jamais decide." Henri Frédéric Amiel

Nota-se que uma decisão fundamentalmente implica uma resolução, deliberação ou, simplesmente, a capacidade de resolver problemas ou necessidades. Como consequência, há uma ação ou conjunto de fatores e situações que desencadearão outras ações ou atividades.

E o mais relevante ao se decidir é, exatamente, saber previamente se tal decisão é correta ou atende ou resolva as necessidades, os problemas e as dificuldades.

O mesmo contexto ou celeuma se aplica quanto à Inovação: quando, como, por quê, o quê, onde e quem fará Inovação. Por essa razão, uma série de contextos e formas serão tratados a seguir, para validar a possibilidade de dirimir as incertezas voltadas para a Inovação a partir de uma decisão prévia.

2.1. O CICLO DECISÓRIO

Mesmo que intuitiva ou formalmente, conduzida por apenas uma pessoa ou coletivamente, uma decisão decorre e transcorre via um ciclo, em que uma definição de ação ou resolução é deliberada, sendo precedida por questionamentos ou reflexões; assim, se define e identifica a decisão em si e, posteriormente, mensura-se ou se percebe os desdobramentos ou consequências dessa decisão. Assim, o ciclo se fecha, com a percepção ou entendimento do resultado, ou a decorrência da decisão. Como conclusão, o trâmite de decidir em si é avaliado, a partir das influências e retórica decorrentes de um determinado contexto, circunstância ou situação.

Importante ressaltar que esse ciclo compreende uma dualidade, entre as situações ou fatos vigentes, em conjunto com sua temporalidade e a predominância é totalmente variável.

Pensando como é um ciclo decisório

Portanto, de forma resumida, podemos verificar um ciclo decisório da seguinte forma:

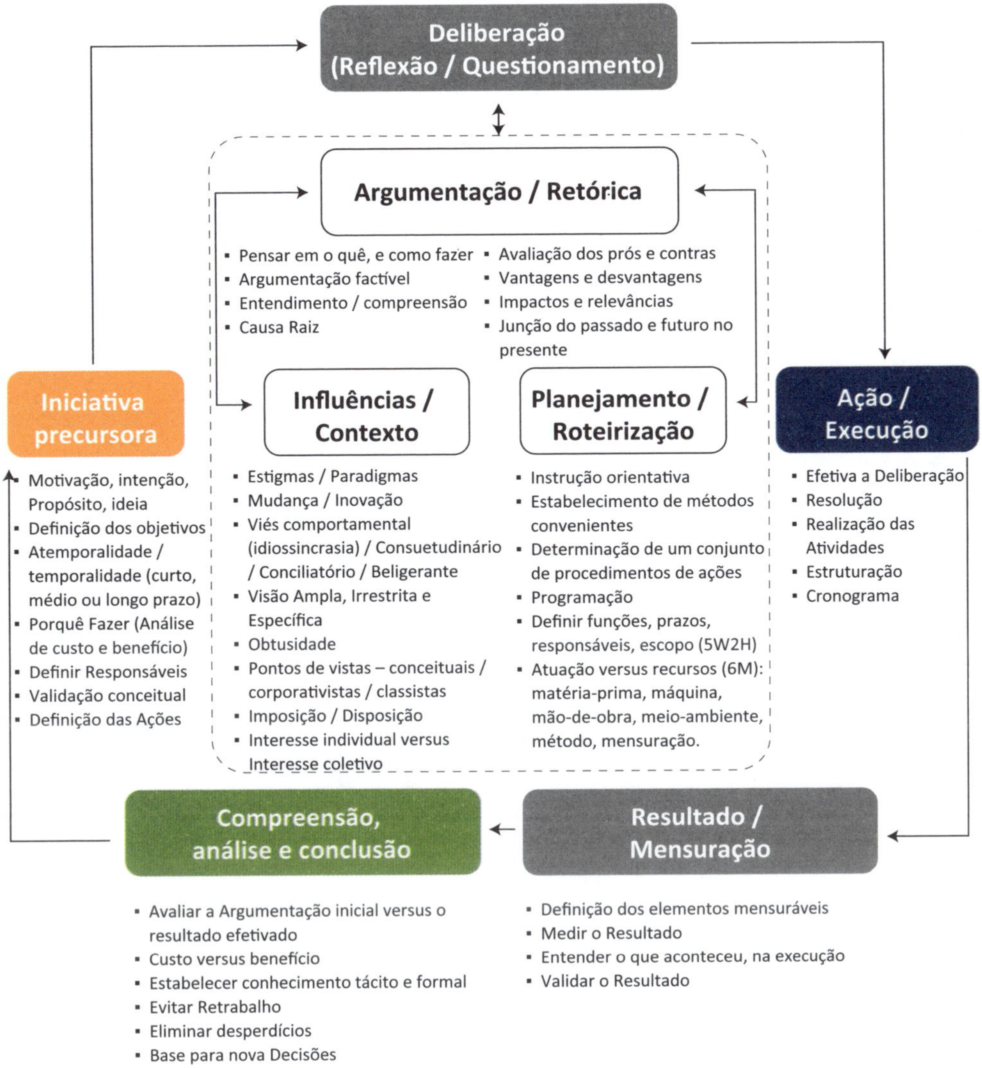

Diagrama 2.1-a: O ciclo decisório.

Explicação do Diagrama 2.1-a

O ciclo decisório, conforme o Diagrama 2.1-a, não pretende descrever como deveria ser a decisão, e sim como ela ocorre, percorrendo etapas ou instâncias elegíveis, ao trâmite de se decidir, mesmo que não sejam realizadas.

A diferença da relevância entre a decisão (deliberação, argumentação) e a ação (execução) pode ser bastante variada, pois uma decisão pode ser simples ou fácil e sua execução difícil, demorada e custosa. Assim, a última instância, quanto à conclusão, deve também avaliar e analisar o quanto a decisão se mostrou acertada e quanto a execução se mostrou efetiva, comparativamente com os resultados traçados e alcançados.

Um ciclo decisório utilizado e aplicado na completude, por exemplo, em uma organização de negócio em que cada etapa ou instância é efetivamente realizada e concluída implica a estruturação e o fundamentação da gestão organizacional, considerando-o uma governança, pois acarreta um instrumento de elaboração e realização da governação ou gestão (administração). Isso decorre porque o ciclo completo realça a variante da análise conclusiva atrelada com a mensuração dos resultados, em que se pode efetuar ponderações e iniciar ciclo concomitantes, corrigir desvios e apurar as realizações práticas, por exemplo. Assim, a fim sempre de fechar ou concluir um ciclo, conforme a coerência e congruência do fato motivador ou gerador, permeia-se a objetivação de um propósito; caso tais propósitos estejam inseridos ou contextualizados em outro ciclo, que se atribui de uma visão ampla, infere-se a possibilidade de uma gestão coerente, coordenada e com implicâncias, conforme os preceitos da visão ampla, específica e irrestrita.

2.2. AÇÃO: FUNÇÃO, VALOR E ATIVIDADE

Muitas vezes a justa diferenciação de conceitos se faz extremamente válida, a fim de conceber uma definição. Seria dessa forma ao conceituar a ação ou execução; pois, efetivamente, ao ter acepções bastante aplicáveis, especificamente ao que concerne o conceito de Inovação, a ação ou execução carece de uma definição mais exata e assertiva.

Por essa razão, os termos função, valor e atividade auxiliam nisso, pois, assim, convergem para um entendimento e compreensão efetivos, quanto à definição do significado da palavra ação.

Comentando, antes, que para a palavra "significado" aplicará a conscientização em que se tece o estabelecimento de uma importância ou relevância, orientando-a para denominação do termo "valor", relativo quanto à definição da palavra ação.

Assim, uma ação compreende um contexto, de dados, informações, situações e circunstâncias, em que simplesmente definir a ação pareceria bastante impreciso. Então, delineada a ação a partir das definições de função e atividade, consegue-se efetivamente melhor nomear e definir essa ação, conforme a seguir:

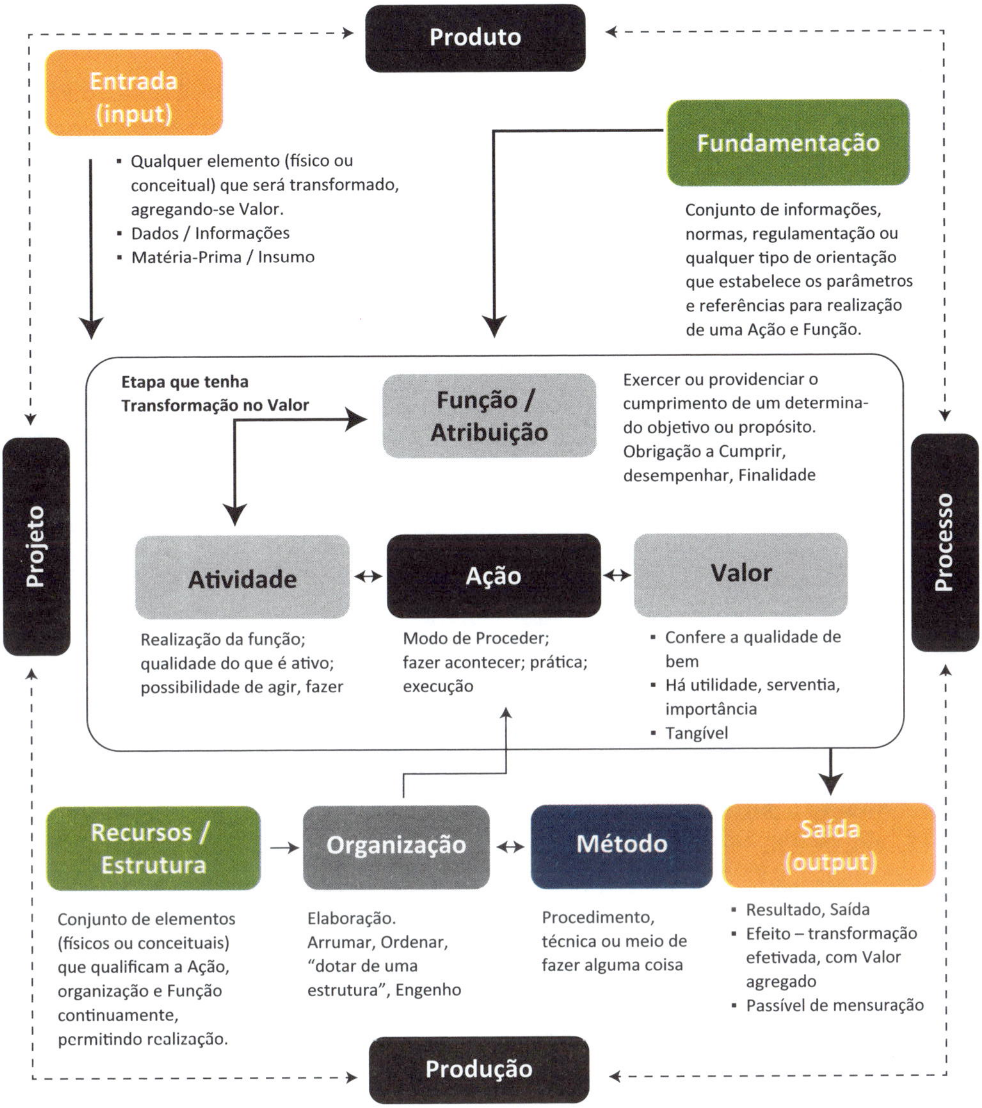

Diagrama 2.2-a: Definição da formulação da Função, Atividade e Ação.

Explicação do Diagrama 2.2-a

Retomando a conceptualização da Inovação, temos:

Inovação, como: a concepção ou aplicação de algo que tenha um princípio de funcionalidade que seja realizável, como uma ação ou atividades com função de transformação, em que o resultado ou saída cause um efeito, que implique em aumentar ou estabelecer novas possibilidades de solução ou resolução quanto a causas, necessidades ou demandas importantes e relevantes.

Observando o trecho "como uma ação ou atividade com função de transformação", nota-se a existência dos referidos termos, respeitando as devidas acepções, pois a Inovação consiste na definição e existência de alguma coisa (um conceito ou produto; tácito ou formal) em que a função de transformação ocorra, acarretando numa solução, via uma ação específica ou um grupo de atividades (que acarretaram em ações, também, posteriormente), implicando novas possibilidades, diante de uma necessidade ou um contexto de relevantes ou importantes demandas.

Assim, o Diagrama 2.2-a tem uma adequação genérica, para qualquer etapa ou fase, caracterizada como a menor porção indivisível em termos de uma ação a se realizar.

Para fins de denominação, a combinação entre Ação, Função, Valor e Atividade é ditada pelo termo Etapa, que é proporcionada pela menor porção de algo a se fazer, independentemente do contexto, circunstâncias e o processo (que nada mais será do que um conjunto de etapas sequenciada) inerente.

Para a Inovação, tal diagrama também é extremamente útil como tutorial, a fim de orientar quanto à definição de etapas, que concernem o trato envolvendo os aspectos (expressividade e funcionamento) de Inovação.

Vale mencionar que o uso dos termos "valor" e "função" decorre fundamentalmente do trabalho desenvolvido por Lawrence Miles, que, como gerente de compras da empresa General Electric, estabeleceu o conceito de *análise do valor*, uma técnica que define a equivalência de um objetivo a uma realização, tornando-se tal equiparação na função. Cada função implica um valor a se obter. Dessa forma, para a Inovação, a análise do valor implica uma base conceitual fundamentadora, uma vez que os conceitos de valor e função são totalmente relacionáveis com que uma Inovação representaria.

2.3. PROPÓSITO, ELABORAÇÃO E REALIZAÇÃO (RESULTADOS)

A partir da definição de uma etapa, conforme a ação, atividade, função e valor transformado, há a necessidade concomitante de se demonstrar o contexto em que essa etapa está circunstanciada, e assim, definida. Tal definição torna-se transcrita a partir da simples delimitação do propósito, a elaboração e a realização.

Lembrando que o termo *Inovação* é: a concepção ou aplicação de algo que tenha um princípio de funcionalidade que seja realizável, como uma ação ou atividades com função de transformação, em que o resultado ou saída cause um efeito que implique aumentar ou estabelecer novas possibilidades de solução ou resolução quanto a causas, necessidades ou demandas importantes e relevantes. E, ainda, a *obtenção da Inovação* se define como: sequência de atividades ou etapas, com funções bem estruturadas, organizadas e formalizadas em que um Princípio de Funcionalidade (precedido pelos atributos de criatividade, inventividade e originalidade) seja identificado como uma Solução, representando um resultado ou efeito, a partir de aplicabilidades e facilidades factíveis (exequibilidades técnica e financeira), em relação a uma Demanda, que represente uma motivação, objetivo ou causa, a partir de necessidades, interesses e oportunidades latentes e devidamente enunciadas.

Nota-se que aquilo que é promissor, como a Inovação, em si, requer antes que essa qualidade (promissora) seja identificada, traduzindo-a como um propósito ou objetivo. Uma vez que se cita: "aumentar ou estabelecer novas possibilidades de solução ou resolução", a Inovação se adequa ou enquadra, por si só, já em um propósito, ao menos em termos retóricos. Dependendo do contexto e das circunstâncias, como explanado nos Diagramas 1.1-d, 1.2-a-b e 1.2.1-a, um propósito específico seria enunciado, em que um "Princípio de Funcionalidade (precedido pelos atributos de criatividade, inventividade e originalidade)" seja imaginado ou projetado ou concebido, tendo o resultado desse (mesmo que conceitual) decorrente da respectiva relação de causa e efeito. Assim, a causa se transcreve, conforme o Diagrama 1.1-b, também no elemento motivador derivado de uma demanda, oriunda de uma necessidade, oportunidade ou interesse.

Portanto, conforme a expressividade da Inovação, seu propósito é também explicitado ou enunciado. Contudo, dependendo da complexidade, há uma série de necessidades inclusas que, combinadas, formam o desafio técnico ou operacional de se traçar esse propósito solucionador. Dessa forma, conforme as Seções 1.2.2.1. – Visão ampla, específica e irrestrita – e 1.2.3. – Teia de Conexões de Causas e Efeitos (identificação da correlação para a Inovação) –, o escopo a se delinear, mesmo sendo um conjunto desses, será efetivamente o determinador do respectivo propósito, relacionado ao contexto da Inovação.

O mesmo vale para o efeito, resultante ou simplesmente saída, considerando-o já previamente, ao menos, traçado ou imaginado, a partir da relação de causa e efeito.

Assim, temos, a seguir, um complemento do Diagrama 2.2-a, via Diagrama 2.3-a, em que a "entrada" e a "saída" da etapa (ação, atividade, função e valor) são melhor detalhadas, a fim exatamente de:

- Definir o escopo e propósito de uma referida etapa;
- A definição da finalidade do resultado, como saída, a partir dos conceitos de:
  - Elaboração: construção de um conceito ou pensamento que utiliza dados ou elementos para fins conceituais; composição; preparação;
  - Realização: tudo que se põe em prática, que se consegue efetivar (conforme o *Dicionário Houaiss da língua portuguesa*).

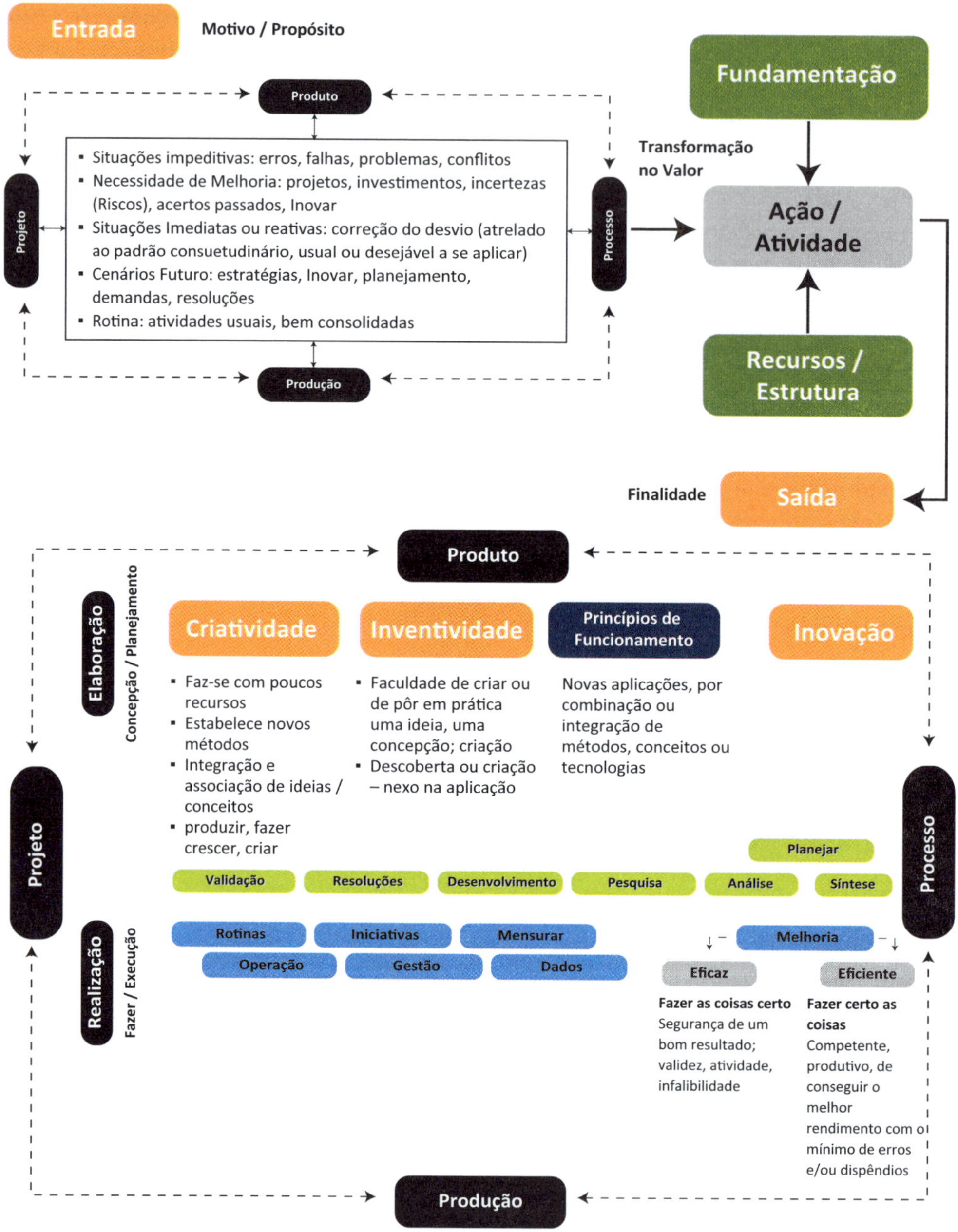

Diagrama 2.3-a: Definição do Motivo / Propósito e Elaboração / Realização.

Então, sempre partindo da generalização do escopo, via o quadrinômio produto, processo, produção e projeto, a definição conceitual de entrada de uma etapa compreende uma ação e atividade inerente a uma situação impeditiva, necessidades de melhoria, situações imediatas, cenários futuros e rotina.

Já a saída compreende uma combinação entre Elaboração e Realização (ou, similarmente ao binômio Planejamento e Execução), em que o resultado ou efeito seja uma conjugação de ambos os conceitos, uma vez que um resultado pode tanto ser determinado pela propriedade da elaboração como também pela capacidade de realização.

A partir disso, temos então:

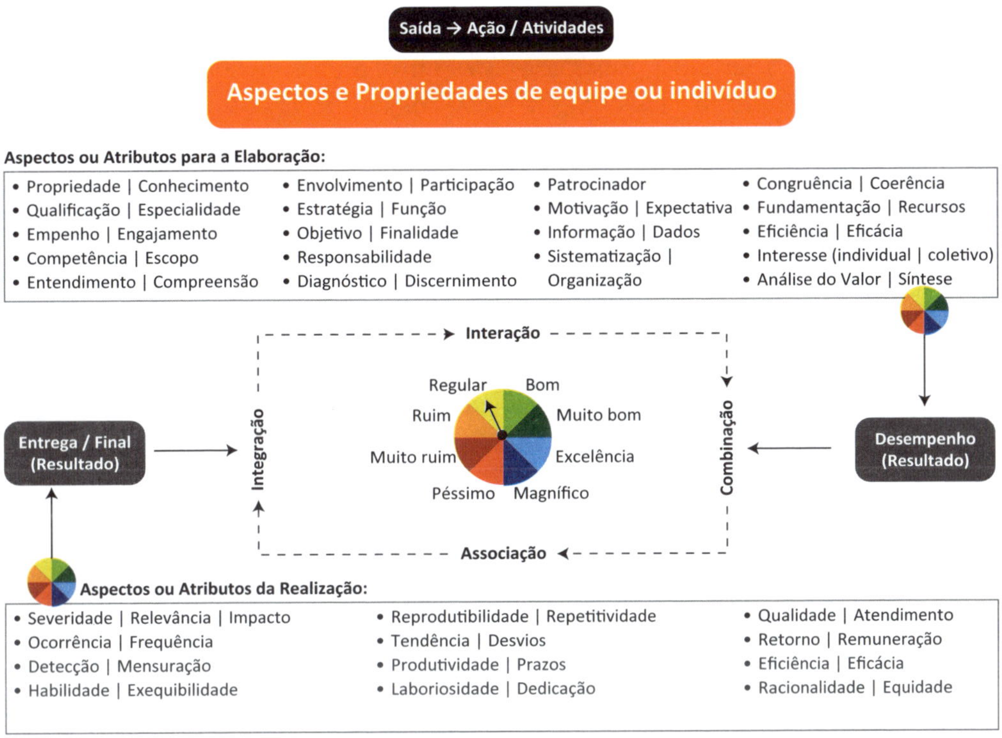

Diagrama 2.3-b: Elaboração e Realização como componentes de um Resultado.

Nota-se, no Diagrama 2.3-b, que o resultado é a combinação conjugada decorrente da Entrega Final (ou realização) com o Desempenho (ou elaboração). Um exemplo bastante simples é uma partida de futebol, em que a equipe vencedora não necessariamente apresenta uma estatística de jogo superior ao adversário vencido, conseguindo a vitória por ser mais efetivo na defesa e assertivo no ataque, mesmo que faça isso numa quantidade bastante inferior ao adversário. Mesmo exemplo valeria numa partida de xadrez, em que um dos adversários se utiliza de uma estratégia elaborada por ações defensivas, sacrificando algumas peças, até propiciar um ataque efetivo e, assim, permitir a vitória. Ao final, valeria o xeque-mate, e não a contagem por pontos das peças cedidas.

Vale assim a menção quanto à definição de eficácia e eficiência, em que uma elaboração ou realização seja eficaz apenas pela laboração, que implicaria somente efetivar um planejamento ou uma execução. A eficiência, contudo, implicaria um rendimento ou produtividade maior, tendo resultado melhor ou maior, em termos qualitativo e quantitativo, por exemplo.

Por essa razão, no Diagrama 2.3-b há uma espécie de marcador ou instrumento de indicação do resultado, considerando-o tanto a porção decorrente e inerente da elaboração como da realização. Nesse mesmo diagrama, a elaboração e a realização são precedidas por uma série de atributos ou características (aspectos desejáveis, por exemplo) em que a efetivação ou laboração de ambos ocorra. O resultado é a combinação do adequado uso de cada atributo ou aspecto.

Por exemplo, no mesmo caso da partida de xadrez, o oponente que decidir pela estratégia defensiva deve planejar via os atributos "propriedade | conhecimento" e "informação | dados" para elucubrar quanto à "congruência | coerência" do uso dessa estratégia, em relação ao adversário. Hipoteticamente, caso esse adversário tenha o histórico de utilizar também dessa mesma estratégia, a partida estará invariavelmente travada ou pouco fluida, não se garantindo a obtenção do resultado em relação ao propósito (no caso, vencer a partida). Para a realização, atributos ou aspectos como "detecção", "eficácia" e "exequibilidade" serão de fundamental relevância para se implementar a execução da referida estratégia.

Tal exemplo é bastante simples, entretanto, a lógica de ser ter uma alta propriedade desses atributos confirma o contexto em que se faz necessário a melhor qualificação possível para se elaborar e realizar determinada etapa. Assim, o resultado torna-se a consequência da feitura da elaboração e realização, a partir da conjunção das respectivas medidas qualitativas dessas. E, por conjunção, podemos assumir uma série de cálculos combinatórios possíveis, como média simples, ponderada e até somatória, por exemplo.

Vale mencionar, para fins de Iniciativa Precursora ou o Propósito, a ideia de reclamar ou reclamação, a partir da acepção de queixar-se, em que haja lamúrias, descontentamento e desgosto. Desses, há duas vertentes possíveis:

- Ao se reclamar de algo em que não se tenha, o reclamante, o respectivo controle ou domínio da situação e a reclamação soar ou aparentar como justa e pré-disposta à evolução (virtuosa), tem-se nessa reclamação a caracterização do clamor ou reivindicação.
- Ao se reclamar de algo que efetivamente se tenha ou possa ter o controle, a partir do domínio dos fatos e ações, a reclamação passa a soar ou aparentar como desleixo, prostração e antonímia de ação, em que haja inaptidão ou indisposição quanto à evolução.

Assim, partindo do princípio (definido de forma bem simplória, decorrente do ciclo PDCA: *Plan→Do→Check→Act/Adjust*) que gestão é um constante ciclo de conceituar, pleitear, agir, autocriticar e reagir; a reclamação se configura como motivador ou elemento primário no estabelecimento de ações precursoras, atreláveis a um propósito e esse, decorrente de uma reclamação, em que havia um fato que se desejava mudar.

O ciclo decisório, quanto à Inovação, demonstra-se implícito a partir da determinação de um propósito e, também, uma iniciativa precursora, estando essas imbuídas ou atribuídas com a vertente de reclamação (decorrente de uma insatisfação ou necessidade), em que haja disposição em agir.

Situações em que se configuram ou apresentam dificuldades, restrições, carência e desfavorecimento podem caracterizar em muito a propriedade da Inovação, em termos de motivação, propósito e iniciativa precursora. Pois, efetivamente, a ausência ou limitação das coisas implica a disposição de se procurar por opções e alternativas, em que essas possibilitam a combinação de elementos variados, a fim de proporcionar ou encontrar novas propostas ou situações. Retornando ao significado da definição da Inovação e Obtenção dessa, isso significa buscar por novas soluções, a partir da clara percepção do contexto vigente de dificuldade ou restrição.

Faz-se válido, para se iniciar um ato que visa à Inovação, também referenciar a acepção da palavra resignação, especificamente ao que significa *aceitação sem revolta dos sofrimentos da existência*, não se considerando outra acepção possível para resignado, referente em ser *conformado, dócil, submisso* (conforme o *Dicionário Houaiss da língua portuguesa*). Independentemente dos motivos e do contexto que agreguem em reclamação (oriunda de uma insatisfação ou dificuldade), em que haja a possibilidade de agir, o resignado não sofrerá excessivamente, ao menos em termos de se revoltar, para que possa iniciar os trâmites que visem à Inovação. Dessa forma, aquele ou aquilo que busque Inovação representa uma alusão ao ser resignado e inconformado. Isso configura e caracteriza a forma de atitude e atuação, como possibilidade de resultado, conforme os Modelos e Configurações do Pensamento vigentes a serem discriminados posteriormente.

Conforme já mencionado, a Inovação e respectiva obtenção implica a determinação de um Princípio de Funcionalidade (oriundo de ações de criatividade e inventividade), que pode ser por:

- Novidade, Originalidade e Avanço;
- Melhoria, Incremento;
- Integração e Combinação;
- Atratividade visual e Interação.

A analogia mais simples, em relação ao contexto de se inovar diante de uma situação de intensa restrição e dificuldade, é facilmente arremetida para um instrumento musical: a flauta. Independentemente do tipo de flauta, ela é um instrumento de sopro em que basicamente um fluxo de ar é regido, obtendo-se a respectiva saída desse, o que emite um som. A analogia consiste quanto ao fluxo de ar da flauta, em que a restrição quanto à passagem do ar (comparáveis com as situações de dificuldades ou impeditivas) ocasiona novos arranjos de notas, pois invariavelmente o ar tem que fluir (assim como a situação em que haja as dificuldades). Deve-se então estabelecer sincronia, coordenação e harmonia ao fluxo, determinando-se o som e a melodia. Para as dificuldades da situação-problema, o estabelecimento de sincronia, coordenação e harmônica do fluxo significa a determinação de um Princípio de Funcionalidade, assim como a execução dos movimentos de se tocar a flauta implicaram o movimento de se obter a Inovação.

Portanto, a variabilidade de combinação entre restrições e liberações, por assim dizer, representa exatamente a propriedade de fluidez ou fluxo de ideias e propostas, a fim de encontrar ou identificar uma proporcional e harmônica forma de resultado, decorrente dessa fluidez.

Por essa razão, a analogia é factível, pois apesar da flauta se demonstrar um instrumento musical simples, o ato de o tocar bem (de forma autoral, também) é bastante difícil, requerendo vocação, habilidade, intensa preparação, treino, experimentação, contínua automotivação e persistência. Assim como a busca por Inovação. E também um bom som de flauta pode animar alguém melancólico ou triste; a Inovação pode também aplacar um contexto de dificuldade ou restrição.

2.3.1. CONFIGURAÇÃO DA REALIZAÇÃO E AÇÃO – SABER E COMPREENDER O ATO DE FAZER: POR QUÊ, COMO, O QUE, QUANDO, ONDE, QUEM, CUSTO, ESCOPO E AMPLITUDE (EXTENSÃO)

Quando se menciona a transformação do valor, carece de uma análise e avaliação, tanto quantitativa como qualitativa. Dessa forma, a partir do exposto no Diagrama 2.3-b, tal mensurabilidade passa a decorrer da análise da elaboração e realização; ambas, assim, configuram o resultado. Do mesmo modo, ao ver o Diagrama 2.3-a, percebe-se o fomento da ação a partir de um motivo, definido como um propósito, no qual, simplesmente, configura-se uma ação, de uma etapa, em que se visa atingir o tal propósito almejado.

Assim, portanto, a configuração da ação se define, em que todo o encadeamento de fatos, situações ou o contexto e circunstâncias são elencados e correlacionados. Conforme já mencionado no Diagrama 2.1-a, quanto ao ciclo decisório, os fatores que determinam o início e a deliberação, especificamente, entre as seções "planejamento/Roteirização" e "Ação/Execução" são efetivamente os elementos que configurarão a realização da ação.

Entretanto, configurar a realização de uma ação implica em compreender o ato em si, em decorrência do encadeamento que o determina, conjuntamente, com o que se espera ou se pretende com essa ação. Assim, a relação de causa e efeito está novamente fomentada, porém, configurada num contexto operacional ou prático, em que desdobramentos e necessidades se associam, a fim exatamente de se viabilizar ou permitir a realização dessa ação.

Tem-se, assim, mais uma vez um exercício de avaliação do que há no presente para se almejar outra situação no futuro. E isso define-se como a parte de planejamento e roteirização, conforme previamente explanado no Diagrama 2.1-a.

Porém, como em termos práticos ou orientador, tal planejamento e roteirização pode acontecer, uma vez que esse representa a convergência do que se precisa, porém inexistente ainda em relação ao que se fará para, enfim, atender tal necessidade.

A resposta é repetir o desdobramento ou desmembramento das informações e dados atuais, a partir de critérios distintos que os caracteriza, a fim de alusivamente permitir a erudição ou melhor compreensão e entendimento da situação-atual, com a situação-futura (almejada). E tal desmembramento da informação ocorre via a simples adoção do método 5W2H, já referenciado previamente, na Seção 1.2.3, que pode ser melhor compreendido conforme:

Explicação do método 5W2H e Diagrama 2.3.1-a e 2.3.1-b

2.3.2. CONFIGURAÇÃO DA DISPONIBILIDADE, MOBILIZAÇÃO E EFETIVAÇÃO – TER E ENTENDER OS PRINCÍPIOS DO FAZER: MATÉRIA-PRIMA (INSUMOS, FUNDAMENTAÇÃO), PESSOAS, INFRAESTRUTURA, MAQUINÁRIO, MÉTODO, MENSURAÇÃO, MEIO AMBIENTE

A partir do especulado na Seção 2.3.1, faz-se necessário também um exame (ou racionalidade) quanto à configuração da disponibilidade, como determinística para se fazer uma ação ocorrer. Caso não haja disponibilização de um recurso ou ativo essencial, por exemplo, simplesmente a respectiva ação não se realizará.

O conceito de disponibilidade existe subentendido, inerte ou implícito em diversos outros conceitos ou regras, inerentes aos conhecimentos: científico, cultural e socioeconômico. Por exemplo, em termodinâmica há o conceito de exergia, a qual implica a disponibilidade reversível de máximo trabalho possível ou potencial de um sistema. Outro exemplo nada mais é do que a lei da oferta e procura, na qual a disponibilidade é avaliada quanto à escassez ou abundância de determinado produto, vista também pela demanda, e assim se identifica o fenômeno de formação de preço e valor.

Assim, o termo disponibilidade se refere (de forma bastante intuitiva e geral) quanto à propriedade de se ter algo disponível, acessível ou pronto para uso ou aplicação, que efetivamente tenha utilidade conforme o contexto ou a circunstância correspondente à ação ou necessidade pretendida.

Os termos mobilização e efetivação implicam a fácil possibilidade de se obter e, assim, utilizar os recursos necessários ou essenciais, para se fazer e realizar determinada ação.

Dessa forma, conforme a Seção 2.3.1, em que se tece ao que se faz necessário para se realizar uma ação (dito como "o fazer"), configurando-a conforme o exame e a apuração das características do contexto situacional, avaliando a situação presente, uma situação futura, embasada numa necessidade ou motivo.

No simples exemplo utilizado, no qual se tece e elucubra a situação de um pneu automotivo esvaziado e, portanto, danificado, cita-se a disponibilidade de recursos prévios, como a existência de um comércio que efetue o serviço imediato de reparo do pneu. Ainda, na inexistência desse, alveja-se a troca do pneu (reserva, que seria um outro ativo) pelo próprio condutor, que avalia a capacidade de fazer isso, uma vez que há certa urgência em decorrência do curto prazo de tempo para chegar num determinado compromisso.

Nesse exemplo, temos a disponibilização de dois recursos-ativos possíveis: ter próximo uma borracharia que efetive o reparo e o condutor do automóvel ser capaz de trocar o pneu pelo reserva de forma rápida e efetiva.

Já a mobilização consistiria em saber ou poder identificar (mensurar) em qual proximidade existe a tal borracharia ou também em saber onde estão todas as ferramentas e compreender bem o que se deve fazer para assim trocar o pneu.

E, por fim, a efetivação consistiria em conseguir realizar qualquer uma dessas hipóteses, sem barreiras ou dificuldades; por exemplo, não ter dinheiro em espécie para pagar pelo serviço da borracharia, ou não ter no carro o manual de instruções, caso haja alguma dúvida pontual, quanto ao trâmite de se trocar o pneu.

Dessa forma, mais uma vez um exame detalhado da informação se faz necessário, desmembrando-a ou a desdobrando, a fim exatamente, de se avaliar previamente a possibilidade de se realizar a ação.

E, para fins de disponibilização, mobilização e efetivação, aplica-se o método de apuração da informação, denominado 6M, em que, de forma bem simples, as informações relativas à Máquina, Método, Medição (mensuração), Matéria-Prima, Meio Ambiente e Mão de Obra são destacadas, de forma que se possa avaliá-las em análise sucinta, simples e factível a relevância e existência de cada desmembramento.

Explicação do método 6M

Para isso, utilizando-se como base o Diagrama 2.3.1-a, temos:

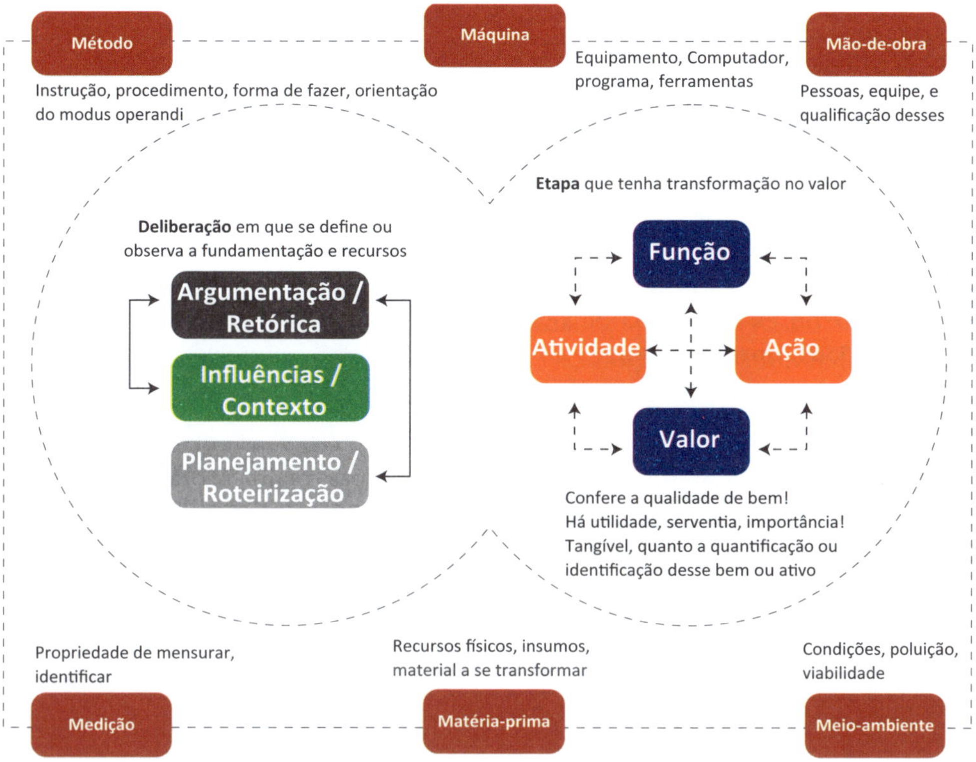

Diagrama 2.3.2-a: Desmembramento das informações via 6M.

Observa-se assim que a análise e síntese situacionais (presente e futura) ocorrem via um simples questionamento, organizado e orientado pelos componentes do 6M, a fim exatamente de guiar e determina para a forma mais adequada de se elaborar e realizar uma ação, diante de um propósito ou necessidade.

A predominância de cada elemento do 6M subsidiará a decisão, conjuntamente com a aplicação do 5W2H, conforme visto na Seção 2.3.1, em que a necessidade de realização da ação se define como requisitos. Por exemplo, no simples caso do pneu, o requisito primário, ou mais importante, é: estar no compromisso dentro do prazo acordado. Ter um pneu apto e, portanto, seguir o percurso até o destino, via o próprio automóvel, torna-se secundário. Porém, é desejável que isso ocorra, e, outro requisito, é que o reparo ou troca seja rápido, pois há uma certa urgência devido a um prazo compromissado. E, por fim, outro requisito é que já se resolva de imediato, para que posteriormente não precise mais efetuar o reparo definitivo do pneu. Portanto, o requerimento conceitual (vide Diagramas 1.2-b e 1.2.1-a) pode ser escrito conforme uma ordem de necessidades priorizadas, como:

- Efetuar o reparo do pneu com profissional borracheiro, de forma rápida a um custo compatível ao mercado (sem ágio, devido à urgência);
- Trocar o pneu o próprio condutor, de forma rápida e efetiva;
- Estacionar o automóvel, com o pneu avariado, e seguir o para o compromisso de transporte coletivo (táxi, metrô, ônibus). E, após o compromisso, avaliar a melhor forma de reparar ou trocar o pneu.

Assim, a análise situacional determinará, ou sintetizará, qual ordem do requerimento será a mais adequada. E tal análise se faz via o 5W2H e o 6M. São esses desdobramentos das informações, inerentes à situação, que poderão determinar e, assim, indicar a viabilidade ou exequibilidade de cada ordem de priorização do requerimento conceitual. Assim, torna-se um exercício de questionamentos e enunciados, em que as respostas ou soluções são obtidas via tal análise situacional desmembrada, ou simplesmente sintetizada.

No exemplo, a análise situacional determinará a predominância da ação, pois dependerá se não estiver chovendo e também tiver luz natural, a via em que se parou for segura para se trocar o pneu, o bairro onde se parou apresenta variedade de comércios locais, entre os quais uma borracharia; saber a distância que ainda falta para o local de destino, saber se o pneu sobressalente está em condições de uso e que o manual de instruções esteja bem acessível, por exemplo. São assim esses contextos circunstanciados que determinarão o resultado de tal análise e, portanto, via 5W2H e 6M, permitirão a síntese dessas informações, a fim exatamente de viabilizar a adequada elaboração e realização da ação, vinculada com o cumprimento dos requerimentos ou necessidades.

Explicação da Seção 2.3.3. Exame dos Resultados – variabilidade e adequação das Consequências – referenciados pelos pontos de vista. Essa Seção é bastante replicável, no decorrer dos outros capítulos, e, por isso, vale o acesso diversas vezes.

2.4. INTELECÇÃO E INTERLOCUÇÃO – PONTO DE VISTA, OPINIÃO E ARGUMENTAÇÃO (RELAÇÕES ENTRE PESSOAS – LIDERANÇA E EQUIPE – PRESUNÇÃO, SUPOSIÇÃO, ANÁLISE E COMPROVAÇÃO)

Considera-se a acepção da palavra intelecção, conforme o *Dicionário Houaiss da língua portuguesa*, “fato de entender; compreensão, entendimento”; e interlocução como: “conversa trocada entre duas ou mais pessoas; diálogo”.

Observando novamente o Diagrama 2.1-a, retratam-se acepções como reflexão, questionamento, argumentação, influências e contexto, por exemplo. Tais acepções envolvem-se na definição do conceito de deliberação, que consiste no ato de efetuar a decisão, independentemente dessa ser elaborada e realizada via forma individual ou coletiva.

Entretanto, no Diagrama 2.1-a, essa deliberação demonstrada suscita a ideia ou a pré-disposição que antes de se decidir, carece-se ou se preconiza da necessidade de uma série de análises, estudos, sínteses e entendimentos em que informações, dados ou simplesmente argumentos ou fatos são avaliados, exatamente, a fim de subsidiar tal deliberação, tornando-a mais efetiva, talvez.

Porém, isso não é uma regra, pois um trâmite de deliberação não necessariamente significa, igualitariamente, um trâmite de apuração ou desenvolvimento do conhecimento ou compreensão. Esse último, sim, torna-se extremamente mais complexo, dependendo do assunto ou tema tratado. Contudo, um trâmite de desenvolvimento do conhecimento ou compreensão, feito de forma sucinta e prática, pode tornar a deliberação, e, assim, a decisão, melhor atribuída da propriedade da acurácia.

Assim, um trâmite de deliberação e decisão não significa somente a discussão e avaliação de um contexto e circunstâncias, via debate ou elucubração de fatos, dados, informações e cenários, e sim primordial e essencialmente a compreensão e o entendimento, de tal contexto e circunstâncias que, na verdade, opiniões e decisões não são escolhidas, protocoladas ou tomadas, e sim são entendidas, compreendidas, formuladas ou formadas.

Tal diferença (entre uma decisão protocolar, baseada na escolha em opções já existentes, e não na análise e compreensão, formando a decisão) é sutil, e poderia ser até implicada como uma mera semântica, ou distinção do ponto de vista. Entretanto, essa diferença é extremamente possível de existir, quando se constata que uma deliberação e decisão respeitaram critérios orientados às escolhas, ofertadas a partir de opções rígidas, provenientes de circunstâncias casuísticas, configuradas por uma certa acomodação ou simplicidade na avaliação. Uma deliberação e decisão, formuladas e formadas a partir de um contexto de exame, análise e síntese promovem, consequentemente, uma capacidade de maior assertividade, em relação à adequação da respectiva decisão, deliberada. Pois, efetivamente, analisa-se e se avalia o contexto, o cerne, a causa raiz, as consequências, mesmo que em teor de prognóstico, relacionando assim os resultados pretendidos com a necessidade inerente dessa decisão.

Um exemplo bastante simples é um condutor de um automóvel ser flagrado por um agente de trânsito ou policial em uma velocidade acima do determinado nessa via. Tal situação, portanto, implica uma decisão rápida: aplica-se uma multa por infração de trânsito! Entretanto, tal condutor, hipoteticamente, ao ser inferido pelo agente de trânsito, justifica-se que está em tal velocidade elevada pois se destina a um hospital, em decorrência de um ente seu estar com sérios problemas de saúde, bastante mal.

O agente ou policial, caso opte por um trâmite rápido de deliberação baseado na situação casuística, simplesmente aplica a multa e pede ao condutor que posteriormente procure as respectivas instituições que avaliam as infrações de trânsito, para pleitear a anulação de tal multa, a partir dessa justificativa.

Entretanto, caso tal agente ou policial opte por uma deliberação em que a decisão é formulada, a partir de outro ponto de vista, com um trabalhoso trâmite de análise e avaliação, informaria aos superiores ou uma central de comando que estaria se deslocando para escoltar tal automóvel até o hospital pretendido, a fim de o auxiliar para uma chegada rápida e segura, e assim efetuar o atendimento efetivo à pessoa necessitada; ainda no hospital, preencheria o formulário ou prontuário padrão, em que relata e reporta o acontecido, citando nomes e o local, como referências comprobatórias, para exatamente demonstrar as razões e motivos de tal ato. Dessa forma, com essa decisão, o agente manteria a segurança das ruas e atenderia a um cidadão com necessidades pontuais, demonstrando assertividade com a função de servir e proteger a população.

Nota-se que a forma de decidir e atuar diretamente (e inferir) na situação implica um maior trabalho por parte do agente de trânsito, pois ele precisa sair do posto em que se encontra, comunicando isso ao seu comando central, deslocar-se, efetuando uma escolta, a fim de agregar segurança com rapidez, para a chegada do automóvel e das pessoas no hospital; depois, efetuar uma espécie de relatório, em que demonstra e evidencia toda essa situação, para também justificar a dispensa da aplicação da multa, por fim.

Assim, a decisão casuística seria extremamente mais simples, porém, não garantiria que tal condutor teria segurança na sequência do deslocamento, até o hospital, e que tal deslocamento ocorra no menor prazo possível, a fim de se efetuar o atendimento médico mais rápido. Ainda, o condutor teria, além do transtorno de um contexto de emergência médica na família, lidar posteriormente com os trâmites para se tentar anular ou cancelar tal multa.

Esse exemplo, portanto, apesar de simples, apresenta um contexto de algumas possibilidades ou variedades circunstanciadas (pontos de vista distintos), em que se demonstra relativamente a diferença de duas formas de deliberação para a decisão. Claro que, invariavelmente, pode-se classificar ou tipificar outras formas, em que a deliberação seja fundamentada ou orientada. Contudo, ao se considerar duas formas, visa-se somente demonstrar uma distinção discreta na forma de se deliberar, que implica, consequentemente, variações nas maneiras de se planejar e executar as respectivas decisões. Assim, tal distinção, que pode ser quase imperceptível, dependo do caso contextualizado é de extrema variabilidade em outras situações. Portanto, para fins de diferenciações, denomina-se tais formas caracterizadoras do ciclo decisório, como:

Trâmite casuístico → **Ciclo decisório** ← **Trâmite formativo**

Trâmite casuístico

- Baseia-se em respostas binárias, como sim ou não;
- Não é usual quanto à interpretação das regras, quanto à aplicação e exceções;
- Transita nas obviedades (análise simplista ou superficial);
- Não há colegiado, para avaliação e deliberação, e sim decisões autocráticas ou unilaterais;
- Visa ou prioriza a simplicidade e baixa complexidade, nas elaborações e realizações das ações e planejamentos;
- Usualmente é apegado a estigmas, costumes e paradigmas;
- Visão restrita e obtusa – prioriza a realização, e não a elaboração;
- Planeja e efetua a ação de forma rápida e sucinta.

Ciclo decisório

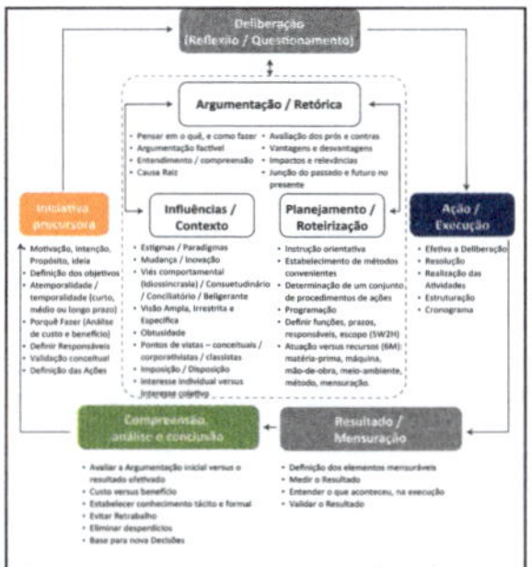

Diagrama 2.1-a: O ciclo decisório

Trâmite formativo

- Visa à compreensão e entendimento da decisão, considerando os desdobramentos e impactos;
- Requer mais estudos e apurações das informações;
- Ações costumam demandar mais prazos nas elaborações, do que nas realizações;
- Projeta e pondera cenários futuros;
- Demonstra hesitação;
- As finalidades e propósitos são bem enunciados e direcionados;
- Visa à conciliação e o estabelecimento de soluções efetivas;
- Revisa as regras, conforme a evolução ou alteração do contexto situacional;
- Visa ou destaca a sensatez, priorizando a qualidade.

Diagrama 2.4-a: Trâmites Casuístico e Formativo quanto ao ciclo decisório.

Assim, tanto os trâmites Casuístico e Formativo apresentam vantagens e desvantagens, e a respectiva adequabilidade dependerá muito das circunstâncias, implicadas com a iniciativa precursora e a influência/contexto e o planejamento/roteirização, da deliberação e, posteriormente, a ação/execução; conforme descrito originalmente no Diagrama 2.1-a. Note que o trâmite Formativo se demonstra mais abrangente, em termos do estabelecimento da ação/execução, decorrente de uma decisão e deliberação ampla, que se considera diversos aspectos e cenários. Já o trâmite Casuístico se apresenta rápido e conciso nas ações, carecendo, para a deliberação, do estabelecimento de regras e procedimentos, estando, nessas, o repositório de opções para as decisões.

Usualmente, nota-se o estabelecimento mais comum do Trâmite Casuístico, pois como é baseado ou orientado por regras ou procedimentos estabelecidos, torna-se a forma de deliberação e decisão mais rápida e previsível, podendo ser aplicada e utilizada por um público ou extensão de pessoas mais amplo.

O Trâmite Formativo caracteriza-se por uma utilização ou aplicação, em que haja maior qualificação e quantificação, tanto no aspecto de importância, variedade, abrangência e relevância como em termos de grandeza implícita ao tema, abordagem ou contexto, normalmente interpelado como decisão caso a caso.

Dessa forma, como pré-requisito, temos que o casuístico carece do estabelecimento de regras, normas, procedimentos, políticas, leis, e qualquer outra forma explícita e formal de orientação e determinação em que deliberações e decisões sejam elaboradas e realizadas, a partir e em consonância com essas regras. Alçadas e hierarquias ou competência de atuação são normalmente bastante utilizadas, por exemplo, em organizações comerciais e industriais com vastos campos de atuação e grande variedade de pessoas.

Já comitês, fóruns, jurado, assembleias, câmera, comissões e quaisquer outras formas de colegiados são bastante aplicados e utilizados no trâmite Formativo, em que, por exemplo, em um concurso ou festival de arte cinematográfica, determinado trabalho seja escolhido (deliberado e decidido) como o melhor. Ou, em uma assembleia parlamentar, leis são avaliadas e votadas, a partir de vastas deliberações, precedidas, por exemplo, por uma comissão específica, de ordem tributária. Também nesse trâmite, um jurado delibera quanto à culpabilidade ou não de um réu, a partir da motivação, atenuantes e agravantes, em um julgamento em determinado tribunal judicial.

Ambas as formas podem sim estar embutidas, dependendo da situação contextualizada, na qual haja a deliberação quanto à interpretação ou aplicação de determinada regra ou norma, via um colegiado de pessoas avaliadoras, em relação a uma situação; caso constate aderente ou em consonância com o estabelecido na regra ou norma, a decisão é somente aplicar tal determinação. Assim, o trâmite formativo é inerente na análise e comprovação da aderência da situação, em relação ao prescrito na norma; e o trâmite casuístico é observado na aplicação direta e irrestrita da norma. Um exemplo bastante válido é o julgamento de um réu pelo crime de morte. Nesse, há uma variante quanto a esse ato, no que se refere na intenção ou não de se matar. Caso se comprove que houve a intenção, e, portanto, um planejamento, a regra (lei) confere uma determinada sentença; caso não tenha havido intenção e a morte é consequência de um acidente, por exemplo, a sentença é outra, conforme observado na lei. Na atribuição de qual trâmite é mais atuante, nesse exemplo, tem-se no trâmite formativo a necessidade de atuação e caracterização mais destacável, pois se faz necessário todo o entorno de formação da deliberação e a decisão em si.

Assim, temos a seguir como, de forma genérica, forma-se a intelecção:

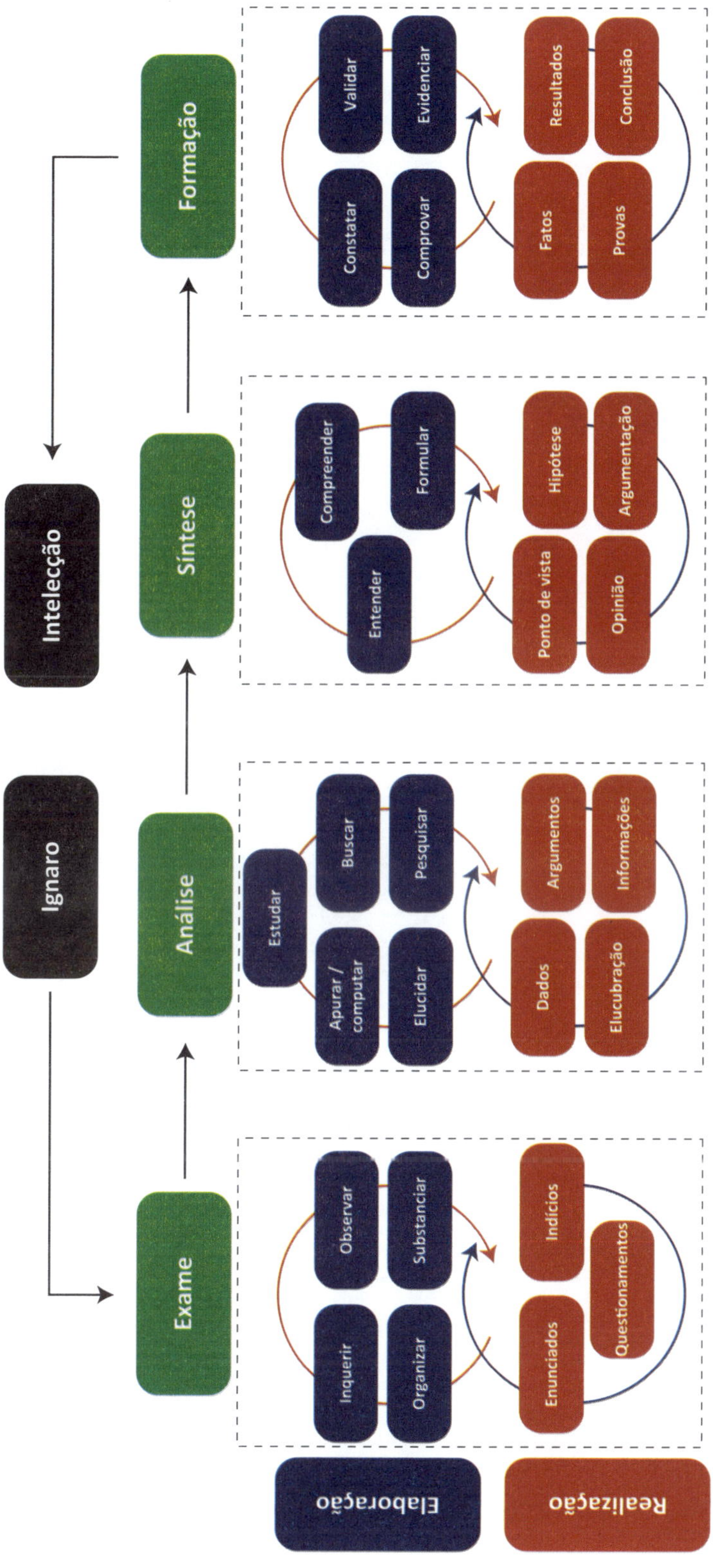

Diagrama 2.4-b: visão holística da formação da intelecção em relação a um tema decisório.

Com base no Diagrama 2.4-b, nota-se uma sequência orientativa (e, portanto, não baseada no método científico, e sim via uma visão holística e decorrente da observação), que se inicie da situação de ignaro, que seria sugestivamente o desconhecimento e incompreensão (momentânea) de um determinado tema ou situação (contexto e circunstâncias).

Para se estabelecer a intelecção de determinado tema ou situação, transcorre-se um processo de exame, análise, síntese e, por fim, a formação. Cada uma dessas etapas, por assim definir, configuram-se pela elaboração de algumas ações específicas; portanto, acarretam, proporcionalmente em realizações devidamente caracterizadas.

Por exemplo, na primeira etapa, com a denominação de exame, a elaboração consiste nas atividades ou ações de inquerir, organizar, observar e substanciar determinado fato ou tema, o que acarretaria na realização; como resultado, observa-se substantivos como um enunciado, um indício ou um questionamento. Na parte que se denomina análise, têm-se as ações de estudar, buscar, apurar, computar, pesquisar e elucidar; decorrendo, na realização de dados, argumentos, informações e elucubrações. E o mesmo ocorrendo, em termos de elaboração e realização, para a etapa denominada síntese, em que, por exemplo, hipóteses, opiniões e argumentações sejam previamente compreendidas e formuladas. Assim, nota-se que há todo um percurso de um determinado tema ou assunto, o qual todo o contexto e circunstância de informação, compreensão e entendimento transcorra, de tal maneira, a obter a formação, no sentido ou acepção de constituir ou simplesmente formar resultados e conclusões, a partir de provas (evidências) e fatos.

Dessa forma, qualquer assunto ou tema que transcorra esses trâmites, conforme descritos no Diagrama 2.4-b, pode-se ao menos afirmar que tal assunto ou tema disponha de uma intelecção.

Isso significa, portanto, que qualquer tentativa de interlocução é exclusivamente substanciada numa (a princípio) bem fundamentada argumentação, e essa, bem formada, conforme um trâmite completo de entendimento e compreensão.

Tal situação viabiliza que uma opinião não seja somente formulada a partir do ato de se supor, e sim que tal suposição seja carecida de observações, análise, sínteses (projeções), validações e qualquer outra forma que se estruture ou fundamente o saber das coisas, tornando explicável e replicável. Assim, atribui-se a definição de credibilidade ou prestígio ou reputação (vide posteriormente a Seção 4.1.1.1: Análise, Exame e Síntese [Medida de Valor e Teor] – a Análise rasa, o Exame incompleto e a Síntese distorcida), em que substancialmente haja confiança em se acreditar; não estando somente ensejada na vontade, e sim no crível (no sentido de ser passível de se crer), tornando o ato de inovar coerentemente compatível com o ato de se planejar.

Portanto, os Diagramas 2.4-a e 2.4-b visam explorar tanto a forma como o conteúdo da transcrição da intelecção e interlocução, para fins introdutórios e decisórios, em que opiniões e pontos de vista sejam argumentados de tal forma que o conteúdo seja suficientemente bem tratado e compreendido, a fim de se decidir ou deliberar com a respetiva compatibilidade, de finalidade ou propósito.

Importante ressaltar a sutil distinção entre opinião e ponto de vista, pois tranquilamente ambos podem ser atribuíveis à mesma semântica ou acepção, relativos a julgamento, parecer, pensamento etc. A diferenciação ocorre no termo ponto de vista, pois esse implica certa coletivização (não somente de pessoas, e sim também de fatos e situações, implicando complexidades), proveniente do termo opinião, uma vez que o ponto de vista denota uma certa demarcação de aspectos ou caracterizações, em que um agrupamento orientativo tenha um destaque nítido em relação aos similares. Por exemplo, há o ponto de vista de organizações industriais que sejam pagadoras de impostos ou taxas (tonificado em uma espécie de imposto sobre a produção industrial), na contramedida do ponto de vista de governos, que sejam arrecadadores desses impostos. Tal imposto ou taxa implica despesa ou menor lucro para organizações industriais, e para os governos impostos e taxas são fonte primária de recurso financeiro.

Pode existir a opinião que os impostos são muito mal aproveitados pelos governos, pois não retornam a tais organizações, na forma de benefícios a suas operações, por exemplo. Entretanto, tal opinião não implica um ponto de vista que especule que os impostos devam ser reduzidos, e sim, melhor utilizados, não existindo o ponto de vista de todas as organizações industriais que tal imposto deva cessar, por esse motivo em específico. Entretanto, pode existir a opinião de que tal imposto implica perda de competitividade (em um mercado internacional, por exemplo) e que o valor quanto à redução ou extinção desse imposto poderia ser compensado, em outro tipo de imposto ou taxas, com natureza tributária distinta (ao invés de tributar a produção, efetua-se a tributação da renda via o lucro e dividendos; por exemplo). Assim, pode-se formar um ponto de vista de tais organizações industriais que o imposto sobre a produção deva ser reduzido, por motivos de melhoria de competitividade desse segmento econômico, uma vez que os preços dos produtos poderiam ser menores, melhorando a competitividade. E, para os governos, com o ponto de vista de arrecadador e administrador das demandas da sociedade, tal opinião pode ser corroborada, desde que haja a tal compensação, não incorrendo diminuição do montante geral arrecadável.

Nota-se a diferença, pois a opinião é quanto à redução de um imposto, atribuível ao ponto de vista de melhoria da competitividade internacional, de um determinado segmento industrial de um país, e que tal opinião não esteja centrada no ponto de vista da diminuição da carga total tributária de arrecadação, para os governos que administram a gestão pública. Assim, uma opinião (que é diminuição do imposto de produção e aumento do imposto de renda [lucros e dividendos], proporcionalmente) implica dois pontos de vista, que, coletivizados, são a situação ou contexto de melhoria da competitividade (esse ponto de vista representado pelas organizações industriais), e alternativamente não implica diminuição da carga tributária (percebido pelo ponto de vista dos governos). Dessa forma, o termo ponto de vista implica um determinado agrupamento (ou coletivização) quanto à complexidade, decorrente de uma opinião específica.

Na Seção 3.6, uma diferenciação mais assertiva sobre opinião e ponto de vista será proposta e demonstrada.

Ao longo deste capítulo e, adiante no Capítulo 4, com o Diagrama 4.1.6-a: Refinamento e Apuração dos Pontos de Vista, a conceitualização do termo ponto de vista será constantemente explorada.

2.4.1. MODELOS E CONFIGURAÇÕES DO PENSAMENTO (PESSOAL E COLETIVO) E MENTALIDADE

A Inovação passa a ser inerente na correta ou adequada formação da intelecção e, consequentemente, a argumentação interlocutora, diante um fato ou situação no qual se deseja atribuir uma relação de causa e efeito, que implica uma solução, por exemplo, porém, faz-se necessário deliberar e decidir quanto a isso, relativo à correta determinação de um motivo (iniciativa) precursor, e se avaliar conjuntamente a disponibilidade de recursos (ver os Diagramas 2.1-a, 2.3.1-b e 2.3.2-a).

Assim, tem-se em questão da iniciativa de Inovação em si para intelecção e argumentação da relação de causa e efeito e a concepção e definição do princípio de funcionalidade elucubrado, ou em vias de ser projetado (ver Diagramas 1.1-b-c-d).

Há a questão dos recursos, que permitiriam efetuar os trabalhos de avalição e análise dessa relação de causa e efeito inovadora.

Ambas as situações, portanto, careceriam de um trâmite decisório para, ao menos, melhor avaliar os princípios de funcionalidade da Inovação (Diagrama 1.2.2-b) e as estimativas de realização e resultados (Diagrama 2.3-b).

Portanto, entender e compreender os modelos e configurações do pensamento, em vigência ou majoritários, torna-se fundamental para se propor soluções inovadoras, pois a argumentação a se introduzir ou apresentar necessitará exatamente de uma consonância com esse modelo vigente, de pensamento.

Entretanto, muitas vezes a mudança do modelo de pensamento já implica um contexto de causa e efeito inovador, pois um princípio de funcionalidade de ensejo inovador pode ser inserido em um contexto em que ocorra variações na percepção e configuração do pensamento e mentalidade, individual ou coletivamente, ocasionando diferentes interpretações, julgamentos e decisões.

Deliberações e decisões podem apresentar a forma e o conteúdo bastante distintos, conforme explanado no Capítulo 1, no exemplo da atuação do agente de trânsito em relação à transgressão justificada de um ato de excesso de velocidade.

Portanto, é bastante usual uma relação de causa e efeito inovador não ser interpretada, como efetivamente inovadora e, assim, implícita de potencial de melhoria ou obtenção de ganho de valor.

Explicação da teoria dos Modelos Organizadores e a indissociabilidade entre cognição e afetividade

Nota-se, portanto, questões como sentimentos, afetos, emoções (intrínsecos ou explícitos), aspectos socioculturais e diferentes raciocínios (cognição), em relação a uma dada "realidade". Ou seja, nem sempre a percepção e interpretação dos fatos ou situações, determinada como raciocínio, respeita necessariamente uma resposta única coerente, e sim, invariavelmente, respostas alternativas, calçadas de forma coerentes, conforme o modelo de pensamento. Isso corrobora com a definição dos três tipos de função mental, que são o afeto, conjuntamente com a própria cognição e a volição (escolha ou decisões). A forma de associação e orientação, entre pessoas, com base nos fatos e elementos cotidianos, que acarretam o sentido do afeto e empatia, somada a um princípio de raciocínio, conforme a propriedade da pessoa, ou coletivo; caracterizam-se como um conjunto, contexto e circunstância bastante relevante quando se considera a Inovação, como proposta.

Um exemplo bastante simples, que praticamente é uma fábula, já bastante difundida, transcrita apenas para demonstrar a variabilidade de interpretações ou raciocínio: uma empresa resolveu enviar dois vendedores, sem que um soubesse do outro, para uma região bastante distante e relativamente pobre. Essa empresa é fabricante e comercializadora de sapatos/calçados. Ao receber um comunicado por escrito, de ambos os vendedores, o primeiro relata: esqueçam essa região, pois aqui ninguém usa sapatos! Já o outro vendedor: contratem mais pessoas, comprem mais insumos, avisem a minha família que demorarei mais um pouco nessa viagem, pois aqui ninguém usa sapato!

Essa fábula é de cunho motivador e visa exatamente demonstrar que há interpretações distintas utilizando-se da mesma resposta. Em um contexto de deliberação e decisão real e complexo, tal exemplificação também é perfeitamente cabível de ocorrer.

A partir do fato, que a teoria dos modelos organizadores do pensamento não apresentar categorizações ou agrupamentos dos pensamentos, pois, como este é fruto ou decorrente da cognição e afetividade (que podemos também entender como o binômio ou dicotomia: razão e emoção); torna-se, assim, inviável classificar e agrupar na totalidade o pensamento e mentalidade das pessoas.

Então, como seria a tal dinâmica de pensamento das pessoas, a fim de que se possa subsidiar a intelecção e interlocução, para a Inovação?

A resposta não é evocar a razão fleumática mais do que a emoção, via uma argumentação pautada por uma lógica calculada e parametrizada de forma coerente, prática e sucinta, e sim evocar ambas as vertentes de forma igualitárias, em que da mesma maneira que haja uma apresentação pautada em estudos, cálculos, formulações e hipóteses (ver Diagrama 2.4-b), faz-se paralelamente necessária a argumentação entusiástica, empática e energética (no sentido de vigor, em que haja paixão ou extrema vontade, como a coragem).

O exemplo da fábula dos vendedores de calçados já exprime e interpela quanto às possíveis interpretações, pois uma argumentação é aplicada para propósitos distintos, demonstrando, de forma intuitiva, que uma argumentação nunca é pautável com absoluta certeza, quanto aos acontecimentos futuros. Portanto, há incertezas ou potencial de falhas (riscos), porém, esses, precisam também de uma análise e síntese, elaboradas especificamente ou em convergência com o contexto, quanto as possibilidades de controle e vigilância.

Dessa forma, temos uma combinação cognitiva e afetiva (razão e emoção) no ato de inovar; ainda previamente avaliado quanto à disposição final de o efetivar ou executar (fazer acontecer).

O correto enunciado da relação de causa e efeito e a demonstração da viabilidade (técnica e financeira) de um princípio de funcionalidade não necessariamente serão suficientes como argumentação para uma deliberação, caso, emocionalmente, a pessoa ou equipe (grupo), estejam indispostos a tal, a partir, por exemplo, da identificação de sentimentos de apatia (desânimo), descrença e temor.

Assim, temos ilustrado tal contexto no Diagrama 2.4.1-a:

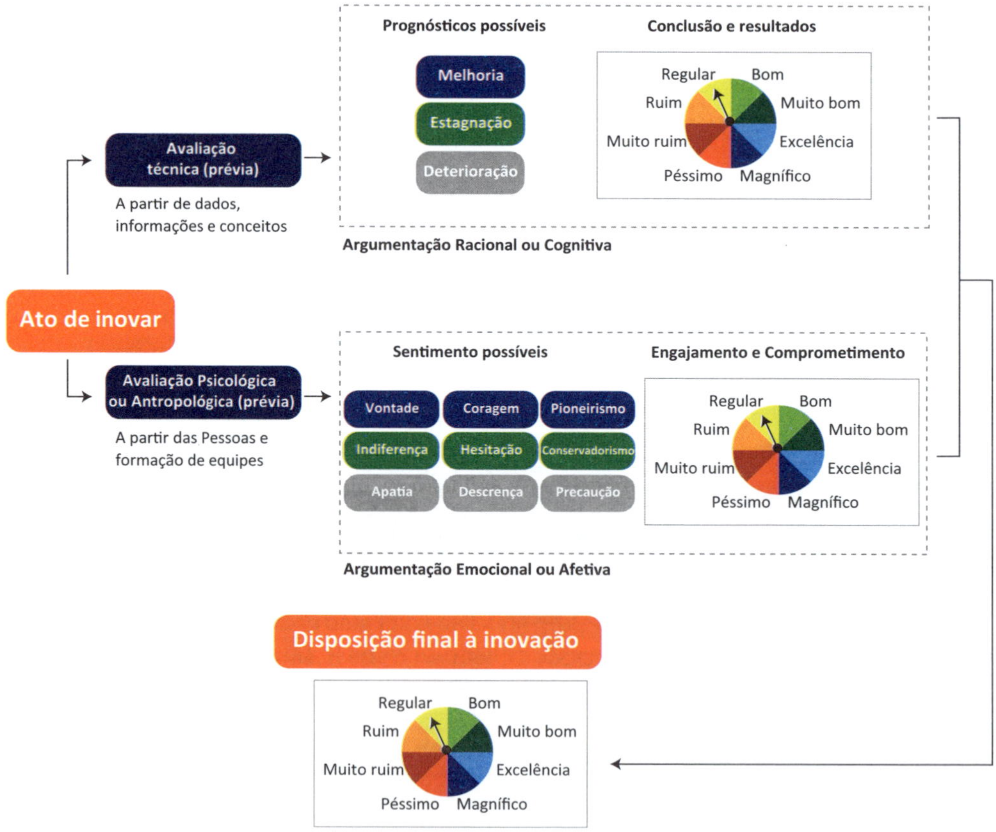

Diagrama 2.4.1-a: Combinação Cognitiva e Afetiva quanto à Disposição de se inovar.

Note que o Diagrama 2.4.1-a visa exatamente demonstrar a correlação combinatória entre cognição e afetividade ou razão e emoção. Note também que tal diagrama não se demonstra como uma ilustração ou elucubração relativa aos preceitos apresentados na teoria dos modelos organizadores do pensamento, e sim meramente uma demonstração da combinação da parte racional e emocional, relativa à disposição de se inovar.

As reações emocionais (ou pensamentos fundamentados na emotividade) são denomináveis ações intuitivas-reflexivas provenientes do pensamento instantâneo ou rápido (denominado também como subconsciente); decorrente de um processamento do sistema nervoso autônomo. O melhor exemplo quanto a uma ação intuitiva-reflexiva refere-se à identificação de uma situação de perigo, em que uma pessoa esteja, em que o sistema nervoso autônomo age processando a liberação do hormônio adrenalina, proporcionando aumento da circulação sanguínea e maior oxigenação no cérebro e no sistema muscular, estabelecendo-se em tese as melhores condições para a pessoa lidar com esse contexto de perigo. Esse mesmo *modus operandi*, por assim o chamar, aplica-se também em situações de alta contrariedade ou estresse (que não implica o perigo físico em si, e sim em um contexto de nervosismo, alta intimidação ou susto, por exemplo), que a pessoa esteja, em que a ação intuitiva-reflexiva atua involuntariamente.

Por isso, muitas vezes são classificadas como pensamento inconsciente ou subconsciente, por aparentar não envolver o pensamento com um raciocínio estruturado conscientemente (ou pensamentos fundamentados na racionalidade), que potencialmente se referencia com um fluxo ignaro-intelecção ou ciclo epistemológico. Entretanto, o pensamento intuitivo-reflexivo é passível de ser predominante, por exatamente encapsular emoções latentes ou viventes na configuração de tal pensamento; assim, caracteriza-se como uma cognição, ao menos, aparentemente. Porém, caso a parcela de emoção constituinte desse pensamento seja predominante, como ameaça, temor, egocentrismo (prevalecido ou subjugado), egolatria, ressentimento, idiossincrasia, apatia (ou empatia), renegação etc., tal pensamento e eventual ação se formam e configuram como resposta emotiva, dependendo, claro, de toda a configuração mental da pessoa ou entidade (coletividade ou organização, que assume apenas uma prevalência de conduta, configurando com pouca variação de pontos de vista); por aparentar ser um pensamento racional, porém, trata-se de um pensamento de cunho intuitivo (conforme o *Dicionário Houaiss de língua portuguesa*, "faculdade ou ato de perceber, discernir ou pressentir coisas, independentemente de raciocínio ou de análise") decorrente de um reflexo mental reativo proveniente dos sentimentos vigentes e prevalecentes (que é absolutamente normal em diversos animais, por exatamente não envolver um raciocínio, ao menos, tipificado para fins de concepção, planejamento e construção de ideias, projetos, produtos, processos e produção).

Como já citado, via o próprio Schumpeter e via os Diagramas 1.2-b, 1.2.2-b e 1.2.2.1-c-d, a Inovação implica uma ruptura em que uma visão irrestrita se faz necessária para a identificar. Em muitas ocasiões, é uma alteração no modelo de pensamento vigente. Trata-se do termo já consagrado "mudança de paradigma", em que um padrão funcional e comportamental se altera.

Por exemplo, no Diagrama 2.4.1-a, em uma mentalidade, ou modelo de pensamento, ou ponto de vista, majoritário em que exista um modelo ou sentimento conservador e hesitante, a disposição de inovar será bastante restrita. Dito isso, no modelo de pensamento prevalece a percepção das coisas que já existam e estejam consolidadas, em termos de funcionalidade e resultado, arremetendo para uma rejeição normal de algo ainda inexistente e apenas imaginado ou projetado, mesmo que esteja bem calçado ou sustentando por estudos racionais. Inevitavelmente, por melhor que seja uma projeção, sempre terá uma porção de incerteza quanto à respectiva efetivação. Portanto, uma pessoa ou um coletivo, prevalecido pelo sentimento conservador, tenderá sempre por uma mudança que já se mostrou real e efetiva, para a concorrência, não sendo mais, portanto, ensejada de originalidade inovadora.

Esse modelo de pensamento é o famoso "ver para crer", em que as deliberações e decisões precisam e necessitam ser argumentadas em fatos e situações já provadas e constatadas como efetivas e reais.

O Diagrama 2.4.1-a, como está predominantemente associado com a disposição de se inovar, demostra símbolos de mostrador ou indicador, em que um respectivo valor de grandeza é sinalizado, a fim de, primeiramente, mostrar o quanto qualificável seriam as avaliações (tanto técnica como de cunho psicológico ou antropológico) e também mostrar uma grandeza de valor em relação à disposição, bipartida, em técnica e psicológica/antropológica. Assim, a disposição final para se inovar é simplesmente a combinação das porções relativas aos aspectos associados à razão com outros aspectos associados ao emotivo. Esse último, vale a menção de que poderia também ser caracterizado via a analogia militar da "moral das tropas", em que enseja o significado de identificar a motivação, em relação à vitória ou derrota, em alusão a uma batalha, que analogamente seria a disposição ou não de se inovar.

Explicação das correlações com o ego

A partir da citação de Guimarães Rosa: "A água de boa qualidade é como a saúde ou a liberdade: só tem valor quando acaba", precede-se o termo qualidade com a acepção de "característica superior ou atributo distintivo positivo que faz alguém ou algo sobressair em relação a outros; virtude", conforme o *Dicionário Houaiss de língua portuguesa*. Os termos característica superior ou atributo distintivo positivo referem-se a uma espécie de valor maior, que denota maior propriedade ou capacidade de elaboração e realização (ver, por exemplo, o Diagrama 2.3-b).

Assim como na frase de Guimarães Rosa a qualidade concerne na propriedade de se ter ou obter uma medida ou mensuração de valor que possa-se efetivar ou realizar algo ou alguma coisa, em função de uma necessidade ou dever, essa medida de valor, assim, torna-se abalizada ou referenciada a partir exatamente da análise, ou contexto, da sua falta; então, a respectiva necessidade é devidamente e proporcionalmente sentida ou percebida.

Portanto, o conceito de qualidade se refere a ter o que se precisa, no que tange à satisfação ou atendimento de uma necessidade ou demanda, compreendendo, assim, uma razoável quantidade de elementos mensuráveis, a partir das respectivas funções e atividades (respectivamente, o propósito e o que se faz, exerce ou se espera; ver Diagrama 2.2-a), conjuntamente com as devidas propriedades (características efetivas). Por exemplo, caso se necessite de um ferramental de furação (broca), em que se mensura preço ou custo (valor monetário), durabilidade (tempo de uso em condições previamente determinadas), respectivas propriedades físicas (comportamento em situação de uso) e a aplicabilidade (tipo de material e forma geométrica que seria apropriado para a furação). A falta desse ferramental, nesses parâmetros, significa deficiência quanto ao exercício da função, medido a partir desses elementos mensuráveis, e assim, a depreciação da qualidade.

Outro exemplo: quando uma organização empresarial necessita de uma pessoa ou serviço terceirizado, porém decorrente como profissional de contabilidade, efetiva-se todos os trâmites contábeis, fiscais e financeiros de acordo com a legislação. A falta disso pode implicar incorreções ou imperícias fiscais e financeiras, e, portanto, passíveis de sanções ou penalizações legais, afetando ou comprometendo a qualidade dos informes financeiros e registros legais-tributários.

Todos esses exemplos, tratando-se do termo qualidade, tanto em produtos como em processos e serviços referem-se essencialmente à propriedade de percepção. Alinhada com provimento de informação, ou formação, e difundido no conceito do discernimento.

Significa que qualquer capacidade ou propriedade de Inovação, atrelada às necessidades de mudanças, só é possível via as propriedades de:

- Percepção: é exatamente saber ou identificar previamente (ou antecipadamente) a qualidade, a disponibilidade, o valor e a necessidade das coisas ou elementos que permeiam quanto à definição de uma ação (ver o Diagrama 2.2-a). A acepção denota para o termo consciência, em que se torna uma pessoa ou equipe ciente ou conhecedor quanto aos elementos, fatos ou situações potenciais que os envolvem, em termos tanto materiais como conceituais (conjunto de ideários, por exemplo).
- Preposição ou Provento da informação e (ou) formação: tem-se nessa conjunção à disposição, ou simples propriedade, de se obter ou prover quanto à informação (provento de dados, informes e quaisquer elementos mensuráveis que se organizem para a via de análise e conclusão) e a formação (preparação em si, formalmente estruturada, estabelecimento de conjunto de conhecimentos e habilidades específicos para uma atividade prática ou intelectual).
- Discernimento: é simplesmente a importante propriedade (virtude) de ser capaz de compreender as situações e contextos (circunstâncias e conjunturas), a partir da bem aferida capacidade de avaliação e entendimento, possibilitando-se, assim, separar, distinguir ou depurar o valor (qualidade) e o que é apro-

priado e adequado, em relação a uma bem orientada relevância, inserido no referido contexto ou situação.

Importante ressaltar que no Diagrama 2.4-b essas propriedades são extremamente válidas, para a completude do ciclo demonstrado nesse diagrama, porém, não se limitando somente, tais propriedades, no âmbito da intelecção.

Assim, um modelo de pensamento, ou mentalidade, está também cercado ou atribuído exatamente com essas propriedades: percepção, (in)formação e discernimento, pois torna-se inerente também com a configuração do pensamento, denotando a predisposição ou não em perceber, informar, formar e discernir de um indivíduo e de uma equipe ou organização coletiva.

Observando novamente o Diagrama 2.4.1-a, nota-se de forma intrínseca que essas três propriedades estão tanto na avaliação técnica quanto na avaliação psicológica ou antropológica. Isso decorre pois o modelo de pensamento sempre respeita ambas as vertentes, ao se inferir do ato de inovar, e muitas vezes propriedades de percepção, (in)formação e discernimento não tão bem apurados ou acurados, possibilita-se então uma avaliação geral deficiente, ou no mínimo sem a devida visão ampla e irrestrita (abrangente), conforme elucidado nos Diagramas 1.2.2.1-a-b-c-d.

Nota-se também, nessa possibilidade, a avaliação ou conversa meramente hipotética, em que projeções e prognósticos são aventados e elucubrados, sem se considerar a incidência e intensidade dos respectivos efeitos ou resultados, ao menos, sem uma orientação informativa e formativa, prejudicando-se a percepção e pouco colaborando com o adequado discernimento. É o termo em latim *ad hoc* (diz-se de argumento, proposição ou hipótese).

Um indivíduo ou coletivo, quando considera ou debate ideias, conceitos e correlações (entre fatos passados e projeções) somente hipoteticamente, incorre na impossibilidade de se observar coerentemente o contexto, conforme ilustrado no Diagrama 1.2-a, e na sequência do texto da Seção 1.2, em que há: "hipótese, definida como '*proposição que se admite, independentemente do fato de ser verdadeiro ou falso, como um princípio a partir do qual se pode deduzir um determinado conjunto de consequências; suposição, conjectura*' ".

Assim, a famosa conversa meramente orientada ou calçada em hipóteses torna-se pouco abrangente e acurada, caso a deliberação esteja somente cerceada nessa, não se considerando os outros preceitos, conforme ilustrado no Diagrama 1.2-a, como o parecer e a constatação. Assim, há o risco de se considerar algo relevante, e tal coisa ou situação não tenha efetivamente essa predisposição qualitativa; e, contrariamente, pode-se não se considerar algo ou uma situação como relevante e se mostra pertinente e necessária, conforme ilustrado na frase de Guimarães Rosa no início do capítulo, quanto a uma possível falta da água, da liberdade e da saúde.

Explicação das propriedades de percepção, (in)formação e discernimento, via Tabela e Diagrama 2.4.1.1-a

2.4.1.2. Idiossincrasia, Seletividade e Coletividade

Outro contexto inerente aos diversos modelos de pensamentos vigentes, relacionável com a disposição de se inovar, refere-se ao conceito de representatividade de um indivíduo em relação à respectiva coletividade na qual esteja inserido.

Porém, tal representatividade se torna latente e vigente ao se examinar o efetivo valor, ou qualificação, da idiossincrasia, da seletividade e, portanto, da coletividade em si.

Caso uma equipe tenha a vigência ou predominância idiossincrática, proveniente de uma pessoa, que seja a liderança formalmente ou consuetudinária estabelecida, tem-se uma coletividade totalmente conduzida e cerceada por um indivíduo, ou um pequeno grupo de indivíduos, não existindo, assim, possivelmente, o surgimento e a fluência de ideias, propostas, indagações e quaisquer predisposições que potencialmente acarretem em Inovação ou mudança, tolhendo ou estorvando, portanto, a coletividade em si, no que mais interessante essa possa provir, que é a diversidade de modelos de pensamento e, assim, o incremento da apresentação ou surgimento de ideias, propósitos, elementos argumentativos, projeções ou quaisquer preposições de deliberação que visem à Inovação.

Claro que só o fato de existir uma coletividade não significa que seja pródiga ou simplesmente propensa, por si só, em ofertar a variabilidade de modelos de pensamento e, consequentemente, a disposição em deliberar aspectos inerentes à deliberação da Inovação. Assim, aspectos da coletividade precisam também ser avaliados, conforme o Diagrama 2.4.1-a, e deve-se ingerir na configuração da realização e ação, conforme o Diagrama 2.3.1-b, em que todo o espectro da realização e ação são consideráveis, como pré-requisitos e abrangência de atuação.

Tem-se assim um dilema na fomentação e formação de equipes quanto ao:

- Individualismo, em que há uma personificação de uma equipe, uma vez que há um ou dois indivíduos que representam ou concentram a laboração, em especial naquilo que tange à elaboração ou concepção da realização (Diagrama 2.3-a).
- Coletivismo, como contrapartida, em que a elaboração e realização das atividades e funções tenham equidade, quanto às pessoas que, exatamente, formam essa equipe ou time.

Esse dilema entre individualismo e coletivismo, na formação de equipe, representa precisamente a incerteza inerente quanto ao desempenho, em relação à entrega final, conforme demonstrado no Diagrama 2.3-b. Faz-se necessário, em muitos casos, a atuação de um indivíduo que já seja consagrado, ou amplamente reconhecido, como célere e capaz (via extensa e válida preparação e formação), em determinada elaboração e realização. Para isso, entretanto, há um contexto inerente, em que se faz factível, por exemplo, uma remuneração alta, em termos relativos aos demais participantes da equipe e a possibilidade de baixa fidelização desse indivíduo.

A melhor forma de compreender e entender esse dilema remete em duas organizações de formação de equipes: forças militares e times de competição esportiva (campeonato profissional).

Nas organizações militares as patentes e cargos já representam a outorga de uma função individualista, em relação a uma coletividade, subordinada a esse indivíduo. Assim, um capitão de fragata, por exemplo, é a maior instância no âmbito decisório, referente a essa embarcação. Num exercício de combate, tal capitão não indaga o superior hierárquico, que não está na embarcação, quanto às manobras e posicionamentos que a fragata deva assumir, em relação a um oponente. A preparação e experiência de tal capitão são elementos que o qualificam, tornando-o assim célere e capaz para o exercício e definição das manobras, em termos estratégicos ou executivo. A equipe atuará em realizar as tarefas, conforme as suas respectivas ordens, em uma atuação operacional ou executora.

Já uma equipe esportiva necessariamente carece de pessoas qualificadas em funções distintas que, combinadas, fazem com que o coletivismo se apresente também qualificado, diante dos embates decorrentes de um campeonato. Por mais que essa equipe tenha um indivíduo que se sobressaia, o valor do coletivismo se faz mais predominante para o desempenho e a conquista da vitória. Por exemplo, não adianta uma equipe de esporte a motor ter o melhor piloto, caso, em contrapartida, não tenha um bem qualificado preparador de motor e um capaz estrategista de corrida. Também não vale uma equipe de vôlei ter o mais capaz dos atacantes, destacando-se pela destreza e atletismo, caso, em contraponto, não haja um levantador preciso e constante e um passador ou receptor bem qualificado. No futebol, um time pode ter o melhor dos atacantes, porém não poderá atuar na defesa, caso não conte com jogadores igualmente capacitados nessa função.

Para a Inovação, o individualismo muitas vezes é representando pela ação ou atuação idiossincrática. Já o coletivismo é mais inerente com a propriedade de seleção e validação que esse grupo de pessoas consegue agregar, tornando-o hábil ou capaz quanto ao âmbito da decisão (Diagrama 2.1-a: o ciclo decisório), mesmo que essa não seja unânime, caracterizando assim, conforme a definição de coletividade (convergência dos interesses pessoais com o interesse do grupo).

Assim, temos no Diagrama 2.4.1.2-a um contexto de consonância entre as propriedades idiossincráticas, seletivas e coletivas, a fim de proporcionar ou fomentar o ato de Inovação, mesmo que seja originado via a vertente individual e a coletiva. Ambas as vertentes progenitoras são respeitadas e justapostas como forma usual da organização se autogerir e, assim, perfeitamente aceitáveis via os trâmites de seleção, do projeto ou iniciativa precursora da Inovação.

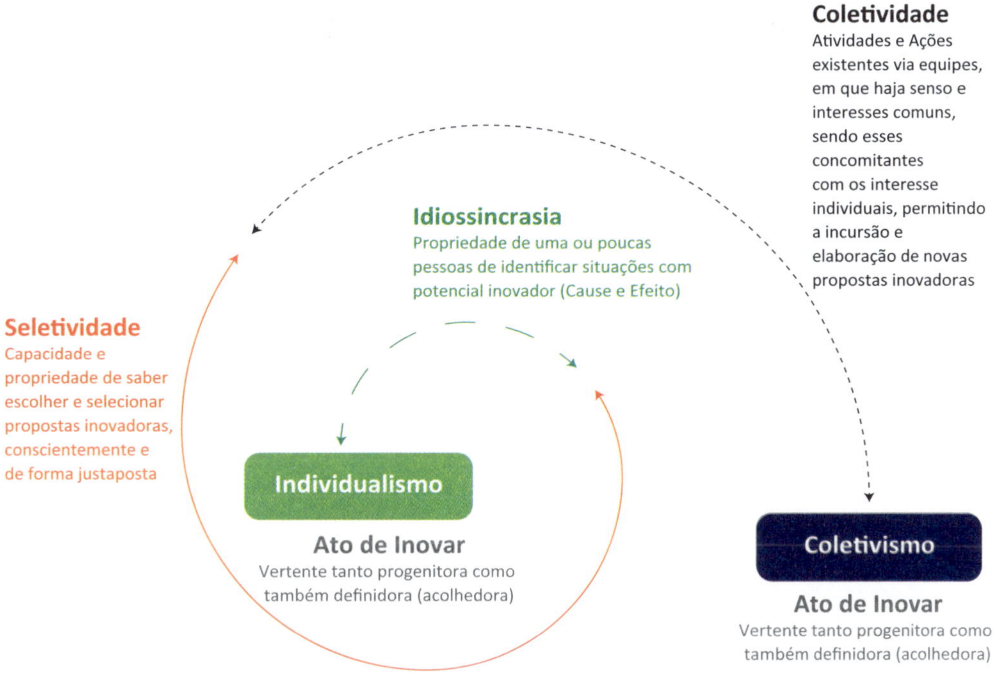

Diagrama 2.4.1.2-a: Contexto propício à Inovação via idiossincrasia, seletividade e coletividade.

A partir desse preceito, há a conjunção entre o Diagrama 2.3.1-a com os demais, até então apresentados e ilustrados, demonstrado no Diagrama 2.3.1-b. Nota-se que há correlações, com os diagramas inerentes na definição e obtenção da Inovação, como Diagramas 1.1-d, 1.2-b, 1.2.1-a, 1.2.2-b, 1.2.2.1-b e 1.2.3-b, com os diagramas inerentes à decisão, realização e ação, como Diagramas 2.1-a, 2.2-a e 2.3-a.

A partir disso, define-se a propriedade de seletividade, que nada mais seria do que a qualidade de escolha, a partir de critérios e objetivos bem definidos e estruturados.

Assim, a seletividade se torna um dos mais válidos e relevantes atributos, tanto para uma pessoa como para uma equipe, pois, efetivamente se estabelece a relação do que se precisa ou almeja, em relação ao que se pode, considerando-se ainda os recursos e prazos.

As respostas de como ser seletivo são muitas vezes ambíguas, antagônicos ou contraditórias, pois invariavelmente se estabelece uma correlação entre os valores de grandeza dos benefícios ou efeitos, almejados e necessitados, com a elaboração e realização (ou execução) para se obter tais benefícios ou efeitos, e também mensurada por grandezas de valores, inerentes com as dificuldades e disponibilidades em efetivamente se elaborar e realizar.

Tem-se nisso a consonância com as bem difundidas e célebres frases, como: "o ótimo é inimigo do bom" e "menos é mais". Em tais frases já há uma espécie de julgamento de mérito, em que se deva priorizar, ou selecionar, ações e atividades mais simples, ou que sejam mais propensas ou fáceis de serem realizadas ou executadas.

Claro que para fins de Inovação não há esse julgamento, pois a relação de Causa e Efeito (ver os Diagramas 1.1-b, 1.1-d e 1.2.1-a) pode tipificar ou identificar uma variedade bem vasta e diversificada entre demandas e soluções (como ilustrado no Diagrama 1.2.2-b). Pode-se, também, ilustrar isso por uma simples demonstração cartesiana, atribuída a grandezas de valores mensuráveis, tanto para a elaboração e realização (mensurada a partir da dificuldade e complexidade) como também para o atendimento ou efetivação de uma demanda ou solução (mensurada a partir do efeito ou resultado gerado). Assim, temos:

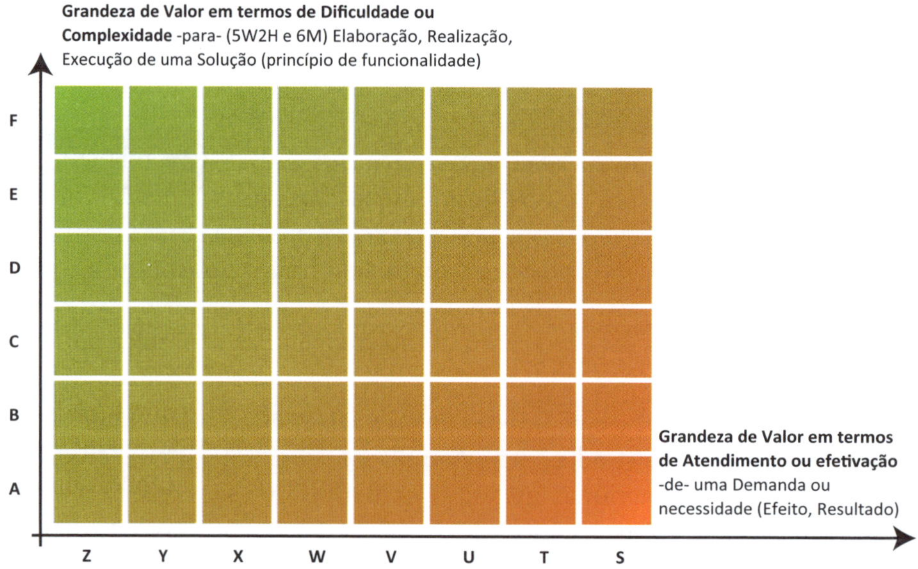

Diagrama 2.4.1.2-b: Correlação entre as grandezas de valores da Complexidade (Execução) e Atendimento (Efeito, Resultado).

Nota-se que essa correlação aparentemente é linear, porém, não necessariamente respeita isso, pois torna-se inerente quanto às definições de escalas, das respectivas grandezas de valor adotada. Assim, de forma genérica, e não incorrendo nas grandezas de valor a se adotar (em termos de escala), e sim, na respectiva colocação, ao longo do respectivo eixo, temos assim, o código "S" como o maior valor, em termos de obtenção de um efeito ou resultado. No outro eixo, tem-se o código "F", como o maior valor em termos de dificuldade e complexidade na obtenção ou realização, desse respectivo efeito ou resultado.

Explicação dos exemplos de Correlação entre as grandezas de valores da Complexidade (Execução) e Atendimento (Efeito, Resultado), e demonstração da Tabela 2.4.1.2-a

2.4.1.3. Autoridade ou Ação Impositiva

A partir da definição da qualificação do discernimento, seletividade e idiossincrasia, essas podem compreender e entear um contexto pernicioso de autoritarismo, ou ações impostas, independentemente de preceitos ou percepções contrárias.

Entretanto, a autoridade e uma ação impositiva podem também simplesmente significar um pioneirismo ou uma proatividade, em que os exames e percepções vigentes simplesmente não conseguem deslumbrar.

Ambos os contextos são possíveis e difíceis de interpelações quando ainda são precursores ou iniciantes. Um exemplo, com resultado positivo, trata-se da concepção e elaboração do zíper, já exploradas na Seção 1.2.1, em que a persistência, determinação e convicção se mostraram válidas, a partir da autoridade e imposição dos respectivos inventores (Whitcomb Judson, no ano de 1893, e, em 1912, Gideon Sundback). Outro exemplo que representa a face oposta disso é a obstinação do inventor Felix Wankel, que ao longo das décadas de 1920 a 1960, formulou e desenvolveu um motor de combustão interna com o princípio de funcionalidade centrado em peças de movimento rotativos, a partir de forma geométricas distintas. Entretanto, apesar de bastante válidos alguns aspectos da proposta inovadora, essa não se mostrou viável tecnicamente, uma vez que questões de vedações falhas nunca foram totalmente sanadas, não tornando esse motor durável.

Assim, de forma inicial, consegue-se ao menos identificar a potencialidade de prevalência ou inaptidão de uma proposta inovadora, ainda bastante preliminar?

A resposta é sempre procurar testar e validar tais conceitos, ou com a elaboração de protótipos e amostras ou, alternativamente, o estabelecimento de racionais de cálculos e modelagens conceituais (ou teóricas). A validação, em si, implica custos ou despesas, porém, é a forma mais efetiva de se obter respostas, quando também seja elaborada e realizada de forma adequada e a contento.

E esse é o principal aspecto quanto à questão da autoridade ou imposição: obter respostas em que elementos argumentativos e de convencimento sejam de valor qualitativo maior, que comparado à autoridade impõe determinada questão.

Evitar-se-ia, assim, as respostas fundamentadas por suposições, transcritas como assertivas ou incisivas, porém, desprovidas de certeza efetiva.

Trata-se de uma contenda, pois autoridade e imposição podem simplesmente estar relacionadas à ordem hierárquica, ou poder (no sentido de força moral e formal estabelecida; influência ou valimento) vigente. Nisso, há dois provérbios de origem portuguesa ou ibérica, que denotam: "contra fatos não há argumentos" e "onde reina a força, o direito não tem lugar". De fato, caso haja um autoritarismo autocrático, discricionário e impositivo em uma organização ou coletividade, essa se torna totalmente subjugada, em relação a um trâmite de deliberação e decisão incrustado em um indivíduo. Caso haja fatos predominantes e concisos, em termos de resultado, não havendo razão argumentativa (técnica e alusiva) suficientes para contestá-los, ainda podem não ser considerados pela liderança vigente, o autoritarismo.

Vale uma importante observação quanto aos termos derivados do adjetivo discrição, como discricionário, discricional e discretivo, pois esse último termo remete etimologicamente ao latim *discretívus* (*a*, *um*), no que se refere a "que tem a propriedade de distinguir". E os termos discricionário e discricional implicam três acepções mais significativas: uma, que é mais usual do sentido de discrição, referente à "qualidade que não chama a atenção ou não revela segredos de outros"; uma segunda, que significa "capacidade de distinguir o certo do errado ou discernimento"; e, por fim, a forma etimológica direta, "separado ou posto à parte".

Tais acepções são observadas, pelo motivo da existência da expressão usual, e até classificatória: "cargos ou atos discricionários", uma espécie de liderança com a prerrogativa (direito) ou atribuição específica de discernir e decidir de forma própria, reservada e separadamente ou com distinção (por exemplo, de demais cargos ou atos, de uma respectiva organização). Assim, um ato discricionário pode implicar uma liderança que é própria da autonomia de discernir e decidir, independentemente da existência de um coletivo contextualizado a uma situação, por exemplo. Claro que não é mandatório, entretanto, pode-se associar um ato discricionário como uma caracterização de liderança autocrática.

Analisando a palavra liderança, ou líder, há a etimologia do inglês *leader*, derivado da palavra também inglesa *lead*, que majoritariamente significa "conduzir", entre outras acepções. Indica que essa atribuição promove o andamento e direcionamento (diretriz, meta, objetivo) das atividades de uma equipe, ou coletividade, e que não necessariamente implica autocracia, pois conduzir significa ir, guiar, dirigir e direcionar, e, por extensão de sentido, acarreta comandar, governar ou administrar.

Concomitante com o termo ato discricionário, conduzir implicaria a princípio a definição de atribuir direção ou comando, a partir de um discernimento distinguível ou diferente, avaliável a partir de requisitos ou premissas explicáveis (conhecimento e entendimento). E, para isso, valeria de um encadeamento lógico e validável, e não um ato inexplicável, autocrático, de mando descabido, irrestrito e baseado em apenas uma pessoa em discrasia, como em muitas situações nos atos discricionários (apesar de não ser uma regra, e sim possivelmente uma confusão quanto ao significado da definição de liderança).

Há, invariavelmente, diversos tipos de lideranças, possíveis de serem definidas e até eventualmente catalogadas ou classificadas. Entretanto, a partir da definição de liderança, oriunda da simples acepção etimológica, relatada previamente, observa-se a formatação e formulação da liderança a partir dos seguintes aspectos (inerentes):

- regulamentação empática;
- convicção ou fundamentação retórica;
- propriedade técnica-planejadora-executora.

Assim, conforme o Diagrama 2.4.1.3-a, a liderança se configura ou se constrói a partir de implícitos aspectos que a definem como atributos ou propriedades, que a tornam (ou não) coerente ou convergente com a situação vigente (conjuntura, contexto e circunstâncias), com base na combinação desses três aspectos, que, medidos ou avaliados, exatamente decorrentes das respectivas efetivações (ou da sua adequação, em relação à situação), faz-se ou se denota a liderança adequada ou não.

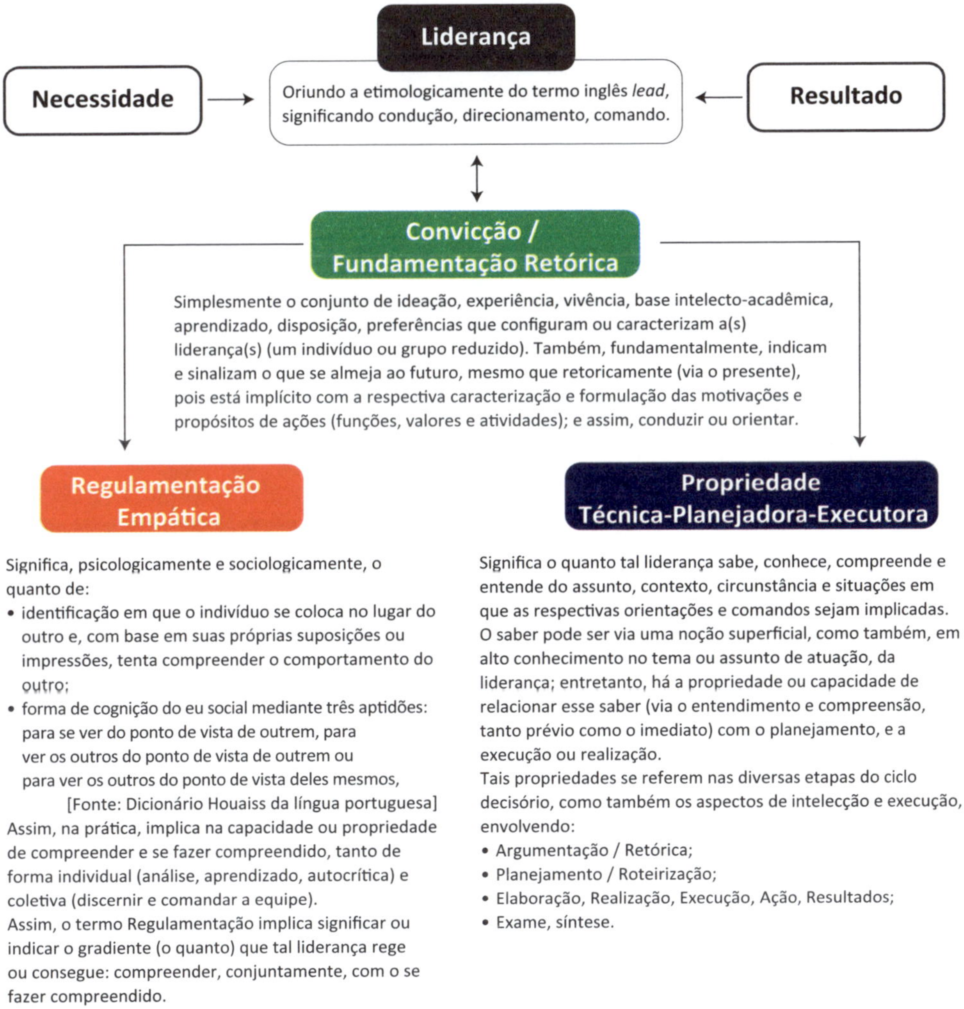

Diagrama 2.4.1.3-a: Definição dos aspectos inerentes da Liderança.

Por exemplo, uma pessoa que tenha extrema propriedade técnica, configurada pelo alto conhecimento inerente ao assunto, situação ou contexto, e que simultaneamente não tenha a empatia de se fazer compreender poderá incorrer na impropriedade do comando ou orientação, prejudicando assim a execução e o resultado das ações. Caso as convicções estejam em descompasso com o contexto, mesmo existindo boas propriedades técnicas e empáticas, a liderança pode não obter os devidos resultados pretendidos ou necessários.

Então, quando uma liderança deve se envolver totalmente e quando essa liderança deve apenas coordenar sem que em ambas as situações ocorram a imposição e o autoritarismo? Mais uma vez, a resposta depende do modelo de pensamento e fatos vigentes e o quanto esses se tornam ou se moldam no sentido de serem favoráveis (em pró) ou oposicionistas (contrários, desfavoráveis ou à antilogia) da Inovação.

Então, nos exemplos citados anteriormente, relativos ao zíper e o motor rotativo (Felix Wankel), o valor qualitativo predominante se refere à capacidade e propriedade de perceber, identificar, selecionar ou discernir quanto aos fatos, dados, informações e contextos em que haja ou não prosseguimento dos trâmites de Inovação, valendo-se disso ou a partir da liderança, mesmo que seja idiossincrática, ou da coletividade, em que a liderança correspondente se sintonize e corrobore com a definição e obtenção da Inovação.

Assim, comumente, uma liderança indica para onde se deve ir, pois os respectivos atributos da "Convicção ou fundamentação Retórica" formulam ou fomentam a disposição da liderança. Entretanto, via a "Propriedade técnica-planejadora-executora", tem-se o entendimento e elaboração do como se fazer. E, por fim, a "Regulamentação Empática" direciona a realização ou execução, em termos de comanda e orientação à equipe comandada. Nesse contexto, nos Diagramas 2-3-a-b, 2.3.1-b e 2.3.2-a, efetivamente se calça ou baseia a instrumentação e fundamentação organizada da liderança, para fins de gestão e Inovação.

Portanto, faz-se bastante válida a afirmação de que a liderança implique pré-disposição, significando que há intenção, pretensão, objetivo ou simplesmente vontade ou ensejo, aliado, com necessidades e interesses. Assim, a partir dessa disposição precursora, ou simplesmente atitude, a liderança se faz fluir ou ser atuante, independentemente se a pessoa que exerça essa liderança tenha a correspondência hierárquica, por exemplo, em uma organização empresarial. Essa pré-disposição, portanto, representa em parte a caracterização da convicção, para quem, inicialmente, faz ou propõe uma Inovação, valendo-se, então, muito mais de propriedades e atitudes argumentadoras do que, em contrapartida, de atitudes e ações impositivas (mesmo que seja apta a isso).

Dessa forma, o Diagrama 2.4.1.3-a é posterior, ao que se refere quanto à definição da "convicção/fundamentação retórica" do Diagrama 2.4.1.3-b, que descreve o nascedouro ou a fomentação da convicção da liderança, que visa à Inovação, uma vez que essa implica reluzente e conducente propriedade técnica argumentativa quanto à efetivação dos Diagramas 1.1-b-c-d, por exemplo. Tal convicção, específica da liderança, portanto, torna-se latente caso tal trâmite se mostre viável ou factível, mesmo que preliminarmente, para fins de objetivação da Inovação.

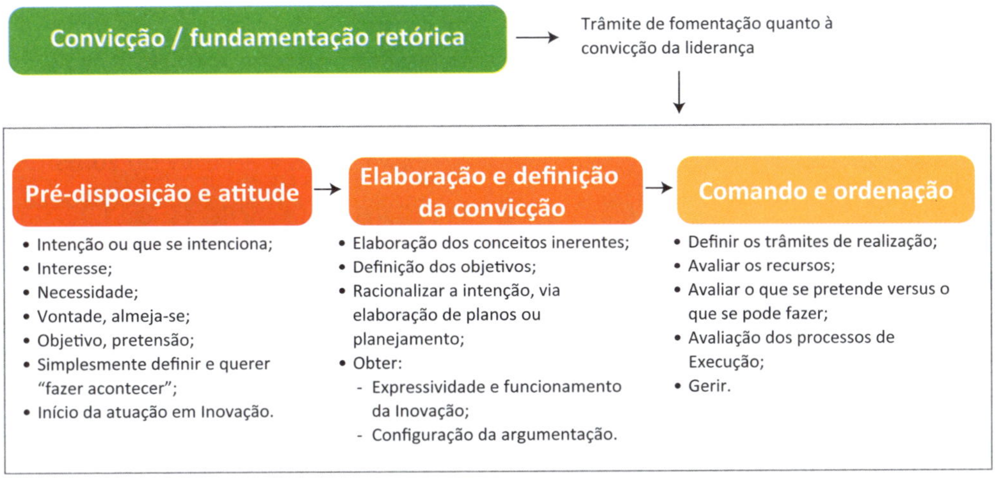

Diagrama 2.4.1.3-b: Trâmite precursor de atuação da liderança.

Torna-se a convicção latente quanto à Inovação, portanto, tenha:

- Uma pré-disposição caracterizada em se efetuar a Inovação, precedendo de uma análise, conforme o Diagrama 1.2-a, por exemplo. Tal pré-disposição é fundamental, pois representa o estopim que promove o motivo ou o denominado elemento precursor de se fazer Inovação, caracterizando-se simplesmente como a atitude de atuação da Inovação.
- Elaboração da Convicção, que representa simplesmente uma prévia relação de causa e efeito, em que já haja a definição da expressividade e funcionamento da Inovação. Estando essas já com uma prévia ou precursora validação técnica-conceitual, que vise exatamente à configuração da convicção quanto à Inovação.
- Por fim, têm-se os atributos do comando e ordenação, a fim de se iniciar todos os trâmites de definição e elaboração efetiva da Inovação.

Assim, dentre esses tópicos expostos à frente da liderança, a regulamentação empática, entretanto, representa um interessante elemento na definição de um líder, por exemplo, ou de uma liderança pontual.

Empatia deriva do grego *páthé*, que implica "estado passivo, sofrimento, mal, doença, dor, aflição"; e com o sufixo "*em*", tem-se o significado daquele que se conecta com o estado de outro. Portanto, havendo empatia (na evolução etimológica), há uma sintonia quanto à identificação entre pessoas e grupos, pois há uma eventual semelhança de alguma característica específica, promovendo a familiarização ou aproximação.

Portanto, uma pessoa empática não necessariamente implica afirmar que tal pessoa seja carismática, por exemplo. Por exemplo, supondo que uma organização tenha um chefe somente, que se demonstra bastante sério e carrancudo, no sentido de pouco afeito às piadas e brincadeiras, esse chefe demonstra um controle emocional exemplar, pois, independentemente de um assunto, uma má notícia (uma falha descabida) ou uma boa notícia (aumento da rentabilidade), não se irrita e se destempera ou se torna imoderado, tratando os assuntos da mesma maneira, com educação, respeito e distinção.

Assim, para os subordinados, claramente se estabelece um sentimento empático, pois sabem que tal chefe os tratará com equidade, mesmo que tragam má notícias, pois consuetudinariamente sentem segurança no trato com essa liderança. E isso independe do fato de tal chefe não demonstrar atitudes carismáticas ou simpáticas.

O elemento chave, ou primordial, portanto, na regulamentação empática de uma determinada liderança, implica o estabelecimento da segurança ("condição ou caráter do que é firme, seguro, sólido, ou daquele com quem se pode contar") e confiança ("crença na probidade moral, na sinceridade, lealdade, competência, discrição etc. de outrem; crédito, fé") entre o comandante e os comandados.

Claro que o carisma pode ser agregado a uma liderança justaposta, uma vez que há sintonização com o entusiasmo e motivação, atuada de uma forma mais ampla ou massificada (maior quantidade de pessoas envolvidas). Por essa razão, há certa necessidade de líderes carismáticos, em posições bastante amplas, como um chefe de governos ou da nação, de um determinado país ou federação. Assim, há uma regulamentação da empatia, para que essa se identifique com as necessidades vigentes, e assim, a liderança consiga transmitir e efetivar os resultados dos comandos ou ordenações.

Explicação das Seções 2.4.1.3 e 2.4.1.4

2.4.2. CONFIGURAÇÕES DA ARGUMENTAÇÃO, EXPLICAÇÃO, CONVENCIMENTO E PERSUASÃO

Argumentação não é por si só a persuasão e (ou), a imposição, a aceitação e o convencimento. A argumentação provém de uma etimologia associada ao "raciocínio lógico, demonstração"; em que, o ato de argumentar significa "provar através do raciocínio", conforme o *Dicionário Houaiss da língua portuguesa.* Portanto, torna-se argumentação a apresentação e demonstração de ideias, fatos, razões lógicas, provas, evidências, estudos, teses ou qualquer forma em que se comprove uma afirmação.

Entretanto, pode existir uma contradição ou desentendimento entre argumentação e convencimento e até com a persuasão. Por essa razão que em muitas situações não se necessita argumentar com a finalidade ou objetivo de convencer e persuadir, e sim simplesmente explicar, que significa o ato de tornar algo claro e inteligível (compreensível).

Assim, há uma desassociação entre argumentação, convencimento e persuasão, a depender da situação, uma vez que se tenha somente o objetivo e finalidade de se explicar ou elucidar. Então, por exemplo, caso haja somente a apresentação e definição de pontos de vista distintos e a demonstração de evidências ou provas; porém, desprovido de uma conclusão ou opinião substanciada. Essas, por si só, já se apresentam como aspectos de convencimento, mesmo que sutis e intermitentes, pois as evidências ou provas podem agregar uma eloquência autossuficiente, para agregar uma conclusão ou entendimento indireta.

Portanto, têm-se as seguintes configurações da argumentação, conjugadas com a explicação, o convencimento e persuasão:

- Para somente explicar algo, basta argumentar, apresentando-se pontos e contrapontos, fatos e comprovações, embasamento histórico e contexto de finalidade e motivação. Não há, assim, prejulgamentos ou conclusões (mesmo que alusivas), em relação aos fatos ou raciocínio apresentados e demonstrados.
- Para convencimento, precisa-se explicar, analisar e concluir, em que haja necessariamente a implicação de opções; e que essas sejam todas também bem explicadas, avaliando-se os prós e contras, propensões, impactos, severidades, contextos e consequências. Dessa forma, cria-se convicção de algo, via o convencimento, e para isso, carece-se de explicações bem argumentadas e análise e conclusões bem fundamentadas em termos de facticidade. Note que o sentido de convencimento não é necessariamente o ato de uma pessoa convencer outra, e sim o ato de autoconvencimento com a informação e formação, acarretando-se a própria convicção. Não é à toa que a raiz dessa palavra tenho o prefixo "co-", aliado ao termo "vencimento", implicando o significado de uma vitória mútua ou compartilhada.
- Já a persuasão é o ato de convencer, com a prevalência de algum ponto de vista, viés, predisposição, preferência retórica ou prática, bem orientada com uma finalidade ou propósito (pretensão). A persuasão implica se levar ou conduzir a uma certeza, o que pela extensão de sentido pode significar em acreditar ou aceitar em relação a algo.

Essas diferenças, a partir dos usos combinados dessas palavras, mostram-se bastante sutis, porém, determinantes quanto ao significado combinatório dessas; ao utilizarmos do ato de persuadir, esse precede o ato de convencer, que por si só precede o ato de explicar e, finalizando, precede-se do ato de argumentar.

Portanto, a persuasão necessariamente precede essas demais palavras, pois quando, por exemplo, é imposta pelo uso da força, uma situação ou algo similar não há convencimento, tampouco argumentação e explicação, somente a imposição.

A argumentação, então, torna-se o elemento principal nos atos de explicação, convencimento e persuasão; a respectiva configuração dessa implica, exatamente, na conjunção de utilização, com as demais palavras, conforme a conveniência e necessidade. Por exemplo, um professor do ensino de anos fundamentais, de início do ciclo letivo, terá a incumbência de explicar bem, pois faz-se ainda necessária a estruturação continuada do conhecimento, para que posteriormente seja apresentado algum agrupamento optativo, para escolha dos alunos. A argumentação, portanto, seria bem pautada e organizada, a fim de apresentar os fatos de maneira ordenada e entendível. Outro professor, de curso superior, já pode apresentar elementos persuasivos (por exemplo, futura empregabilidade), a fim de convencer via uma preleção aqueles alunos que potencialmente venham a se interessar pelo conteúdo da disciplina lecionada, uma vez que essa seja optativa, em relação a outras disciplinas da formação.

Outro exemplo consistiria em uma pessoa ter uma opinião, relativa a um assunto de ordem bastante polêmica e controversa, no âmbito de convivência social. Entretanto, essa mesma pessoa muda ou altera a sua opinião, captando (por iniciativa própria) explicações mais consistentes, compreende os elementos relevantes e os assessórios, quanto à influência de cada um, em relação a um contexto (do assunto); por fim, agrega a si a descrição persuasiva, que a faz efetivamente mudar de opinião.

Assim, com essa conjunção, tem-se a formação de um trâmite de volição, definida pela acepção psicológica, que tange, conforme o *Dicionário Houaiss da língua portuguesa,* à "capacidade, sobre a qual se baseia a conduta consciente, de se decidir por uma certa orientação ou certo tipo de conduta em função de motivadores".

Para fins de Inovação, essa sutileza de combinação se torna fundamental para se seguir ou não com um projeto, ainda conceitual, uma vez que a argumentação pautada, explicativa, convencedora e persuasiva depende, entre outras coisas, de excelentes preparação e fundamentação, configuradas conforme o público e ambiente inerente quanto à deliberação de tal projeto.

Corriqueiramente pode-se confundir o ato de apresentar argumentos com a ação de argumentar. Então, por mais contraditório possa ser, uma frase como "apresentar argumentos não necessariamente é argumentar efetivamente", ou "percebo argumentos, porém, não uma argumentação" significam que um argumento pode assumir a acepção de simplesmente um *raciocínio que conduz à indução ou dedução de algo.* Efetivamente, pode significar uma explanação ou definição de determinado ponto de vista. Entretanto, a argumentação, conforme comentado, necessita explanar o amplo, as contradições (ou o contraditório), denotar uma dicotomia, caso passível, a fim de se avaliar efetivamente os prós e contras, de uma proposta de Inovação.

Assim, por exemplo, caso um vendedor demonstre apenas as vantagens de um determinado produto, está somente apresentando argumentos, sem argumentar efetivamente, pois inevitavelmente tal produto pode apresentar desvantagens de uso (que seriam nada mais que inadequações em relações às necessidades do cliente). E caso tal vendedor apresentasse o contexto completo de adequabilidade do produto para o cliente e, conjuntamente, compreendesse a necessidade específica desse, saberia identificar o modelo de utilidade que permitiria o atendimento das necessidades desse cliente, mesmo que isso implique indicar um produto que não conste no seu portfólio de itens de vendas. Entretanto, tal vendedor efetivaria a argumentação, e não somente apresentaria argumentos, e para tal atitude há virtudes relacionáveis, como fidelização ou indicação de outros clientes, por exatamente entender e atender as necessidades amplas dos clientes.

Outra questão passível de inequidade, ao se tentar argumentar, porém, efetuando-se somente a apresentação de argumentos, implica a generalização. O ato de generalizar se torna bem possivelmente passível de impropriedades, pois acaba-se supondo (ou se estendendo uma suposição ou uma hipótese) que determinada situação ou contexto que haja uma relação de necessidade-ação-consequência e que não condiria em uma outra situação ou contexto que seja específico ou peculiar, porém não obstante de raridade. Disso, decorre-se analogamente a célebre frase "toda regra tem uma exceção". Entretanto, em muitos casos, as regras precisam de uma análise situacional mais detalhada, considerando-se, para isso, uma argumentação efetiva.

Argumentar, portanto, conjugado com os atos de explicar, convencer e persuadir, e; é perceber e avaliar o contexto completo, ou simplesmente o todo, implicado responder com efetividade quaisquer questões que sejam provenientes de pontos de vista contraditórios ou distinto, relacionado a determinado tema, situação ou contexto. Obtendo-se as respostas, em relação as indagações que visem a obter o contraditório (ou relativo às peculiaridades, exceções e especificidades, independentemente da possibilidade de incidência dessas), e então forma-se e se fundamenta o convencimento e a persuasão. Efetivamente, todos ou os principais pontos de vista foram avaliados e atendidos, conforme as necessidades e percepções.

2.4.2.1. Os vieses (influências, tendência geral, modelo padrão, referência e paradigma)

Explicação dos vieses (influências, tendência geral, modelo padrão, referência e paradigma), que se torna de extrema relevância, e por isso, uma exposição diferenciada

2.4.2.2. Ponderação (as implicações, indicações, contraindicações, prós e contras)

A ponderação se torna o elemento central em qualquer ciclo decisório, relacionado ou não com aspectos de Inovação. Entretanto, efetivar uma justaposta ponderação é um ensaio ainda ensejado de efetividade.

A explicação para isso é bastante simples e precede a ponderação, pois envolve exatamente a argumentação completa, modelos de pensamentos com predominância na incredulidade, dificuldades na obtenção de informações assertivas, não entendimento de possíveis consequências futuras, falta ou pouca intelecção e dificuldade em avaliar a relação entre realização versus resultado. Conforme os seguintes diagramas, temos os seguintes exemplos de necessidades explícitas:

- 2.3.1-a-b: entender e compreender todas as informações que cercam e definem a relação de causa e efeito com o princípio de funcionalidade inovador.
- 2.3.3-a: entender o valor de cada consequência, sabendo-se que há circunstâncias de favorecimento e contrariedade para com o objetivo ou efeito principal.
- 2.4-a-b: estabelecer o ciclo originado do ignaro até a intelecção de determinado tema ou contexto.
- 2.4.1.2-a: compreender efetivamente a relação entre realização e resultado, em termos de estabelecer uma estruturação de projeto bem calçada e centrada em ambos os elementos.

Dessa forma, o desafio para uma pessoa ou grupo se torna extremamente maçante e carregado de conceitos, necessidades, demandas, elaborações e realizações. Portanto, ponderar-se em relação a essa tamanha conceitualização se torna facilmente passível de incompletude e inequidade.

Entretanto, a ponderação pode acontecer de forma a impulsionar tais requisitos, efetivando-os qualitativamente a partir de simples e primários enunciados. São esses:

Diagrama 2.4.2.2-a: Definição e Enunciado da Ponderação.

Nota-se, no Diagrama 2.4.2.2-a, que a ponderação se forma como uma sistemática, que implica três grupos de enunciação, formada por questionamentos, também orientando quanto às implicações, contrariedades e favorecimentos. São orientações, pois os três grupos de questionamentos visam à captação das propriedades de: existência de conceitos organizados e de governação (fundamentado pela a aplicação desses conceitos); fontes e obtenção de dados e informações orientadoras e coordenados quanto à fidedignidade e integridade (em que se tenha utilidade, para a respectiva aplicação); e a qualificação e assertividade (validade) dos respectivos conceitos de governação (resultância, em termos de retorno ou resposta obtida), transpondo exatamente pelas implicações, contrariedades e favorecimentos. Isso significa que a ponderação sistemática é aplicável conforme a definição da implicação, a se avaliar, que consiste em quaisquer aspectos, fatos, características, acontecimentos, situações, estudos, análise, projeções, contextos ou algo similar que se possa e se deva ponderar a partir de uma configuração de argumentação e passível de uma decisão. E, assim, os elementos de favorecimento e contrariedade representam somente os pontos/contrapontos ou argumentos/contra-argumentos a se ponderar (considerar em termos qualitativo e quantitativo) quanto à deliberação de uma decisão (Diagrama 2.1-a).

Assim, entre esses três grupos de questionamentos pode ocorrer inaplicabilidade de alguma pergunta, dependendo da implicação. Entretanto, a ponderação sistemática visa a uma completude de todos os conceitos orientativos apresentados, ao longo dos capítulos já explanados.

Por essa razão, a ponderação pode também apenas servir como ponto de checagem de validação de todos os trâmites anteriores, considerando-se a elaboração (a aplicação, a utilidade) e a realização (resultante).

Assim, em termos práticos a relevância da ponderação visa identificar de forma clara, sucinta, objetiva, fidedigna, íntegra e direta o que agrega em favorecimento, e, opostamente, o que se desagrega como contrariedade, para uma implicação de trâmite completo de definição, obtenção e decisão quanto à Inovação.

O questionário triplo, conforme Diagrama 2.4.2.2-a, no formato de triângulo, entre as implicações, contrariedades e favorecimentos, visa essencialmente subsidiar com os atributos da aplicabilidade, utilidade e resultância a obtenção dos dados que representam, expressam e demostram o favorecimento e a contrariedade, conforme a implicação do propósito de Inovação.

Por fim, a qualificação da ponderação sistemática poderá ser medida e atribuída, pela qualidade das respostas obtidas, considerando-se que os questionamentos visam respostas binárias, como sim e não. Entretanto, considerando-se a necessidade de validação e integridade da obtenção desses ("sim e não"), eventualmente ocorre uma resposta parcial ou potencial, em que não há absoluta convicção tanto de um sim como de um não. Assim, na prática, a qualificação da ponderação, de forma linear, definir-se-á pela situação entre o questionário totalmente respondido de forma fidedigna e o totalmente incompleto.

Portanto, obtendo-se uma ponderação na ordem de 90% a 80% de completude (íntegra e fidedigna), pode-se afirmar que essa é extremamente válida quanto à acurácia e qualidade das respostas, sejam essas quais forem (mérito da resposta). Também, o inverso, obtendo-se a qualificação da ponderação abaixo de 40%, pode-se constatar que uma decisão futura é implicada em incertezas de difícil mensuração e compreensão, por simples falta de informações e análises que subsidiem a ponderação final.

Na Seção 2.7.4, o tema da Ponderação será também contextualizado, como forma de validação ampla, envolvendo tanto a elaboração como a realização, via os resultados e conclusões, proveniente da avaliação de viabilidade da Inovação.

2.4.2.3. Enunciado, perguntas e perguntas-invertidas

Explicação do enunciado, perguntas e perguntas-invertidas (Diagrama 2.4.2.3-a) e o exemplo do advento do micro-ondas

2.4.2.4. O dilema e o paradoxo

Evidente que existe a possibilidade objetiva de não conseguir formar uma configuração argumentativa concisa, factível, ampla, convincente e persuasiva.

Isso acontece quando não há a consumação da argumentação, representada fundamentalmente por não atender (em termos de explicação, convencimento e persuasão) todos os pontos de vista inseridos ou participáveis, em relação ao contexto do tema ou assunto vigente.

Tal situação, de não atendimento, pode ocasionalmente se enquadrar ou se definir em um contexto de dilema, supondo que todo o trâmite quanto à configuração da argumentação tenha ocorrido, como tentativa, e que todas as possibilidades de conciliação e concordância (a ver na Seção 4.6) foram ao menos efetuados, mesmo que inefetivos.

Um dilema pode ocorrer tranquilamente, e claramente o vivenciamos constantemente, em diversos temas e assuntos. Inevitavelmente, como exemplo, hás os assuntos que envolvem a continuidade da vida, reproduzíveis em temas de aborto induzido, eutanásia e pena de morte. Tais temas, nesse contexto de exemplo, implicam dilema, pois, existindo diversos argumentos, a argumentação efetiva não ocorre, por exatamente não existir consenso ou conciliação quanto à concordância conjugada, via os diversos pontos de vista, quanto aos argumentos e contra-argumentos apresentados, atreláveis em situações práticas e realizáveis.

Assim, o dilema se define, por extensão de sentido, na "*necessidade de escolher entre duas saídas contraditórias e igualmente insatisfatórias*", conforme o *Dicionário Houaiss da língua portuguesa*. Portanto, há o contexto de simplesmente inviabilizar uma argumentação plena, e, então, incorrendo na contradição ou situações paradoxais, em que qualquer decisão não implique no atendimento satisfatório das demandas ou necessidades, decorrentes dos pontos de vista inseridos na complexidade do tema.

Para assuntos relacionados à Inovação, o contexto de dilema e paradoxo pode ocorrer, pois, por mais tecnicidade se almeje ter, no trato avaliativo da Inovação, paradoxalmente não há certeza ou garantia que tecnicamente se considere todos os aspectos (por exemplo a ocorrência de variáveis de previsão e efeito incertos, possibilidades com probabilidades pequenas, combinações de eventos via reações em cadeia etc.) passíveis de acontecimento ou efetivação. Por essa razão, o ciclo ignaro-intelecção quanto ao tema pertinente à situação em disseção e complexado em contexto de Inovação deve necessariamente ser utilizado de forma contundente e em plenitude, mesmo que isso implique situação trabalhosa e difícil. Caso exista ou se contextualize uma situação de dilema-paradoxo, pode-se concisamente a configurar, após exaustiva compreensão do tema, inclusive o alinhado com os diversos pontos de vistas inseridos e participantes.

Dessa forma, complementando o Diagrama 2.4-b: visão holística da formação da intelecção em relação a um tema decisório, há a seguir a inserção do ciclo epistemológico, como alusão à formação do conhecimento e trato desse, via a inteligência, como predecessor da identificação efetiva do contexto dilema-paradoxo; conforme:

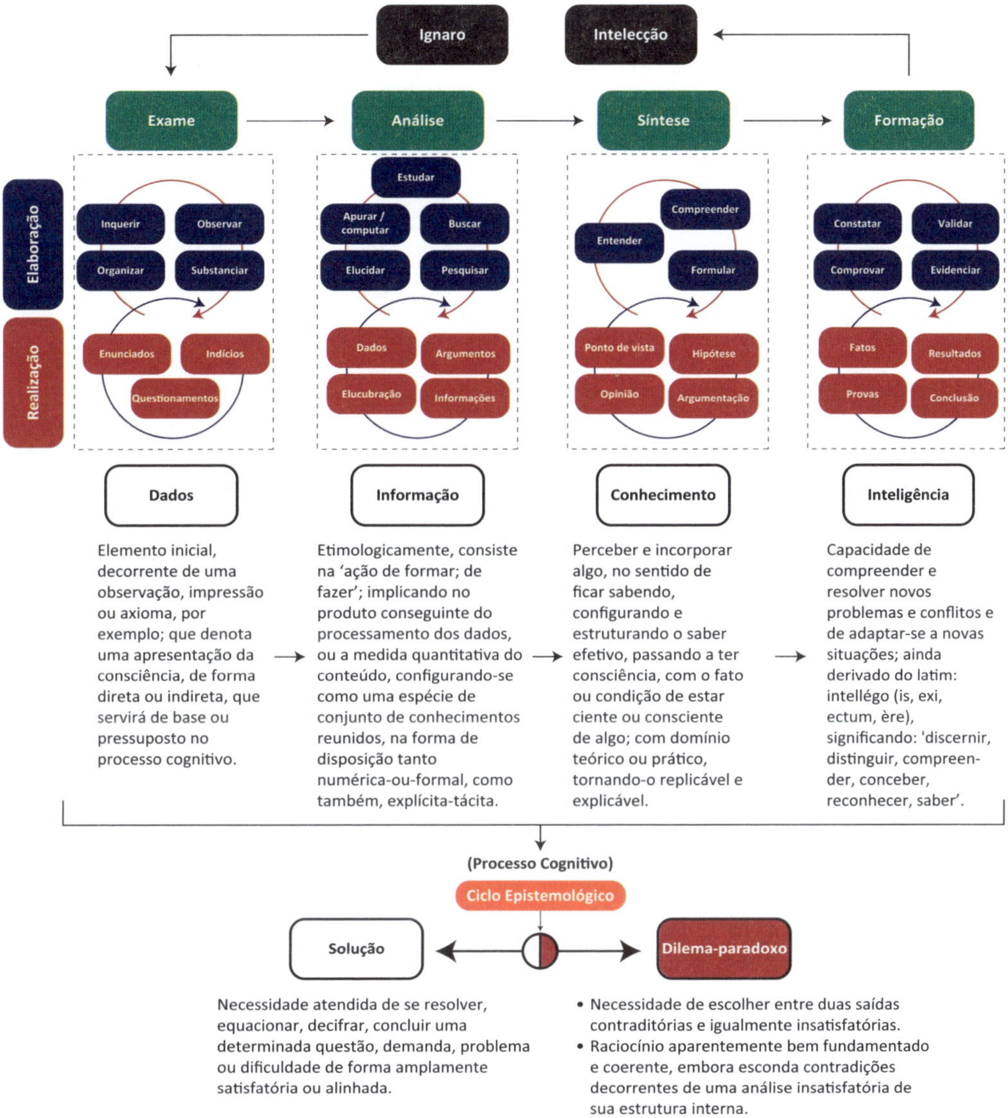

Diagrama 2.4.2.4-a: Ciclo do conhecimento, como intersecção para a obtenção inconteste de um dilema-paradoxo.

Independentemente da questão de alinhamento e atendimento das demandas de eventuais díspares pontos de vista, o Diagrama 2.4.2.4-a pode tranquilamente exemplificar questões de não obtenção satisfatória, quanto a temas de pesquisa e desenvolvimento, ainda, em gênese da definição da expressividade e funcionamento da Inovação, pois a denominada tecnicidade é imperativa e prevalecida, uma vez que, ao se referenciar a epistemologia, por extensão e compreensão de sentido, intercala-se com o ciclo decorrente do método científico (Diagrama 1.2-a), associável com o estabelecimento da Inovação. Portanto, trata-se do uso aplicável da epistemologia, na forma da interferência do conhecimento, para se determinar ou gerar Inovação prática e aprimorar continuadamente tal conhecimento, com uma constatação prática de utilização desse, via a denominação de determinada Inovação.

O dilema e paradoxo intercorrem ao precisamente não se apurar ou aprimorar o conhecimento em uma situação prática e inovadora. Por exemplo, a teoria relativista preconiza, mesmo que indiretamente, a possibilidade de uma viagem no tempo cronológico; entretanto, há o dilema dessa possibilidade, exatamente por não a conseguir, em termos efetivos e práticos (escolhas insatisfatórias, entre determinar a teoria em termos práticos). Uma Inovação, inconteste, seria obter tal recurso. Entretanto, sendo essa possibilidade ainda concernente em uma teoria, há também o paradoxo de se afirmar com certeza se tal teoria é correta, e, portanto, factível e praticável, tornando-se uma lei ou regra. Assim, tal tema permanece no limbo (estado de indecisão) ou meio-termo entre solução e dilema-paradoxo (conforme o Diagrama 2.4.2.4-a), pois o ciclo do conhecimento (tanto epistemológico como científico) não se concluíra.

Portanto, o dilema entre se identificar de antemão que uma disposição projetada e conceitual, quanto à definição e obtenção de uma Inovação, seja prática e factível (satisfatória) ou não, e mesmo que a praticidade seja insatisfatória ou inadequada, por exemplo, a obtenção (realização) será tratada a partir da Seção 2.6, com o advento da definição da incerteza, tendo o dilema-paradoxo e a solução como possibilidades contínuas, no trâmite de procura da efetivação da Inovação, até sua conclusão.

2.5. ANÁLISE DA RELEVÂNCIA (PRIMÁRIA E SECUNDÁRIA) E SELETIVIDADE DOS ASPECTOS CONSIDERÁVEIS

Curiosamente, ao se avaliar a composição química a partir somente da formulação dos elementos de um frasco de perfume, constata-se que o elemento "essência", que é o responsável diretamente pela fragrância, representa algo entre 15% e 30% de todo o volume do frasco de perfume. Os outros elementos compreendem, por exemplo, composto de fixação da fragrância na pele, composto evaporatório, composto estabilizante, entre outros.

Isso denota, de forma bem prévia e singela, que a relevância do valor da essência, em relação aos demais compostos, não é diretamente associada ou atrelada ao volume. E esse valor, que seria uma mensuração dessa relevância, a partir de alguma grandeza de escala, representada por uma unidade de medida; para o perfume, torna-se bastante complexa e intrigante.

Imagine uma situação hipotética, em que uma nova marca, proveniente de uma empresa ou organização industrial (que não atuava anteriormente no mercado de fragrâncias), será constituída e introduzirá um novo produto para comercialização e concorrência no mercado de fragrâncias, bastante concorrido e segmentando. Qual seria, nisso, a relevância do composto da fragrância, representado pela essência? Quanto de valor tal essência teria?

Claro que responder essas duas simples questões demanda bastante informações e interações de dados a se entender. Pois, faz-se necessário saber em que segmento essa fragrância iria concorrer, a relação de preço com o volume de vendas e o quanto de atratividade esse novo produto teria. Também faz-se necessário compreender os montantes financeiros de investimento, e por quais razões principais tal investimento ocorreria, em relação à expectativa de retorno.

Assim, a mesma situação hipotética pode ocorrer no lançamento de um novo rótulo de vinho tinto. Entretanto, diferentemente do exemplo da fragrância, a organização empresarial responsável por isso já atua no mercado de bebidas como produtora. A intenção primordial é se utilizar um tipo de uva, não cultivada anteriormente na vinícola, a fim de complementar a carteira ou portfólio de rótulos já existentes, agregando-se maiores possibilidades de degustação e harmonização aos clientes. Qual seria, então, o valor do elemento essencial (tipo de uva) desse novo rótulo?

Em ambos os exemplos, do perfume e do vinho, observa-se que há elementos que são de extrema relevância, como a essência e o tipo de uva, e que, conjuntamente, uma série de outros elementos apresentam relevância inerente, talvez não primária, porém, de extrema importância, como a relação de investimento *versus* retorno do perfume e o motivo de se produzir um novo rótulo de vinho. Há também outros atributos, que apresentam aspectos consideráveis, em torno de todo o complexo contexto de preparação desses produtos, como o componente álcool, para a fragrância, e a garrafa, para o vinho.

Assim, para o exemplo do vinho, toda a operação produtiva de plantação, cultivo, preparação, envase e distribuição desse novo rótulo não seria dificultosa, pois essa operação já existe para outros rótulos, existindo nisso uma adaptação e adequação.

Para o exemplo do perfume, toda uma nova operação seria implementada, tornando todo o processo novo para a empresa. Entretanto, essa situação já era prevista, e se têm diversos dados e projeções que demonstram a viabilidade dessa empreitada, uma vez que se imagina uma correta demanda desse produto, devido a algum motivo de estudo mercadológico.

Assim, a partir dessa celeuma de exemplos e casos, a primeira disposição a se atuar, consiste, para fins de Inovação, em entender a melhor maneira de se identificar os elementos de relevância primária, secundária e terciária e os aspectos consideráveis. Sendo-os:

Elementos Relevantes:

- Primários:

  São elementos denominados, jocosamente e com pleonasmo, "fundamentalmente essenciais", sem eles simplesmente não há elaboração, tampouco realização, de algum feito inovador ou de trabalho (atividade, ação). Essa situação é imutável, pois efetivamente qualifica o ato ou coisa, configurando-a e a caracterizando propriamente, ou a definindo como único (próprio de si).

Há a analogia com os órgãos humanos essenciais, como cérebro, coração e pulmão (sem eles não há vida), ao contrário do baço, por exemplo, que após a infância pode-se viver sem.

São primários, pois além de serem elementos essenciais, de relevância total, são os que formam, caracterizam e definem o contexto, que acaba por existir, tendo, assim, a função de protagonista, provedor ou progenitor de algo ou de algum fato ou acontecimento.

Raramente há um único elemento como de relevância primária, porém, não é impossível. O mais comum é que haja um grupo de elementos que se tornem primários ou essenciais quanto à relevância.

- Secundários/Terciários:

Esses elementos, numa escala de medida de valor, estariam abaixo dos primários, não representando a relevância total, que caracteriza o contexto.

Por exemplo, utilizando-se novamente a analogia com os órgãos humanos, uma pessoa que não possua mais os dois olhos e, portanto, a visão, continua a viver; porém, desprovido de órgãos de extrema relevância, uma vez que o ser humano é um animal bastante dependente do sentido e interação visual, no meio ambiente que o cerca.

Aspectos consideráveis:

- São elementos que a partir de alguma característica ou detalhe (qualitativo ou quantitativo), com base nas circunstâncias e configuração do contexto, apresentam relevância de tal modo que devam ser considerados, por exatamente apresentarem alguma influência significativa no trâmite de Inovação, que tange ao projeto, produto, processo e produção.
- Não são elementos relevantes por mera questão de semântica, uma vez que está implícita sua variação, podendo-se assim ser alterada essa consideração (quanto à relevância), conforme outras características ou aspectos inerentes ao contexto e circunstâncias, também proporcionalmente, modifiquem-se.
- Por exemplo, ao se imprimir o rótulo de um vinho, deve-se garantir que seja afixado nas garrafas adequadamente. Caso isso não ocorra, a qualidade e a preservação do vinho permanecem exatamente as mesmas; entretanto, em termos de distribuição e comercialização, tal equívoco seria bastante considerável, com implicações de ordem operacional e financeira.

Os Diagramas 1.2.2-a-b (princípio de funcionalidade) e 2.4.1.2-a (grandezas de valores quanto à Realização *versus* o Resultado) auxiliam bastante para fins da definição quanto à seleção dos elementos relevantes e os aspectos consideráveis, uma vez que a análise de seleção desses elementos pode não ser tão simples e trivial, dependo da complexidade da situação observada.

Desses, a definição do princípio de funcionalidade é a que determina de forma mais explícita a caracterização dos elementos quanto à relevância; conjuntamente, a compreensão de o quanto se necessita para realizar ou efetivar, em termos de recursos, comparada em termos relativos com o resultado pretendido ou projetado, define a caracterização dos aspectos consideráveis.

Nos exemplos da fragrância e do vinho, os elementos de relevância primária seriam, respectivamente, a essência da fragrância e o buquê do vinho; essas, essencialmente, definem a qualidade desses produtos, uma vez que essa definição remete ao que tais produtos representam ou se tornam, para com aqueles que o usam. Assim, caso o perfume se mostre válido (a fragrância ser representativa, boa, agradável, coerente com o custo, tornando-a válida ao uso repetido), a pessoa que o utiliza pode comprar novamente; e o vinho, mostrando-se válido também (a partir da qualidade que propõe, já se considerando regras e classificações enólogas), tem-se assim a respectiva caracterização, com o potencial de comercialização, também não se limitando a esses elementos, pois outro elemento relevante primário pode ser a embalagem (frasco) e o local de origem da produção, do perfume e do vinho, respectivamente.

Outros elementos relevantes, porém de ordem ou classificação secundária, podem ser as ações mercadológicas do perfume para fins de exposição e demonstração, tornando-o conhecido e acessível, atrelado ainda à estratégica de mercado, a partir da definição de um preço de venda (mesmo que inicial), em consideração ao público-alvo pretendido. Para o vinho, pode ser a tradição que a respectiva produtora já possui em relação a outras variedades de uvas utilizadas, qualificando-o assim, por associação.

Tem-se assim:

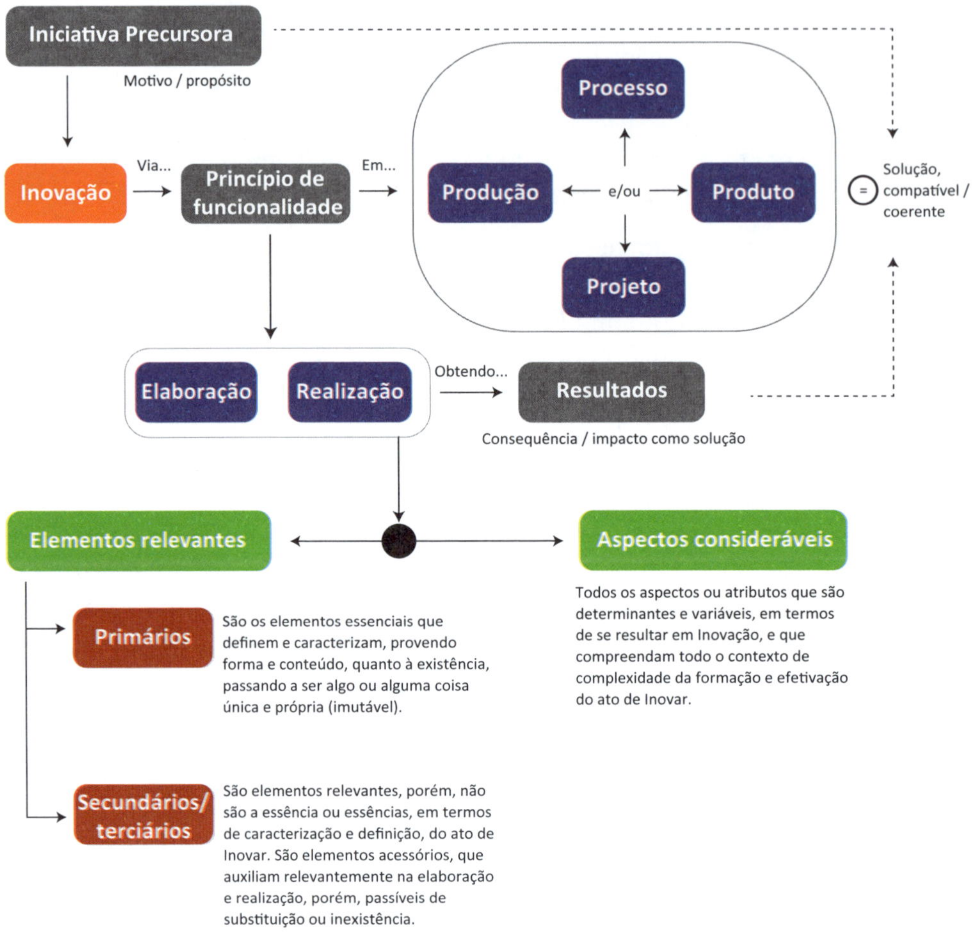

Diagrama 2.5-a: Definições dos Elementos Relevantes e Aspectos Consideráveis.

Nota-se que basicamente há um destroncamento ou desmembramento das informações e dados, com uma respectiva catalogação ou categorização, via a caracterização da relevância ou importância. Esse desmembramento, na prática, significa a apuração da informação geral, implicando exame cuidadoso, averiguação, investigação das causas raízes, em que se tenha simplesmente uma forma que se faça possível comparar e classificar quanto à importância de todo entroncamento de dados, informações, situações, contexto e circunstâncias que envolvem determinado tema, em análise quanto à Inovação.

Retornando ao questionamento inicial deste capítulo, da determinação do valor direcionado aos exemplos da fragrância e do vinho, porém, factíveis de extensão de sentido e significado a qualquer outra situação de elaboração e realização da Inovação, o valor se torna proporcional ao impacto e consequência, em que a solução inovadora se proponha.

No exemplo do perfume, caso um trâmite de elaboração e realização da essência perfumadora consiste em criatividade, inventividade e originalidade, obtém-se o valor em proporcionalidade ao que isso pode representar em termos de solução, que hipoteticamente poderia representar uma vasta nova ordem de elaboração de fragrâncias, agitando bastante o mercado atual, independentemente da segmentação.

Esse valor seria transmuto ou traduzido em alto volume de unidades vendidas e, portanto, obtendo valor financeiro proporcional aos que investiram nessa empreitada.

Outra hipótese seria somente uma estratégia da organização em diversificar os mercados de atuação, em especial atenção para estar em mercados que demonstram uma constante demanda, sem sofrer severas alterações dessa, com uma série histórica estaticamente identificada.

Isso significaria que o retorno do investimento ocorrerá em um longuíssimo prazo, e a intenção fundamental ou essencial é promover uma geração de caixa em que variações de demandas bruscas não ocorram.

O valor disso seria proporcional à solução proposta, que seria agregar maior estabilidade na obtenção de receitas operacionais.

Para o exemplo do vinho, o valor gerado ou agregado com impacto da solução seria em decorrência de demonstrar que a vinícola é uma organização que equilibra bem qualidade e quantidade, em termos de volume de unidades e variedade do mesmo produto, tornando sua reputação e atratividade representativas no cenário de concorrência que esteja inserida.

Assim, a seletividade dos elementos relevantes e dos aspectos consideráveis é determinável, ou em função, do valor que se pretende obter como solução.

Esse preceito é extremamente válido, pois visa à obtenção de Inovação, diante de uma solução pretendida, sendo os valores mensuráveis, entre solução e Inovação, totalmente relacionáveis.

Portanto, independentemente de a Inovação ser proveniente de uma descoberta ou de uma proposta projetada e estudada (iniciativa precursora), a análise da relevância e dos aspectos consideráveis deve ocorrer em total sinergia conceitual e prática, a fim de se ter a coerência e congruência dos resultados, em relação ao que se precisa ou necessita, conforme explicitado no Diagrama 2.5-a.

2.6. INCERTEZAS, PERSPICÁCIA, DIAGNÓSTICO, RECEITUÁRIO E PROGNÓSTICO

Um dos elementos de maior dificuldade quanto à definição, identificação, mensuração e projeção é a incerteza, relacionada com o que se almeja ou se identifica como situação futura.

A incerteza seria uma forma de se identificar o quanto há de acurácia, na definição de uma situação futura, em que dados são simulados e diferidos, conforme parâmetros e variáveis de cálculo ou projeção. Torna-se, assim, uma medida de valor quanto à precisão ou exatidão da modelagem de situações futuras, transpostas, tal modelagem, em estudos, previsão probabilística de cenários, testes estatísticos de hipóteses, estimativas, projeções ou simples planos ou planejamentos.

Como se trata de projeção, sempre há implícito dois aspectos relevantes. Um é inerente à acurácia, fidedignidade, completude, identificação e definição dos parâmetros variáveis e do racional de cálculo, relativo à projeção ou estimativa da situação futura, em que se faltou uma premissa ou preposição ou não se considerou determinada variável, por exemplo. Outro aspecto relevante refere-se à variabilidade inerente à projeção e estimativa, pois alguma premissa pode ter sido bem definida, por exemplo; entretanto, o valor alvo ou objetivado simplesmente não acontece devido à ocorrência (rara, de baixa probabilidade e de difícil detecção) de um contexto ou conjectura (por exemplo, com alta severidade) que, consequentemente, atribui um valor real não desejado.

Assim, qualquer definição de situações futuras respeita dois preceitos inerentes à incerteza:

- Acurácia dos valores, tanto calculados (como projeção) como medidos;
- Variabilidade (estocástica) de acontecimentos futuros.

Então, o termo incerteza agrega uma dualidade, como vertentes, em que, primeiro, há a simples falta da constatação e segurança de que os valores (via cálculos ou medição) estejam corretos e adequadamente bem fundamentados; segundo, que seja o cenário ou situação futura imbuído ou ensejado de uma variação própria, de tal maneira que seja possível e provável que situações ou acontecimentos distintos (ou simplesmente diferentes, a partir por exemplo, da avaliação numa escala de grandeza de valor) ocorram.

Dessa forma, tem-se, no Diagrama 2.6-a, a inter-relação entre o trâmite da definição e formatação do valor, em relação à Inovação, e como a incerteza está inserida nesse processo, observando-se as duas vertentes de definição:

Diagrama 2.6-a: Incidência das Incertezas.

No Diagrama 2.6-a, tem-se que a partir de uma demanda ou problema a Inovação é o elo de convergência para solucionar determinado problema ou necessidade. A partir dessa simples triangulação, pode-se definir o valor como uma função atrelada com a relevância ou importância dessa solução, uma vez que o problema ou demanda seriam definidos a partir exatamente de uma necessidade, ou um interesse ou uma importância. Dessa forma, o solucionar agrega o valor correspondente com tal importância, acrescido do que foi necessário, em termos de elaboração e realização, para se obter esse resultado como uma solução de um problema ou demanda correspondente.

Esse valor é mensurável, muito usualmente, via grandezas monetárias, pois a relação entre demanda e solução implica algumas possibilidades passíveis de medição, como redução de custos de algum processo, ou como a remuneração a partir de um novo produto que inaugure um novo mercado.

As incertezas, portanto, estão sinalizadas tanto na propriedade da precisão como também da fidedignidade, em que:

- A solução de fato atenda completamente aos requisitos decorrentes do problema ou demanda, demonstrando-se resolver ou atender a completude do que se necessita ou precise;
- Os valores mensurados reflitam fidedignamente as consequências ou efeitos da solução.

Assim, considerando-se as duas vertentes da incerteza (acurácia e variabilidade), em situações práticas, destinam-se a saber o quanto e como o valor seja definido, para fins de Inovação.

Entretanto, o Diagrama 2.6-a é atemporal, não sinalizando qualquer indício de situação atual (ou real), em relação a uma ou mais situações futuras. Dessa forma, complementa-o da seguinte forma:

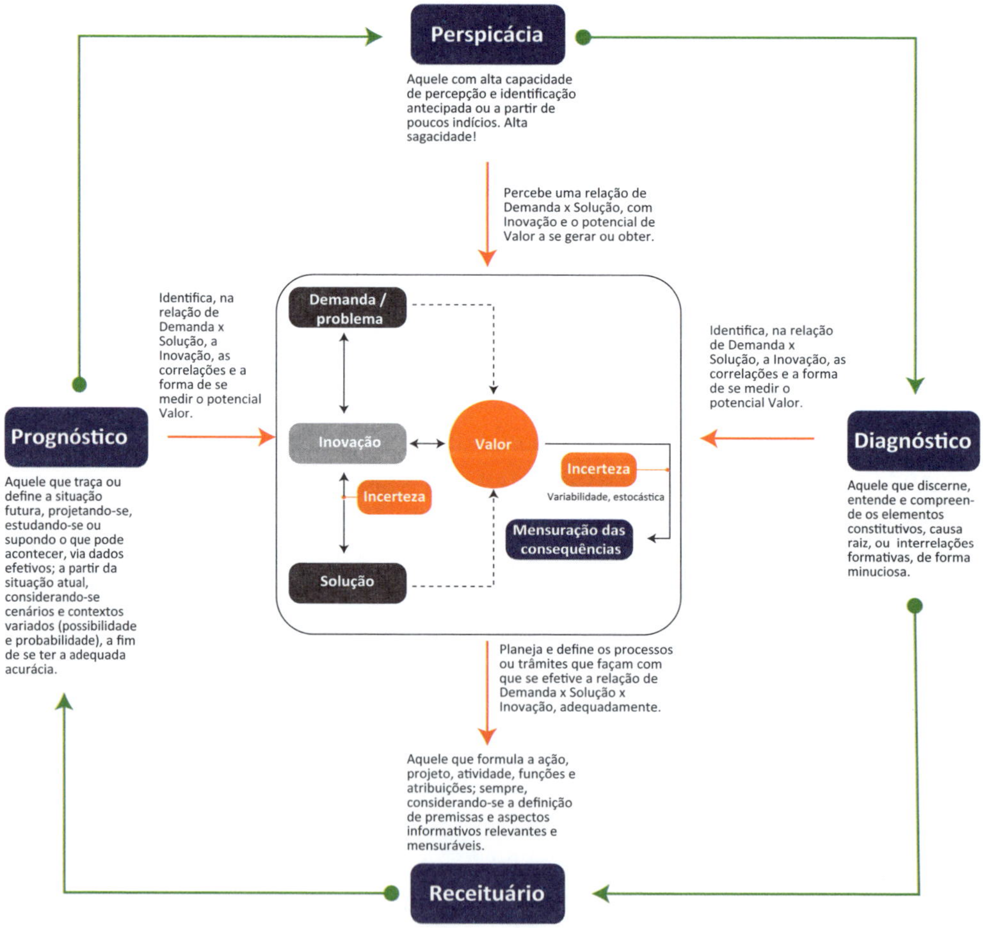

Diagrama 2.6-b: Temporalidade da Incidência das Incertezas, via perspicácia, diagnóstico, receituário e prognóstico.

Nota-se, no Diagrama 2.6-b, além do uso resumido do Diagrama 2.6-a, a adoção de um fluxo contínuo em que se define a Perspicácia, o diagnóstico, o receituário e o prognóstico, como alusões de um estudo ou análise, no contexto de situação atual ou no presente, em relação a uma ou mais situações futuras, via estabelecimento de cenários futuros, estimativas, análises probabilísticas, testes de hipóteses, elucubrações, suposições e projeções.

Explicação detalhada do Diagrama 2.6-b, apresentando os Diagramas 2.6-c e 2.6-d; como também as teorias relacionadas à Incerteza

2.7. EXAMES, ANÁLISES E ENGENDRAMENTOS (SÍNTESES)

Ao longo deste trabalho, muito se utilizou as palavras exames, análises e sínteses. Suas etimologias são bastante diretas, obtendo-se acepções bastante claras, no sentido de caracterizar a "ação de pensar" para a palavra exame, por exemplo, e estabelecer "método de resolução", para a palavra análise; por fim, para a palavra síntese, tem-se em efetuar "mistura, composição" de diferentes elementos, para os compor ou os fundir em um novo elemento, decorrente e coerente. Assim, após as explanações dos capítulos (e seções) referenciados a seguir, o uso sistemático dessas palavras é amplamente aplicado e citado, por exemplo:

- 2.4. Intelecção e Interlocução - Ponto de Vista, Opinião e Argumentação (relações entre pessoas – liderança e equipe – presunção, suposição, análise e comprovação);
- 2.4.1. Modelos e Configurações do Pensamento (pessoal e coletivo) e Mentalidade;
- 2.4.1.1. Percepção, preposição (In)formativa e discernimento (propriedades e mudanças continuadas);
- 2.4.1.2. Idiossincrasia, seletividade e coletividade;
- 2.4.1.3. Autoridade ou ação impositiva;
- 2.4.1.4. A eloquência, a comunicação, a influência;
- 2.4.2. Configurações da argumentação, da persuasão e o convencimento;
- 2.4.2.1. Os vieses (influências, tendência geral, modelo padrão, referência e paradigma);
- 2.4.2.2. Ponderação (as implicações, indicações, contraindicações, prós e contras);
- 2.4.2.3. Enunciado, perguntas e perguntas invertidas;

- 2.5. Análise da relevância (primária e secundárias) e seletividade dos aspectos consideráveis;
- 2.6. Perspicácia, diagnóstico, receituário e prognóstico.

Portanto, tem-se todo um explanado referente à capacidade de razão, entendimento e compreensão do contexto, em que a Inovação esteja envolvida, para que não haja a predominância de suposições, elucubrações, presunções ou assunções, em relação a uma determinação e obtenção do argumento, de forma concisa e pautável pela intelecção, para fins de decisão, procedida exatamente por uma série de exames, análise e síntese quanto à definição e obtenção de uma Inovação específica.

Porém, assim como exposto na Seção 2.5, faz-se importante destacar que exames e análises não são essencialmente os elementos de relevância primária, ou os que caracterizam a Inovação em si. São, claro, elementos de relevância, porém, a partir de uma escala secundária, por exatamente, agregam suporte e sustentação, via fundamentação de um elemento primário.

Já a acepção da palavra engendramento, derivada do ato de engendrar, caracteriza-se pela etimologia de "implantar, produzir", que significaria: "dar existência; formar; gerar; surgir praticamente do nada; criar; conceber na imaginação; engenhar; imaginar; inventar", conforme o *Dicionário Houaiss da língua portuguesa*. Estando, então, o engendramento muito correlato com a síntese, no sentido de conceber, criar ou estabelecer, via a elaboração e realização, a Inovação.

Assim, referenciando novamente o Capítulo 1, são tratados o princípio de funcionalidade e a teia de conexão da relação de causas e efeitos, especificamente como definir e obter a Inovação, sendo:

- 1.2.1. As cinco etapas, a expressividade e o funcionamento da Inovação;
- 1.2.2. Princípio de Funcionalidade da Inovação;
- 1.2.2.1. Visão ampla, específica e irrestrita;
- 1.2.3. Teia de conexões de causas e efeitos (identificação da correlação para a Inovação).

Os atos de engendrar e sintetizar são, assim, os elementos primários em termos de relevância para se obter a Inovação. É o ato nascedouro, por assim afirmar, pois a partir da imaginação ou deslumbramento de uma ideação solucionadora, ter-se-á todo o desdobramento conceitual, a fim exatamente de definir essa ideia como inovadora, e posteriormente, ocorrerá suas definições de obtenção.

Dessa forma, como tutorial, engendrar e sintetizar é bastante alusivamente referenciado nos Diagramas 1.1-b-d, 1.2-a, 1.2.2-a-b-c, 1.2.2.1-a-b, 1.2.3-a, a partir das expressividades, que visam exatamente a ilustrar a composição formativa dos conceitos que, primordialmente, auxiliam na definição ampla da Inovação, principalmente na definição com a aplicação do surgimento de uma solução, para com algo que se tenha vasta necessidade ou demanda.

Apesar de esses preceitos de definição já serem explanados no decorrer de parte do Capítulo 1, vale a menção novamente, após relevante conteúdo transcrito neste capítulo, pela simples necessidade de que o valor gerado, a partir de uma proposta de solução, em consonância com uma demanda, será tão facilmente argumentado, conforme sua configuração, devido à propriedade e atributo especial da novidade, inerte na caracterização bastante clara e objetiva de criatividade, inventividade e originalidade. Dessa forma, os trabalhos de análise e exames se atribuem em fomentar a capacidade de efetivação e exequibilidade quanto à obtenção desse valor.

Sintetizar e engendrar representarão a forma coordenada de que o primeiro compõe e forma um conceito ou algo novo, e o segundo estabelece essa novidade conforme um contexto organizado, produzindo-o, permeando a criação e invenção com originalidade.

O Diagrama 2.7-a tenta explanar essa conjunção de ambas as palavras, uma vez que sintetizar significará, conforme um simples exemplo de construção de uma parede de tijolos aparentes, a mistura de cores de tijolos distintos, a fim que a parede seja agregada com um aspecto visual inusitado, demonstrando-a como originalmente representativa, em termos de sinalização de uma mensagem ou expressão artística abstrata, por exemplo. O engendrar significará, então, criar ou formar tal parede efetivamente (a partir dessa síntese, que é a mesclagem de cores dos tijolos), usando-se de arranjos distintos, concebendo ou imaginando as formas, a partir do típico ordenamento construtivo de uma parede dessa característica, em que formas novas e eventuais letras são criadas decorrentes dessa organização ou ordenação dos tijolos, que se demonstrará a partir da coloração distinta e sobreposta.

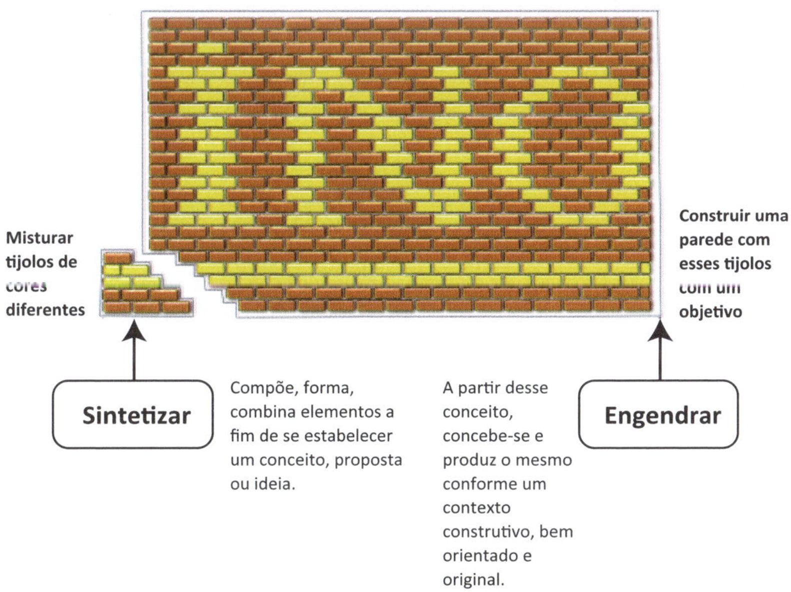

Diagrama 2.7-a: Representação da coerência entre sintetizar e engendrar.

2.7.1. EXAME DO RACIOCÍNIO

Recordando o exemplo do forno de micro-ondas (Seção 2.4.2.3): em meados da década de 1940, identificou-se o uso de micro-ondas como uma forma de cozimento de alimentos, e o primeiro produto apresentava uma orientação de utilização bastante distinta ao que se observa desse mesmo aparelho atualmente. O primeiro modelo apresentava dimensões grandes, ocupando mais espaço que uma geladeira, por exemplo, e tendo a necessidade de fornecimento de água, além de uma fonte elétrica.

Assim, imagine definir um equipamento dessa forma, a partir dessa complexidade, em que o uso do *magnetron* de cavidade para gerar micro-ondas, e assim, efetuar o cozimento de alimentos, é provido ou procedido de uma série de outros componentes, a fim de sustentar o respectivo funcionamento, compreendendo até um subsistema interno de arrefecimento. Dessa forma, e devido a essa caracterização, parece bastante palpável que realmente o primeiro produto se destinasse ao mercado profissional de culinária, para clientes como restaurantes e hotéis.

Imagine-se também a obtenção da primeira amostra ou protótipo do zíper, conforme já bastante elucidado nas Seções 1.2.1 e 2.4.1.3, em que possivelmente se fez necessária uma atividade de artesão ou alta habilidade manual para se fazer os diversos dentes de encaixe, e o cursor, que também possivelmente eram provenientes de ligas metálicas. Assim, pode-se supor que não foi tarefa das mais simples elaborar as primeiras peças e, potencialmente, isso deve ter sido forma de realimentar o entendimento quanto à definição e obtenção do melhor princípio de funcionalidade.

O exame do raciocínio, portanto, consiste em obter a intelecção (Seção 2.4, no início) referente a todos os possíveis trâmites e processos relativos e inerentes para se obter a Inovação, com a constituição efetiva do respectivo princípio de funcionalidade.

Para isso, faz-se necessário apurar o sentido e significado do termo sequencialidade, especificamente no que tange à elaboração e realização de projetos de Inovação. Imagina-se a sequencialidade somente como o encadeamento lógico de uma série ou grupo de atividades, etapas ou ações, em que se faz necessária a aplicação do significado de predecessor e sucessor, a partir de uma ordem ou orientação fundamentada, para que exatamente se tenha a sequência factível (e, portanto, lógica) de realização de tais atividades e ações. Assim, por exemplo, de forma bem simples, para se chegar de elevador ao último andar de um determinado prédio, faz-se necessário invariavelmente que se passe, mesmo sem parar, em todos os andares precedentes ao último. Isso vale ao se exemplificar a subida de uma longa sequência de degraus de uma escada, pois, de forma irredutível, não se pode trasladar ou pular do primeiro degrau até o último sem que se deva passar por todos os degraus intermediários. Vale, nesse exemplo da escada, a propriedade de valorizar o processo tanto como o produto final, em que haja profusão, sintonia e sincronismo entre elaboração, realização e resultantes.

Assim, dessa forma, um projeto de Inovação terá uma sequencialidade a se definir, e posteriormente a se validar, a fim de definir e demonstrar o funcionamento efetivo, a partir da concepção do princípio de funcionalidade.

Assim, têm-se duas derivadas da palavra função, em que a funcionalidade significa a propriedade de proporcionar efeito e valor, a partir da relevância ou importância de algo que funciona ou que é funcional (é prático, útil e exerce uma determinada função); e o funcionamento significa simplesmente o ato de funcionar, em que há, assim, a descrição de como operativamente esse mesmo algo funciona efetivamente ou de forma (meio) prático.

Então, um princípio de funcionalidade carece proporcionalmente de uma descrição de funcionamento. Denota isso uma aparente redundância, entretanto, o conceito direciona em que se possa demonstrar ou ilustrar que determinada função é realizada, a partir de uma forma ou meio.

Novamente utilizando-se do exemplo do forno de micro-ondas, o princípio de funcionalidade consiste exatamente em aplicar uma determinada grandeza de energia via micro-ondas no alimento (comida), devidamente posicionado. Já a descrição do funcionamento do forno de micro-ondas, quanto ao primeiro exemplar, na década de 1940, consiste em se utilizar de *magnetron* de cavidade, sistema de refrigeração, fontes de recursos, como água e energia elétrica e arranjo estrutural e organizacional (espacial) de todos os componentes e subsistemas auxiliares que compuseram o conjunto montado.

Dessa forma, o exame de raciocínio consiste em identificar, compreender, entender e analisar toda a sequencialidade que, implícita aos atos de elaborar e realizar a Inovação, tenham efetivamente a devida relevância e consideração (Diagrama 2.5-a).

Tal sequencialidade pode ser denominada como etapas, fases, níveis ou camadas, em que, claro, fique-se explicitado as funções e ações, via a precedência e sucessão.

Implícito com esse conceito de sequencialidade, há-se também o conceito de pré-requisito, que exatamente transcorre das necessidades de determinado princípio de funcionalidade careça, para que, prontamente, possa funcionar, descrevendo o funcionamento.

Em uma atuação voltada e orientada à Inovação, a mais adequada e coerente descrição do funcionamento, considerando-se o princípio de funcionalidade, o sequenciamento e as necessidades (pré-requisitos) implica simplesmente na resposta quanto à factibilidade ou não de determinada proposta de Inovação.

Um dos exemplos mais simples e fáceis de se identificar refere-se aos aparelhos de telefonia móvel (celular), dotados de capacidade de processamento e acesso de dados, os *smartphones*. Os pré-requisitos para, por exemplo, utilizar-se de um aplicativo para pedido de entrega de comida são vários, como ter uma rede de transmissão e comunicação de dados de ampla abrangência, provida por uma empresa de telecomunicação, que permita o trâmite seguros de dados. Ter empresas como as denominadas *startups*, em que se elabore e realize o engendramento desses aplicativos. Também, que já tenha uma sistemática orientada de obtenção desse aplicativo, proveniente de uma outra empresa, por exemplo. Ainda, como pré-requisito, que tecnologias eletroeletrônicas sejam passíveis de fornecer processador, bateria e interface pessoa-equipamento de tal forma que seja simples, compacta e fácil essa interação ou trâmite.

Observando esse mesmo exemplo, pelo ponto de vista da sequencialidade, faz que-se possível supor que o estabelecimento de uma rede ampla de transmissão e telecomunicação não que se trata de tarefa simples, em termos de investimento e atuação de infraestrutura. Também, toda a tecnologia eletroeletrônica decorreu de um longo trâmite de pesquisas e desenvolvimentos, com vasta difusão de aspectos e processos inovadores. Junta a isso, observa-se o surgimento e maturação de um mercado específico, voltado ao desenvolvimento e surgimento de ferramentas computacionais, voltadas especificamente aos *smartphones*, estabelecendo-se o conceito de facilidade, exequibilidade e aplicabilidade dessas ferramentas onde a pessoa esteja, permitindo uma série de serviços e acessos a informações que agregam bastante para a realização das tarefas cotidianas.

Dessa forma, com esse simples exemplo, demostra-se uma série de fatos e acontecimentos que denotam tanto a sequencialidade como a necessidade de pré-requisitos, para que se possa atualmente pedir alimento via o celular. Nota-se, claramente, um encadeamento de diversos princípios de funcionalidade inovadoras (rede de dados ampla, bateria e processador eletroeletrônico compactos, interface pessoa-equipamento via *touchscreen*, mercado de aplicativos) distintas, que, conjugadas, simplesmente viabilizam exatamente se ter soluções (via a conexão e interação de funcionamento desses princípios de funcionalidades) quanto às necessidades antes latentes, exemplificando exatamente todos as definições complementares de Inovação, elaboradas ao longo dessa obra.

Assim como efetua-se todo esse explanado da tecnologia e utilização de aplicativos de celulares, o exame de raciocínio visa exatamente estabelecer essa capacidade e propriedade descritiva para trabalhos de Inovação que estejam ainda na definição da sequencialidade e entendimento das necessidades de pré-requisitos; conceituando-se a descrição de funcionamento a partir de um princípio de funcionalidade já definido, por exemplo.

O Diagrama 2.7.1-a procura explanar a definição conjugada desses diversos conceitos: princípio de funcionalidade, descrição do funcionamento, sequencialidade e pré-requisitos.

Considera-se, conforme o Diagrama 1.2.2-b (já incluso em arranjo distinto, no Diagrama 2.7.1-a), o princípio de funcionalidade a forma ou organização (como todo o contexto de mecanismos de engrenagens e peças de um relógio de pêndulo) em que se permita ou viabilize a existência da funcionalidade. No exemplo do relógio de pêndulo, equivaleria a marcar e sinalizar as horas e minutos dos dias. Assim, a funcionalidade (sendo o exercício de uma função) de se marcar e indicar o tempo, portanto, respeita uma descrição de funcionamento que implica etapas sequencializadas, providas de pré-requisitos, transmuto tanto de outras etapas predecessoras como de resultados ou exigências prévias. Por exemplo, calibrar o pêndulo, dar a corda (acúmulo de energia mecânica), ajustar a primeira hora, para que o relógio simplesmente exerça a função.

Ao aplicarmos esses conceitos e definições à Inovação, o princípio de funcionalidade implica agregar quatro grupos possíveis, em que haja um exercício de função, de cunho inovador, a partir dos preceitos de novidade, incremento, integração e atratividade, conforme descrito, a seguir:

Princípio de Funcionalidade da Inovação → **O que é**: É o que primeiramente ou essencialmente determina como a Inovação ocorre, acontece, é definida, cumpre, desempenha ou como é organizada em termos práticos ou funcionais.

Definindo-se, a seguir. Sendo tais definições passíveis de sobreposições.

1 - Princípio da Novidade, Originalidade, Avanço

Algo realmente que implique em novidade, novo, original, que não foi imaginado anteriormente. Sendo uma nova qualidade, um novo método ou processo, novo mercado, novo produto. Algo que realmente não existia anteriormente, estabelecendo um novo padrão de interação ou comportamento socioeconômico.
Exemplos:

- Estabelecimento da linha de produção seriada, pela Ford Motor Co no começo do século XX.
- Estabelecimento do mercado e da rota da Seda, na Antiguidade.
- Surgimento das emissoras e comercialização da televisão, meados do século XX.
- Lançamento do primeiro satélite artificial na órbita da Terra.

2 - Princípio da Melhoria, Incremento

Algo que represente um passo adiante, como uma evolução ou uso de tecnologias inéditas, em algo já existente, implicando em alterações de materiais, métodos, melhorias e etc.; mantendo, porém, as características fundamentais antes da mudança. Implicando em escopo variado de produtos, processos e serviços.
Exemplos:

- Estabelecimento do motor de turbina, ante o de hélice em aviões, nos meados do século XX.
- Uso do alumínio e outras ligas metálicas leves na construção do chassi e carenagem dos automóveis.
- Uso do auxílio de computadores e programas no desenho de projetos técnicos de engenharia.

3 - Princípio da Integração, Combinação

É o princípio em que Estados da Arte distintos são, de alguma forma, conectados ocasionando novas funcionalidades de aplicação coerente e desejável. Fundamentalmente, a Inovação decorre da junção de outras funcionalidades em igual medida de proporção, como também, por uma interação adjacente ou auxiliar.
Exemplos:

- Estabelecimento da injeção eletrônica de combustível na câmera de combustão de motores de explosão interna.
- Uso de brocas motorizadas no tratamento dentário de cáries.
- Uso de lentes, como prótese do cristalino do olho, como forma de apartar a cegueira decorrente do mal da catarata.

4 - Princípio da Atratividade visual e interação

Implica em alteração essencialmente visual, ou estética, com implicações ergonômicas, significando uma interação homem e objeto plenamente estabelecida e funcional.
Exemplos:

- Novo design de uma computador, sofá, luminária ou qualquer objeto, que agregue mudanças na percepção do mesmo, e que desperte atenção e que implique em questões culturais.
- Mercado de moda de vestuários, que constantemente apresenta novidades visuais.
- Desenho estético, e inserção de novas cores, em carros, motos e bicicletas.

Descrição do funcionamento

Sequencialidade: Caracterização do se torna predecessor e sucessor, em termos de um trâmite ou processo de funcionamento

Pré-requisito: Caracterização do se torna predecessor e sucessor, em termos de necessidade, recurso ou insumo

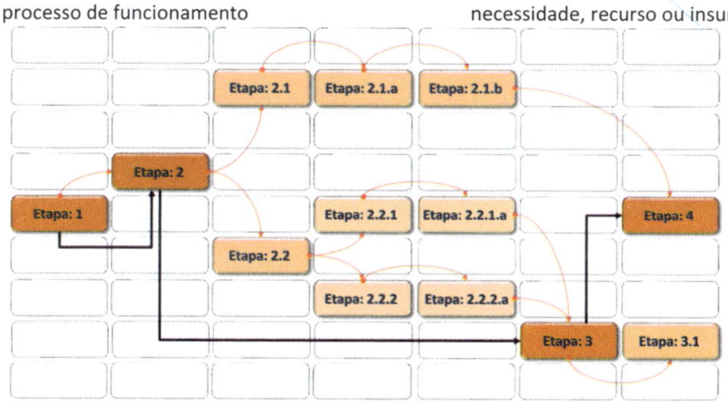

Diagrama 2.7.1-a: Princípio de Funcionalidade e a Descrição do Funcionamento, com a definição dos aspectos de Sequencialidade e Pré-requisitos.

Conjuntamente, nota-se que a descrição do funcionamento é representada por uma espécie de mapa com uma distribuição sequenciada de etapas (que representam atividades, ações, funções e valores gerados; conforme previamente explanado no Diagrama 2.2-a).

Explicação da sequencialidade mais detalhadamente, conforme Diagrama 2.7.1-a

2.7.2. ANALISAR E ENGENDRAR A CONCEPTIBILIDADE E ADEQUABILIDADE

Na Seção 2.3.3 se mencionou bastante a expressão ponto de vista, tendo essa transcrição:

> *(...) o ponto de vista define-se como a expressão que demonstra ou denota um modo ou propensão, percepção, perspectiva e relevância caracterizada, de tal forma, que influi ou define a fundamentação da análise, concepção e exame, a partir de um contexto ou circunstâncias específicas, e passível de agrupamento orientativo, que sejam então, justificáveis, situacionais e bem-conceituados explicáveis.*

Também na Seção 2.4, tal expressão foi bastante aplicada, entre diversos conceitos definidos.

Assim, pode-se afirmar que a Inovação consistiria também no ato de convergir distintos pontos de vista, uma vez que esses pontos de vista representam o valor do que é importante ou relevante, a partir de percepções distintas. Efetivamente, significa a árdua tarefa de configurar uma argumentação (Seção 2.4.2) para diversos modelos de pensamento (Seção 2.4.1) que haja distintas percepções e noções de relevância.

Por exemplo, ao se analisar uma indústria qualquer, essa representa uma organização empresarial socioeconômica; por exemplo, que tenha um proprietário, diversos colaboradores e que atue em determinado segmento de mercado. Dessa forma, o ponto de vista do proprietário seria (entre diversas outras coisas) o de manter uma adequada situação financeira, a partir de ações estratégicas de participação no mercado, estabelecendo tal empresa como um ativo seu. Outro ponto de vista, de um colaborador, seria exercer a respectiva função no campo de conhecimento de sua formação e aptidão, demonstrado por uma determinada especificidade; por exemplo, as atividades de contabilidade de conciliação de contas classificatórias, provenientes dos processos operacionais e comerciais. Outro ponto de vista seria a função de valor econômico dessa indústria, uma vez que a mesma compra de fornecedores e provedores, paga salários e dividendos pela venda de seus produtos e serviços, configurando-se como um agente de atividade econômica. E, por fim, há o ponto de vista dessa indústria, quanto ao mercado, em que clientes e concorrentes são marcados ou referenciados em relação à participação no mercado e em consonância a determinada relevância ou importância.

Dessa forma, uma Inovação que implique a sensibilização de todos esses pontos de vista acaba por representar uma convergência, em relação a um atributo de mudança favorável, agregando-se algum aspecto perceptível de melhoria, evolução ou incremento.

Caso, por exemplo, essa empresa lance um novo produto e esse implique Inovação, a partir de uma relação de causa e efeito, que tenha um princípio de funcionalidade caracterizado pela novidade (Diagrama 1.2.2-b), e foi bem compreendido e aceito pelo mercado, tem-se nisso a convergência de aumento do valor agregado para o proprietário, funcionários, sociedade e mercado, conforme os respectivos pontos de vista relatados anteriormente.

Claro que, conforme já explicitado na Seção 2.3.3, há a possibilidade de não existir unanimidade em termos de favorecimento com a Inovação, como nesse mesmo exemplo da indústria, um incremento dos meios produtivos em que consequentemente ocorram demissões de um determinado grupo de colaboradores, existindo, contudo, um aumento na produtividade manufatureira da empresa; tendo o saldo total favorável, em termos de convergência majoritária dos pontos de vista.

Portanto, para que se possa, conforme esse exemplo, obter tal amplo alinhamento e convergência majoritária dos diversos pontos de vista, faz-se necessário que ela seja conceitualmente irrefutável ou incontestável.

Assim, imaginemos de forma bem simplória que se estabeleça uma escala de valor, em que a grandeza de medida seja entre o zero até o número dez, sendo que esse seria representado por esse tipo de Inovação incontestável, a viabilização de se conciliar todas os pontos de vista, por exatamente agregar um valor altamente relevante, por resolver ou solucionar uma demanda ou necessidade extremamente importante, e que o zero seja simplesmente a inexistência de qualquer tipo de Inovação.

Após imaginarmos essa nota dez, constata-se que é de baixíssima possibilidade de ocorrência. Entretanto, ainda praticando esse exercício de elucubração e imaginação, imaginemos que essa Inovação seja feita por um pequeno fabricante, localizado em qualquer região do planeta, que conceda e desenvolva um equipamento que voa, com as dimensões de um automóvel compacto, com controle desde a menor até a alta velocidade, e que não necessite de nenhum combustível fóssil, tampouco a transformação energética implique riscos, pois se utilizará de energia fotoelétrica, e com pouco tempo de incidência da luz solar já se carregue e permita uma autonomia de funcionamento que o permita voar por semanas, sem hipoteticamente precisar reabastecer. Tal produto não discorre em situações ou circunstâncias desconfortáveis, como barulho e ventos excessivos, a tal ponto que seria possível sair de um bairro qualquer, de alguma cidade da América do Sul e ir até outra cidade ao norte da Europa em um período de tempo bastante inferior, ao comparativamente prazo que se demande atualmente, com os deslocamentos entre aeroportos e continentes.

Tal invenção seria sem dúvida extraordinária e conseguiria a nota máxima nessa escala imaginada de Inovação. Os ganhos de valor são muitos, a partir da análise do ponto de vista dos potenciais clientes e consumidores, pois simplesmente uma pessoa, caso necessite trabalhar em um outro país, não precisará mais se mudar, alterando toda a condição e rotina da família, que o segue. Os longos prazos e custos despendidos em viagens de aviões seriam simplesmente equiparados, comparativamente, aos custos de se utilizar um automóvel localmente. Ambulâncias seriam tão rápidas e ágeis que mais vidas seriam salvas, e bombeiros e a polícia teriam uma propriedade de deslocamento igualmente eficaz. O transporte de cargas e mercadorias também se beneficiaria, pois a quantidade de deslocamentos, alinhadas à alta velocidade, estabeleceriam novos parâmetros em termos de logística.

Entretanto, em hipótese alguma podemos supor que tal inovador produto não seja descabido de problemas e consequências desfavoráveis, atreladas e decorrentes da respectiva utilização, a partir de pontos de vista macroeconômico, regulatório-governamental, mercadológico e social.

Por exemplo, como ficariam as questões de segurança internacional e tráfego de coisas ilícitas? Uma vez que a alta agilidade de deslocamento implicaria também as possibilidades de mau uso. Como os voos seriam coordenados, em termos de tráfego aéreo, a fim de se evitar acidentes? Não se saberia se haveria tecnologia autônoma para isso, ou se seria necessário controle de tráfego aéreo, aos moldes do que ocorre atualmente. Como seriam regulamentadas as idas e vindas, em termos de questões aduaneiras, das pessoas e mercadorias, considerando regulamentações alfandegárias, tanto de pessoas e trânsito de mercadorias? O que aconteceria com as empresas que seriam diretamente prejudicadas por essa nova tecnologia? Imagina-se que diversos mercados e segmentos seriam totalmente modificados, devido à inclusão de produto tão inovador, afetando todo o segmento de indústria automobilística, aeroespacial, serviços correlatos a essas indústrias, potencialmente implicando em altíssimas possibilidades de desemprego massivo, acarretando comoção social, afetando e demandando contramedidas dos governos, das sociedades mais afetadas.

Dessa forma, nesse exercício de imaginação, devido à vasta propriedade inovadora do suposto produto, isso se mostra igualmente bastante atrativo e dificultoso por representar um avanço tão extraordinário tecnicamente que a sociedade em geral teria dificuldade de adaptação e aceitação de tal Inovação, em decorrência da dualidade entre consequências favoráveis e desfavoráveis, conforme os diversos pontos de vista.

Dessa forma, nesse exemplo, efetuou-se um simples exercício de análise e engendramento, da adequabilidade e da conceptibilidade. As palavras são relativamente intuitivas, referindo-se à adequabilidade na propriedade ou capacidade de ser adaptável, ajustável ou simplesmente ser aceito ou admitido quanto a uma proposta de cunho inovador. E a conceptibilidade refere-se na qualidade ou propriedade de algo ser feito, concebido, conforme a efetivação da relação de causa e efeito, demonstrada no Diagrama 1.1-d (Definição da Inovação).

O exemplo do hipotético automóvel voador refere-se exatamente a isso, em que se consumou a conceptibilidade de algo bastante extraordinário; entretanto, a medida de valor quanto à adequabilidade já possivelmente não acompanha uma alta classificação, numa escala de valor da aceitação de tal Inovação, dentro do contexto que tal produto iria se inserir.

Claro que esse hipotético exemplo carece de análises auxiliares, exatamente em relação às características dessa conceptualização. Pois no exemplo o lançamento e disponibilização do produto são apresentados como muito céleres e rápidos, não existindo qualquer tipo de preparo prévio, para que o contexto socioeconômico geral envolvido consiga absorver essa tecnologia. Assim, caso o produto seja apresentado como protótipo, primeiramente, afirmando que a comercialização do mesmo não teria previsão, e, que, ao fazer isso, o preço de aquisição seria bastante proibitivo, estabelecendo uma segmentação muito específica de mercado.

Dessa forma, então, a propriedade de adequação do produto seria bem melhor avaliada, diante da sua concepção, amenizando-se ou se mitigando todos os impactos e consequências desfavoráveis.

Observando-se os Diagramas 1.1-d, 1.2-a-b e 1.2.1-a, observa-se o uso do termo validação, especificamente, de aplicação, em que se verifica exatamente as propriedades do conceito e adequação, visando o entendimento e compreensão desses, diante do contexto inserido ou projetado da solução inovadora.

Assim, a análise compreensiva e engendramento, desses dois conceitos (adequabilidade da conceptibilidade), carece de ser muito bem conduzida, em termos de qualidade e completude, a fim de se configurar a argumentação da exequibilidade de uma iniciativa inovadora; atrelável a todo o escopo possível dessa, representado pelo quadrinômio projeto, produto, processo e produção.

Importante, portanto, ressaltar que o termo adequabilidade é bastante atrelável, e assim, variável, em relação aos pontos de vista vigentes ou participantes. Uma análise e engendramento, necessariamente, precisam ao menos considerar isso, a fim de que se possa formular o conteúdo argumentativo, conforme a perspectividade e caracterização desses pontos de vista.

Assim, faz-se fundamental que a partir da concepção de uma solução inovadora, a adequação de uso e sua aplicação já sejam ao menos imaginadas, a fim de se preparar e avaliar as situações relativas ao que representam favorecimento e desaprovação, conforme elucidado no Diagrama 2.3.3-a, e, também, no Diagrama 2.4.1.2-a, no que trata na relação entre elaboração e realização ou resultado.

Portanto, torna-se válido afirmar que uma análise e engendramento da adequabilidade e conceptibilidade decorrem a partir de um princípio amorfo e atemporal, que significa, que não há uma forma ou momento específico e exato em que isso ocorra. Por exemplo, na elucubração e definição da causa e efeito, da solução inovadora, tal análise pode ocorrer. Ou, entretanto, somente numa etapa técnica de validação, percebe-se e se constate o contexto de adequação de uma concepção. Somente ao se efetivar a realização da Inovação, conforme o escopo, pode se compreender melhor as variações das consequências resultantes. Dessa forma, observa-se essa análise inerente a diversas outras já descritas, que podem ser resumidas de forma elucidativa, a partir do Diagrama 2.6-c.

2.7.3. EXAMINAR A PERMISSIVIDADE DA TECNOLOGIA, DA TEMÁTICA E A FUNÇÃO DE DISTINGUIBILIDADE

Explicação da Seção 2.7.3 e do Diagrama 2.7.4-a

2.7.4. COMPARAR (VIA ENTENDIMENTO E COMPREENSÃO) COM O QUE AGORA É CERTO (RESULTADO) E ANTES ERA INCERTO (PROGNÓSTICO, PROJEÇÃO)

Portanto, a ponderação como validação ampla, de forma resumida, consiste na comparação entre o prognóstico (Diagramas 2.6-b-c) com o resultado efetivo, proveniente de diversas atividades possíveis, como:

- Prototipagem ou amostragem;
- Modelagem ou simulação conceitual-numérica (cálculos de hipóteses – *what if analysis*);
- Testes e ensaios (físicos).

Tais atividades visam exatamente a colaborar e, principalmente, corroborar com a validação ampla, pois envolvem os aspectos de viabilidade conceituais ou teóricos, técnicos ou práticos, financeiros e de aplicação ou utilização. Além disso, compreendem diversos tipos de trâmites e ações, pois dependendo do estado da arte da Inovação podem tranquilamente implicar situações em que se onera em termos de recursos para as respectivas efetivações. Não é absolutamente certo que as atividades de validação sejam conclusivas, considerando-se que, por objetivar a Inovação, muitas análises e redefinições são necessárias, a fim de que se possa obter uma prudente e factível relação de causa e efeito, junto a um princípio de funcionalidade.

Independentemente de tais atividades de validações ocorrerem individualmente, em equipe, proveniente de organizações ou empresas que se dispõem a efetuar pesquisa, desenvolvimento, difusão e transferência tecnológica, o que se torna relevante é identificar a melhor forma que se possa constatar, com evidências replicáveis, a formulação ou efetivação, tanto da elaboração como da realização da Inovação, transmutas na coerente e praticável relação de causa e efeito com o princípio de funcionalidade.

O tema da Inovação, invariavelmente, torna-se um elemento influenciador da validação ampla, pois sua complexidade pode determinar como tal validação pode ocorrer, a partir de uma coerente ponderação e exame das análises e sínteses necessárias para se obter uma constatação. Então, muitas vezes podem compreender uma análise e modelagem computacional somente, e faz-se necessária a construção de protótipo e amostras para ensaios destrutivos, por exemplo.

Assim, de forma resumida, temos:

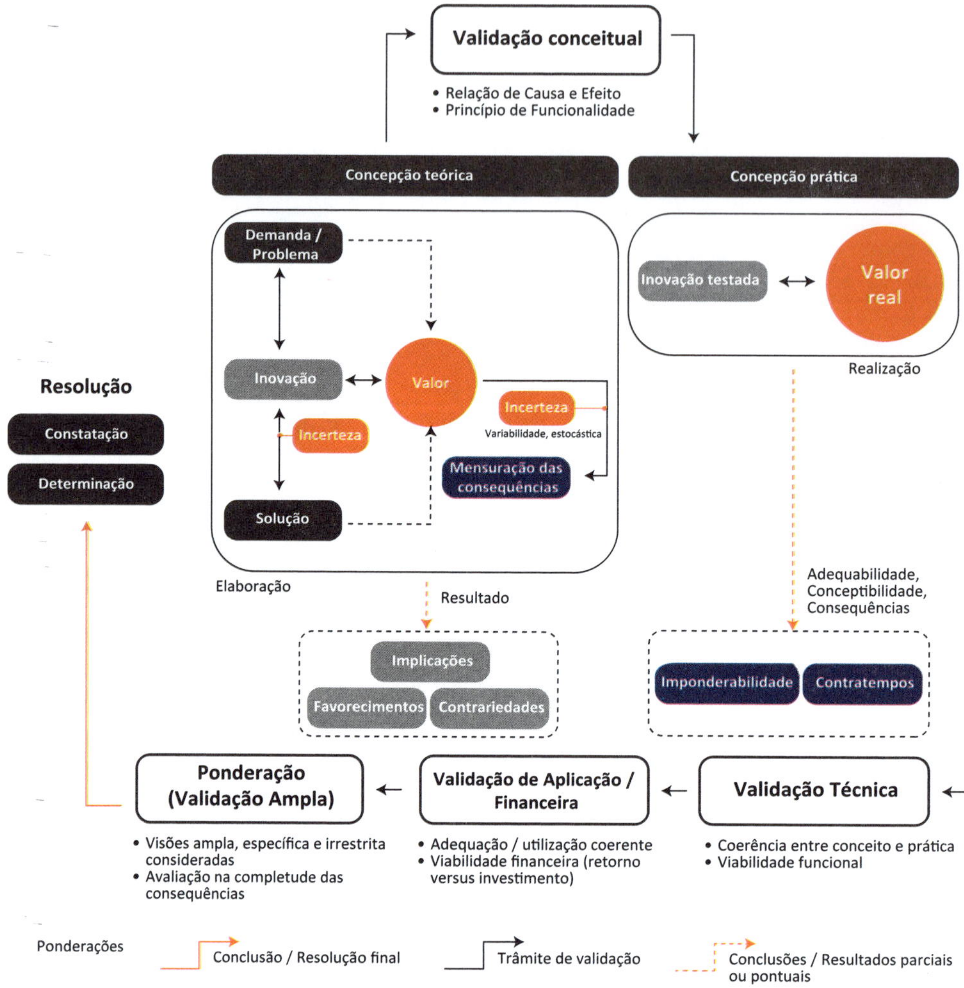

Diagrama 2.7.4-b: Configuração genérica da validação e ponderação ampla.

Dessa forma, torna-se compreensível e factível o ato de comparar, que antes era uma projeção, para no presente, um fato ou realidade obtida ou testada, em termos de conceito e resultados práticos, relacionados ao tema de Inovação.

Assim, juntam-se às explanações das Seções 2.7.1, 2.7.2 e 2.7.3, no que se refere ao encalço da Seção 2.7, que diz respeito a toda a análise qualitativa e quantitativa que pode compor analogias, engendramentos, exames e sínteses, tornando-se, assim, relativamente complexo, caso não se atenha às distinções de termos e definições. Considerou-se definições como: exames, análises, engendramentos, sínteses, sequencialidade, pré-requisitos, conceptibilidade, adequabilidade, pontos de vista, permissividade-temática da tecnologia, distinguibilidade, imponderabilidade, contratempos, constatação e determinação. Tais conceitos corroboram primeiramente com o exame de raciocínio e, posteriormente, com a decisão de se inovar.

A validação ampla se torna um instrumento de análise de aderência entre a elaboração, a realização e as resultantes, em que uma análise crítica entre cada um desses conceitos e suas combinações ocorra em termos de avaliação quanto aos conceitos de ponderação, atreláveis com as qualidades de implicações, contrariedades e favorecimentos.

Ao início do Capítulo 5, os conceitos de incidência e intensidade serão melhor explanados, porém, ao se analisar as relações entre as implicações, contrariedades e favorecimentos, uma forma de mensuração, tanto qualitativa como quantitativa, decorre-se exatamente do conceito (bem intuitivo) da incidência e da intensidade.

Por exemplo, ocorrendo em um projeto que vise à Inovação diversos casos (quantificação, transmuta em incidência) entendíveis como contrariedades (intensidade, ou qualificação), pode-se supor ou constatar que de fato não há uma válida aderência quanto à preposição ou propósito da Inovação. Um exame e análise mais apurada visam identificar esses casos quanto à sua origem, na concepção da elaboração ou da realização, já que as resultantes parciais já se mostram contrárias a um objetivo.

2.8. INTERESSE (VISÃO) INDIVIDUAL E INTERESSE (VISÃO) COLETIVO

Introdução explicativa, quanto a intersecção dos interesses: individual e coletivo; a partir dos Diagramas 1.2.2.1-c-d e 1.2.3-d

Importante ressaltar que não se deve almejar ou insinuar que determinado interesse, coletivo ou individual, deva se sobrepor ou se impor um em relação ao outro. A questão fundamental é que haja equilíbrio entre esses, evitando-se uma contradição devido à sobreposição, em que interesses colaborativos sejam a maneira mais factível e viável para estabelecer a Inovação.

Exemplos desse tipo de contradição são facilmente referenciados em fatos históricos, como a Batalha de Farsalos, na Tessália (Grécia central). Na antiguidade, na segunda guerra civil da República Romana, o futuro ditador Júlio César enfrentou um exército de maiores atributos, em quantidade e recursos, comandado pelo senador Pompeu Magno. A contradição consiste na egocêntrica e ególatra atitude de Pompeu Magno em enfrentar um exército oponente em situação de famigerada fome e ausência de recursos, porém, bem mais experiente em operações de guerra, num território de pequenas dimensões, em que o estratagema mais recomendado, e já em prática anteriormente, seria esperar pela derrocada do oponente por simples esfomeação. Entretanto, a persuasão de Pompeu Magno em prosseguir com a vitória decisiva seria impor uma derrota no campo de batalha a Júlio César, considerado um gênio militar. Assim, apesar da superioridade numérica, prevaleceram a experiência e capacidade militar das tropas de Júlio César, que venceu as forças de Pompeu Magno, contrariando a lógica, ao se defrontar e almejar derrotar o oponente no que ele tinha de melhor, por querer escrever o seu nome na história como aquele que venceu Júlio César. Nota-se, analisando esse fato histórico, que Pompeu Magno não se utilizou de uma visão ampla e específica e irrestrita, para compreender as nuances da complexidade de uma batalha, não percebendo que o mais relevante seria prevalecer-se, mesmo que não precisasse ir à luta.

Nesse fato histórico da antiguidade, claramente um interesse individual de Pompeu Magno, e, portanto, o seu ponto de vista (concomitante aos seus seguidores), suplantou todo um interesse coletivo, correspondendo nas mortes dos combatentes de seu exército, e isso seria totalmente desnecessário, caso seguisse com o plano de esperar pela agonia faminta das forças de Júlio César.

Outro fato histórico que denota um paradoxo entre os interesses individual e coletivo refere-se ao famoso julgamento e morte do filósofo ateniense Sócrates, também na antiguidade. Sua morte é considerada um símbolo de eloquência e preservação de seus ideais e ensinamentos, uma vez que o julgamento não impôs a pena capital diretamente, e sim a possibilidade da pena do exílio ou retratação. O próprio Sócrates optou pela morte, a fim de que o seu interesse individual, interpelado pela própria vida, fosse suplantado pelo interesse da coletividade, representado pelos seus diversos alunos ou discípulos, relacionado também com o teor dos seus ensinamentos e convicções, que mesmo conflitantes e contestados pelo contexto daquele momento seguiu sem renunciar às suas ideias, prevalecendo o interesse na difusão efetiva, aos que ele explanou e ensinou. A contradição, portanto, é impor uma prevalência dos ideais coletivos (proveniente dos julgadores, e não dos aprendizes, que eram na maioria parentes juvenis dos julgadores, concisa a uma parte política dos cidadãos atenienses, da época, decorrente das Guerra do Peloponeso [Sócrates morrera no ano 399 a.C.; porém, entre 431 até 404 a.C., cita-se o período da Guerra do Peloponeso entre as cidades-estados de Atenas e Esparta; apesar de Atenas não ser invadida propriamente, acabou sucumbindo ou capitulando à Esparta, pois a democracia ateniense fora encerrada, passando a ter um sistema oligárquico de governo, à semelhança de Esparta. Nesse contexto, de questionador, chamado de maiêutica socrática ou método socrático, e tendo sido um general por Atenas, Sócrates é julgado pelo coletivo, que acabara por se prevalecer politicamente em Atenas, com a anuência de Esparta]), em relação à identidade individual, expostas em outras convicções, causando o silenciamento ou eliminação dessa individualização. Havendo um ponto de vista impositivamente prevalecente, oriundo da coletividade, que, diante de um indivíduo o fez sucumbir à morte, esse indivíduo, Sócrates, não se fez submetido a essa imposição, não aceitando a retratação e o exílio, mantendo o interesse na relevância de suas convicções (pontos de vista).

Portanto, com a exemplificação desses dois breves relatos históricos, torna-se objetivo considerarmos situações de contradições entre interesses individuais e coletivos, no que tange à emulação entre ambos, especialmente caso um tema relacionado à Inovação esteja em foco.

Esses possíveis emulação e conflito entre interesses é um tema a se considerar na configuração argumentativa e na ponderação. Na Tabela 2.4.2.1-a (relata a argumentação) e nos Diagramas 2.4.1.3-b (convicção/fundamentação retórica), 2.4.1.2-a (idiossincrasia, seletividade e coletividade) e 2.4.2.2-a (ponderação), expostos e explanados neste capítulo e no Capítulo 1, reforça-se que o mais relevante é estabelecer preceitos de persuasão bem fundamentados, e a explicação e, portanto, também a comunicação (Seção 2.4.1.4) sejam extremamente adequadas.

Assim, fazem-se necessários alguns princípios simples, que tangem a boa ou adequada colaboração entre pessoas, fomentando a coletividade, a partir de iniciativas individuais, que seja proveniente de uma condução (liderança tácita, por exemplo) orientanda em Inovação.

Para se ter uma equipe e uma liderança que elaborem, fomentem, incentivem e realizem a Inovação, essas são orientadas a ter aspectos de centelhas, de propensão, precursores e motivadores, como:

- Relações interpessoais sinceras, o que não significa a ausência de divergências, e sim passíveis de expor e tratar as diferenças, a fim de se alinharem para um objetivo comum, que convirja tanto o interesse coletivo como o individual.
- Convergir para pessoas que visem e se orientem pela concordância ou combinação, e que as configurações mentais sejam respeitadas, pautadas e analisadas; porém, não julgadas, e tenham mútuo entendimento, acertando ou combinando os desenhos das atividades e respectivas efetivações, a partir da definição de propósitos, metas ou objetivos.
- Convergir para pessoas que sempre indaguem quanto às possibilidades de se fazer ou ter algo diferente.
- Incentivo e disposição constante quanto à procura de mudanças e evolução.
- Fomento à curiosidade, individual e coletiva, por meio da observação, procura, pesquisa e indagação.

- Fomento ao exame e síntese ou elucubração de propostas, validando-as com afinco e acurácia (com intelecção; ver Diagrama 2.4-b).
- Propensão à continua organização e sistematização, que implique mudanças constantes.
- Estabelecer métodos ou formas de administração de conflitos ou disputas, com funções de conciliação, arbitragem e convencimento.

Um contexto em que melhor se viabilize e se permita a prática da elaboração e realização de feitos devidamente classificados como inovadores consiste em se ter ou se obter uma organização (tanto visando à elaboração de um coletivo como uma equipe, e à colaboração de indivíduos, apartados, que corroborem um projeto, por exemplo), em que as funções, ações, tarefas e atividades sejam muito bem delineadas conforme a aptidão e capacidade (consagrada e potencial) das pessoas ou equipes, e o envolvimento, no transcorrer das atividades, seja bem definido.

2.9. O RESPALDAR E O ALINHAR (EXPECTATIVAS): A DIFERENÇA ENTRE CONVICÇÃO E TEIMOSIA É DIRETAMENTE PROPORCIONAL AO DISCERNIMENTO DA INTERLOCUÇÃO

Explicação de algumas alusões ao tema, e em especial, a citação ao trabalho de Elisha Graves Otis, da Seção 2.9 e dos Diagramas 2.9-a e 2.9-b

2.10. DEFINIÇÃO DOS PARÂMETROS COMO FORMA DE MEDIDA DO VALOR (COMO MEIO DE FUNDAMENTAÇÃO DA INOVAÇÃO)

A palavra parâmetro assimila algumas acepções que, para fins de trabalhos que visem à Inovação, são de extrema valia para a definição e efetivação em que tais trabalhos serão fundamentados. Não é à toa que a etimologia decorre da simples junção "para + metro", definindo-se em algo que reja ou estabeleça um princípio ou forma de comparação, relação ou referência (balizamento), em que se impute ou atribua um grupo ou um determinado valor (tanto passível de ser fixo, imutável, quanto variável e inerente a uma função de cálculo), e assim, possa-se avaliar, examinar e ponderar quanto a uma análise ou síntese, em que um ou mais parâmetros devidamente contextualizados acarretem a identificação e percepção de fatos, resultados ou projeções.

A subjetividade muitas vezes pode simplesmente representar um contexto ou situação em que a análise do valor da Inovação se torne totalmente inviabilizada, pois, ao não se estabelecer os parâmetros (tema, condições, termos ou limitações, recursos, contexto geral), decorre-se em prejuízo no que tange à possibilidade de formular enunciados, perguntas (e perguntas-invertidas), análise da relevância (primária e secundárias e seletividade dos aspectos consideráveis) e entender e compreender as incertezas, a perspicácia envolvida, o diagnóstico, o receituário e os prognósticos possíveis de serem elaborados.

Na Seção 2.4.1.1: percepção, preposição (in)formativa e discernimento (propriedades e mudanças continuadas), a atribuição de valor, e referida mensuração, já foram bem definidas; especificamente no que tange ao fomento da Inovação, em que se exemplifica exatamente na Tabela 2.4.1.1-a, uma demonstração de um contexto pouco propício para se inovar.

Da mesma forma, a própria definição de causa e efeito da Inovação e o princípio de funcionalidade carecem de parâmetros extremamente bem fundamentados. Em muitos casos, se torna bastante claro e suscetível tal definição de parâmetros. Entretanto, como se trata de Inovação, torna-se inerente quanto à novidade e originalidade, há também situações que tal definição dos parâmetros carece de extensa análise.

Um exemplo, apesar de não ser totalmente comprovado bibliograficamente, remete aos primeiros desenvolvimentos de aviões com motores de turbinas a jato, em substituição aos motores em cilindro, com hélices; dentre demais objetivos, essa aplicação de nova motorização implicaria aumento substancial da velocidade e altitude de cruzeiro da aeronave. Sendo assim, têm-se determinadas grandezas, em escala de valor, relativos à velocidade e altitude, como parâmetros a se observar, tendo-os também como elementos de formulação de objetivos. Outro parâmetro seria a forma aerodinâmica do avião, especificamente considerando-se o corpanzil. No período desse desenvolvimento, entre as décadas de 1930 e 1940, durante a Segunda Grande Guerra Mundial, não existia uma referência objetiva quanto ao formato a se adotar, uma vez que tal aeronave voaria em escala de velocidade sem precedentes anteriores; portanto, a compreensão empírica de experimentos teria muito pouco abalizamento, ao menos no início dos trabalhos, considerando-se também a urgência na realização desse desenvolvimento, não existindo um parâmetro objetivo ou constatado, tanto em valor como em escala de grandeza mensurável. Assim, como estabelecimento de um parâmetro inicial, optou-se por efetuar um desenho da forma do corpanzil do avião, considerando-

-se a forma de um tubarão como parâmetro. Tal referenciação se torna lógica, como uma hipótese plausível, considerando-se a época, pois o tubarão demonstra habilidade e fluidez no deslocamento, no ambiente de água marinha salina, com uma densidade relativamente maior, comparativamente ao ar ambiente, ao nível do mar. Um avião em alta velocidade relativa, próxima do fim da velocidade, referencial, subsónica (escala de velocidade de *march* próximo ao 1, porém ainda inferior a esse. Esses dados também constituem uma régua de parâmetro, para fins de orientação desse trabalho de desenvolvimento) estaria, assim, num contexto de similaridade observável, em relação ao contexto vigente de algumas espécies de tubarão. Dessa forma, a definição e obtenção de um parâmetro (forma do tubarão) se mostrou essencial como referenciação inicial dos trabalhos de definição da aerodinâmica do corpo da aeronave.

Assim, a definição de um parâmetro pode analogamente ser algo bastante simples, considerando-se uma régua, por exemplo, um simples instrumento que demonstra como uma medida de valor, em escala, pode ser adotada, a fim exatamente de parametrizar ou referenciar (com o determinado valor em grandeza), com o ato de medir, em relação às características ou atributos que fundamentem determinado objeto (como o exemplo anterior, ao se adotar a velocidade ou número de *march*); assim, por uma exata extensão de sentido, pode-se também medir os atributos e aspectos, inerentes a uma situação de contexto que envolva preceitos da Inovação (como a definição da forma aerodinâmica do corpanzil de um avião, de velocidade próxima ao *march* 1).

Dessa forma, efetua-se tal extensão de sentido, a partir do instrumento régua e a definição de parâmetro, para o termo "régua de parâmetro", como a disponibilização ou obtenção da informação, dado ou intermediação, em que seja possível e viável a identificação dessa como um valor decorrente de uma grandeza em escala de medida e que sirva de abalizamento ou referenciação para as atividades de Inovação.

Uma caracterização válida a se reforçar, nesse tutorial, remete ao que efetivamente fundamenta o surgimento de uma ideia ou proposta de Inovação, quanto ao nascedouro dessa, em que se ressalte os aspectos e atributos que façam com que, a partir de uma simples pessoa ou um trabalho em equipe, a Inovação efetivamente inicia. Em algumas seções, e até de forma mais incisiva, ao longo deste capítulo e do Capítulo 1, esse tema já foi retratado, pela conjunção de outros conceitos e definições, porém, apartado diretamente do conceito de régua de parâmetro.

No Capítulo 1, a definição acessória da Inovação se fez totalmente necessária, a fim de exatamente se poder entender e classificar, pela conceitualização da relação de causa e efeito (inerente à Inovação) com o princípio de funcionalidade, como definições adjacentes de formulação da definição, de um ato ou atividade, como inovadora. Posteriormente, a definição da obtenção da Inovação foi extremamente válida também, a fim de corroborar a definição e fomentar as formas de se elaborar e realizar a Inovação, correlacionando-a com a definição em si.

Ao longo deste capítulo, entretanto, o tema surgimento da Inovação faz-se em voga ou necessário, pela simples razão que, após as explanações de diversos conceitos e definições decorridos, o ato nascedouro do surgimento da Inovação se torna mais objetivado, do que, comparativamente, explanado no início do Capítulo 1, considerando-se os conceitos de distinguibilidade, sequencialidade, conceptibilidade e materialidade.

A Inovação, quanto ao surgimento, pode decorrer da simples organização de uma ideia ainda abstrata e, portanto, em um contexto de concepção, e por isso em conceptibilidade (proveniente de um conceptista ou grupo conceptualista) e que tenha um valor (passível de uma medida de escala) de distinção, relevância e importância (valor da Inovação, conforme, por exemplo, Diagrama 2.6-a: incidência das incertezas).

A medida de escala desse valor é também relacionável com a propriedade e capacidade do detalhamento, do desmembramento e do delineamento, em relação à definição desse valor, considerando-se o contexto, circunstâncias, informações e dados inerentes com a concepção ou surgimento da Inovação (relação de causa e efeito, com o princípio de funcionalidade). Vide o exemplo dos primórdios do avião de propulsão a jato, em que tinha que se considerar, paralelamente, os parâmetros da aerodinâmica do corpanzil, com um objetivo de se obter uma velocidade relativa, próxima ao número adimensional de Mach (sendo v a velocidade do escoamento e c a velocidade local do som).

Nessa propriedade, inerente ao detalhamento, a régua de parâmetro se faz válida, em termos de se permitir em prosseguir com os trâmites de Inovação, pois o detalhamento consiste no ato ou efeito de se poder referir ou expor minuciosamente ou circunstanciadamente algo, em que se possa promover (mesmo que conceitualmente) a separação ou divisão em partes (a partir de uma unidade básica de referência, por exemplo, via a régua de parâmetro), decorrendo-se também no ato de delinear (esboçar) quanto à formulação de uma descrição sucinta, clara e objetiva da forma de funcionamento (Diagrama 2.7.1-a), relativo ao valor de tal ato de inovar.

Assim, o detalhamento, tanto para fins de construção ou montagem como também para fins de desmembramento ou repartição, em que, assim, a ideia original seja concebida conforme a sequencialidade de construção, ou, baseada no desmembramento de algo, que sirva de inspiração ou referência, para se acarretar no surgimento e no desenvolvimento de uma ideia.

Na propriedade de repartição ou distinção, efetua-se uma junção ou elucubração, e dessa se origina um conceito de Inovação. Contudo, pode-se tranquilamente enaltecer a confusão pela simples impropriedade de se poder comparar, para se avaliar o efetivo valor (criativo, inventivo e original), decorrente do surgimento da Inovação, em razão da ausência de definições quanto às réguas de parâmetros.

Um exemplo de detalhamento, já citado anteriormente, é o uso da prática de saúde dentária, referente ao uso de um equipamento motor, que permite aplicação de uma broca desbastadora com a finalidade de se extirpar o tecido dentário prejudicado pela incidência da cárie. Toda a distinção desse conjunto representa um projeto específico, que posteriormente precisará coerentemente ser integrado, pois a broca dentária necessitará atender a certos parâmetros, como a grandeza de desbaste que promove no tecido dentário. Já o equipamento precisará atender aos parâmetros de ergonomia, ergometria, rotação, potência e permeabilidade da higienização (material utilizado, como o aço inoxidável, por exemplo), a fonte de energia motora e toda uma normatização, decorrente das ciências odontológicas.

Por isso, inovar tem relação com o surgimento de um princípio de funcionalidade, na função ou em se aventar a possibilidade de proporcionar a novidade, construtivamente, a partir de uma série de situações possíveis, como definida no Diagrama 1.2.2-b (subtipos de princípios de funcionalidade da Inovação), em que se proponha e se obtenha algo novo e claramente uma demanda ou necessidade seja solucionada a partir dessa novidade.

Para isso, aplica-se o conceito de régua, que, como já citado, consiste em efetuar a extensão de sentido de um instrumento ou artefato de medição, de maior simplicidade, pois, para se iniciar a Inovação, seu surgimento é precedido pela observação, percepção e identificação, relativamente parametrizadas. Conforme comentando por Albert Einstein: "A mente que se abre a uma nova ideia jamais voltará ao seu tamanho original".

Tais atributos, contudo, para se efetivarem como ações práticas ou ideais organizadas, carecem de ser respaldadas ou atribuídas quanto ao parâmetro (ou referência) da propriedade ou capacidade, de uma pessoa ou equipe, em mudar a extensão de alcance da medida das respectivas réguas, relativas, via analogia, das propriedades ou capacidades de observação, percepção e identificação. Conforme os exemplos do tratamento dentário da cárie (com o desbaste por broca motorizada) e do desenvolvimento dos primeiros aviões de propulsão a jato, diversos elementos, atributos e aspectos devem ser considerados individualmente para serem conjugados à devida busca da solução inovadora final, medida, em relação ao atendimento de uma demanda ou necessidade, também devidamente parametrizadas ou referenciadas.

Uma representação análoga bastante simples consiste no uso do tijolo. Esse elemento básico de construção independe dos tipos de formatos e materiais utilizados e caracteriza-se até hoje como a descrição de uso e funcionamento de maior simplicidade, e com uma série de combinações e arranjos faz-se possível obter formas construtivas dos mais diversos tipos de fins e utilidade. Em períodos históricos, como na antiguidade e idade média, por exemplo, esse método construtivo de extrema relevância, exatamente em decorrência dessa dualidade de alta simplicidade e vastas possibilidades, conforme já respaldado nos Diagramas 2.3-b e 2.3.3-a e conforme interlocução direta do Diagrama 2.4.1.2-a.

Assim, decorrente do simples uso do tijolo, pela propriedade de se efetuar o detalhamento, e sustentado pela capacidade de observação, percepção e identificação, invariavelmente se pode estender esse exemplo a partir da aplicação do conceito de réguas de parâmetro, como forma de calibrar e referenciar cada etapa das atividades e ações quanto à Inovação. Temos uma representação ilustrativa dessa analogia:

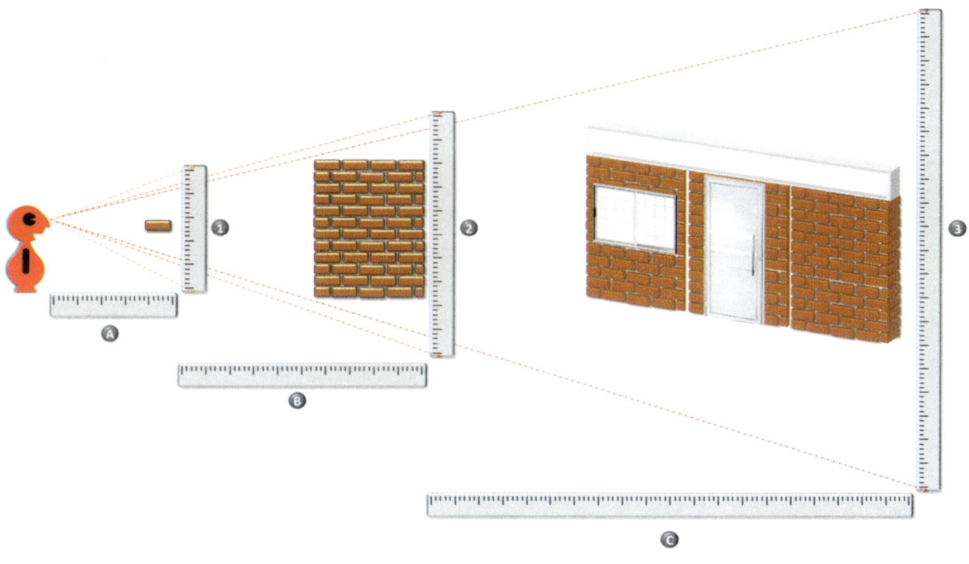

Diagrama 2.10-a: analogia da mudança de réguas, quanto às propriedades de observação, percepção e identificação.

O Diagrama 2.10-a é bem simples, e até passível de ser entendido como uma representação jocosa da visão. Entretanto, nota-se um desmembramento do alcance, em três grupos, que se diferenciam via as dimensões de distanciamento do cumprimento e altura, em relação à representação da pessoa que observa ou, simplesmente, olha; relacionado com um objeto básico, que combinado em arranjo construtivo variado, passível de transformação (combinação) continuada, acompanhando-se também do aumento da grandeza de valor da medida da régua.

Dessa forma, o conceito de mudança da régua de parâmetro, significa que determinado indivíduo ou grupo, possa alternar e alterar a visão em escala micro, intermediário e macro. Significando, que, haja a facilidade de se intercalar a observação em diversos tipos de dimensões (escalas de medidas), por exemplo; e, por extensão de sentido, atribuindo-se o significado que a observação é passível de uma amplitude, também, que varie entre o menor até o maior alcance (também, como acepção de entendimento e compreensão).

No Diagrama 2.10-a, por exemplo, a pessoa é passível de se observar com precisão um simples tijolo; com esse, pode-se observar, na escala intermediária, a construção de uma mureta, por exemplo. Por fim, na escala de medida maior, o parâmetro de visão permite se visualizar uma construção efetiva, com paredes, janela e porta.

Assim, nessa correlação análoga construtiva, partindo-se de um estágio inicial de elucubração; tal observação, percepção e identificação do uso do tijolo, como elemento básico essencial, permite o deslumbramento de diversas formas construtivas.

A mudança da régua de parâmetro, portanto, para aquele ou aqueles que visam à Inovação é de extrema relevância, pois permite, a partir da mais básica visualização, definir-se os mais complexos arranjos de elaboração e realização, via o detalhamento (tanto na vertente de análise, como também, na vertente de síntese ou engendramento).

Nos diagramas da Seção 1.2.2.1. (Visão ampla, específica e irrestrita), tal capacidade de visão é bem delineada e definida; e, via o Diagrama 2.10-a, pode-se representar todas as propriedades de elucidações, quanto à capacidade de visão (ampla, específica e irrestrita) em termos práticos; tanto via as vertentes do presente e do futuro; pois, efetiva-se a observação, e posterior imaginação (projeção de uma situação futura, por exemplo); como também, a observação e consequente constatação (identificação de uma situação ou contexto atual).

Dessa forma, assim como o Diagrama 2.10-a divide ou partilha os parâmetros das réguas em três grupos (A1, B2 e C3), a fim de diferenciar analogamente a visão menor, intermediária e maior, o surgimento da Inovação carece de um prosseguimento posterior, em relação à observação, percepção e identificação. Dessa forma, temos outra correlação com uma série de diagramas expostos anteriormente, que, coerentemente, visa a ser aprimorada na definição de surgimento da Inovação, conforme:

Nota-se, claramente, que as réguas de parâmetros sempre serão as formas de se fundamentar um trabalho, atividade ou ação; tanto como efetivamente inovadora, com também, factível de realização.

Explicação detalhada do Diagrama 2.10-b

CAPÍTULO 3

As normas como influência da Inovação ('-nomia')

Uma das razões mais interessantes, ao se observar questões que envolvam a Inovação, independentemente caso essas concirnam a apenas uma citação de uma mera possibilidade de Inovação ou até a conclusão de um intenso e vasto trabalho de obtenção inovativo, refere-se ao contexto das normas, regras ou leis (tácitas e formais).

Muitas vezes, o ato de inovar pode implicar a ruptura de regras e convenções, as quais implicavam uma situação de impropriedade, por exemplo, para se efetivar a Inovação. Contrariamente, também pode ocorrer uma situação em que há ausência de regras, o que acaba por inviabilizar uma atividade ou ação de cunho inovador.

Portanto, é comum que a regra represente para a Inovação uma ação na forma ou organização, determinando como atuar, mas não agindo, necessariamente, na atuação em si. O Diagrama 2.4-a, por exemplo, faz referência à adequação da forma de decisão, mas não à decisão em si, uma vez que conceitos de autonomia, hierarquia e competência (abrangência de atuação) são elementos capazes de representar oportunidades de se inovar.

Dessa forma, como tutorial de Inovação, a regra vigente deve considerar desde a situação, o contexto ou a circunstância mais simples e singela, até os casos de extrema complexidade e dificuldade.

Entretanto, como efetivamente os contextos inerentes ou decorrentes das regras influenciam a Inovação?

Na Seção 2.4.2.1, a partir dos vieses de influências, tendência geral, modelo-padrão, referência e paradigma, efetuou-se previamente uma sinalização da questão da regra, no que tange à formação e configuração do argumento frente a uma situação em que ocorra dificuldade na tomada decisão por se observar apenas a explicação argumentativa, e não a contextualização desse argumento.

O exemplo a seguir ilustra o conceito de contextualização: é extremamente não recomendável andar a pé durante um temporal intenso, em meio à chuva, aos relâmpagos e ventos fortes. Trata-se, praticamente, de uma regra tácita, já que o argumento de que essa seria uma atitude perigosa e pouco prudente é bastante claro, uma vez que, eventualmente, poderiam ocorrer quedas ocasionadas por escorregamento e enxurradas, bem como acidentes envolvendo galhos de árvores e fios elétricos expostos. Entretanto, com o objetivo de auxiliar, remediar ou prevenir um dano maior, uma pessoa pode se prestar a ajudar uma mãe a levar um carrinho com um bebê ou resgatar um cadeirante durante uma tempestade, ou seja, essas são situações que contextualizam o descumprimento de uma regra tácita ou de forte recomendação.

Por analogia, o mesmo acontece com a Inovação, pois o ato de inovar visa, essencialmente, à busca ou obtenção de um valor maior. Independentemente do que for, torna-se proveniente de uma relação de causa e efeito, decorrente de um princípio de funcionalidade, caracterizado potencialmente pela criatividade, inventividade e originalidade. Entretanto, para assim o fazer ou obter, possivelmente algumas regras ou recomendações podem implicar tanto obstáculos como, concomitantemente, incentivos.

Essa última afirmação aparenta ser um paradoxo, mas não é, pois o ato de inovar consiste, exatamente, conforme o Diagrama 2.9-a, na "distinguível busca, pesquisa, desenvolvimento para solucionar uma demanda ou necessidade e atender a um objetivo, motivo ou propósito". O termo distinguível, conforme o Diagrama 2.7.3-a, diz respeito à expressão distinguibilidade, ou seja, à capacidade de tornar perceptível ou relevante uma determinada mudança que implique novidade, estabelecendo a relação de causa-efeito da Inovação.

Assim, uma mudança inovadora pode, em muitas situações, consistir em uma contextualização diferente em relação a uma regra ou recomendação, como visto no exemplo do temporal. A partir dessa nova contextualização, pode-se perceber que o que antes era empecilho ou barreira se torna uma oportunidade ou ensejo.

Por exemplo, pode-se imaginar uma situação bastante simples, apenas para ilustrar a influência de uma regra, em que, numa organização comercial industrial haja uma ordem tácita baseada no costume, e, portanto, consuetudinária, em que há uma regra ou forte recomendação de atuação, para determinada situação específica. Tal situação seria em efetuar horas extras, dos colaboradores diretos da produção, e os indiretos, que assessoram a mesma, como manutenção e suprimento (prática pouco comum atualmente, porém, visa exemplificar a contextualização da regra).

As horas extras se justificariam como forma de incrementar a capacidade produtiva, sem a necessidade de investimento direto em novos maquinários, novos colaboradores e remodelação das instalações industriais, em circunstâncias nas quais haja aumento marginal na demanda produtiva. Caso esse aumento de demanda fosse maior que a capacidade usual de produção, a organização não atenderia aos clientes no prazo padrão.

Assim, especificando melhor esse exemplo, imagina-se que a produção usual transcorra por oito horas diárias de trabalho, sendo que dois colaboradores atuam diretamente na função de operadores de máquina e outros dois colaboradores exerçam a função de manutenção, reparo ou preparo dessa respectiva máquina, mesmo que não de maneira direta e constante (esses funcionários atuam também em outros setores produtivos e em outras máquinas).

Assim, na eventualidade de se precisar aumentar a quantidade de produtos, acrescentam-se mais duas horas de trabalho, caracterizando-se essas como exatas horas-extras para esses quatro colaboradores. Essas duas horas extras, em relação à jornada usual de oito horas, representa um aumento marginal de 25% na produção diária, considerando-se uma relação linear entre horas trabalhadas e de produção.

Essa regra aparenta ser simples, objetiva e fácil de ser executada, não implicando maiores dificuldades, pois, conforme o regime de acordo coletivo trabalhista, os colaboradores são imediatamente recompensados pelas horas extras trabalhadas, as quais não apresentam impacto significativo em relação ao tempo de descanso. Entretanto, há um aumento de custo proporcional, pois, indiretamente, outros colaboradores de funções auxiliares distintas – por exemplo, logística interna, faturamento e despacho, entre outras – são demandados também em regime de hora extra, apesar de não ser essa a intenção inicial. Isso acarreta um custo objetivo de produção que pode, inclusive, ser maior que o custo de produção usual, ao longo do expediente de oito horas.

Assim, a situação prossegue e efetivamente se atende o cliente. A regra eventualmente se demonstra tão comum e simples que não há um questionamento da sua efetividade. Há de se ter em mente que essa situação não se configura como uma regra efetiva, similar a uma norma, mas sim, uma prática convertida em recomendação, que, por fim, tornou-se um procedimento padrão.

Entretanto, há uma oportunidade a se ensejar, desmistificando o costume implicado no estabelecimento dessa regra, que seria projetar ou imaginar a possibilidade de aumentar em 25% a produtividade dessa situação (contexto), centrada somente ao longo da jornada comum de oito horas sem a devida necessidade de investimento direto na produtividade. Para isso, a relação de causa e efeito seria bem simples, assim como o princípio de funcionalidade; pois, conforme comentando, são quatro colaboradores que precisam obrigatoriamente ser demandados no contexto da necessidade de haver horas extras. Pois, imaginando-se um intervalo de uma hora para o almoço, e que, dos quatro colaboradores, dois não sejam considerados da área ou departamento de produção, sim da área de manutenção, acaba-se erroneamente assumindo que esses dois colaboradores da manutenção não possam também assumir o controle da máquina, permitindo a respectiva produção.

Nota-se que o grupo é composto por quatro funcionários, sendo dois deles necessários para operar a máquina. Assim, tem-se uma simples combinação de quatro por dois (*C4,2*), em que se permite o máximo de seis combinações possíveis. Ainda, como oportunidade, pode-se efetivar que dois desses colaboradores passem a entrar na empresa trinta minutos antes do horário padrão (e, claro, saiam trinta minutos antes do horário do fim do expediente); outra combinação possível seria dois colaboradores terem o horário do almoço defasado em uma hora, em relação ao horário de almoço de outra conjunção de dois colaboradores; por fim, outra combinação consistiria em, ao contrário dos dois colaboradores que entrariam trinta minutos antes do horário padrão, dois colaborados entrariam exatamente trinta minutos depois desse horário, fazendo com que a produção terminasse trinta minutos após o expediente de saída padrão.

Dessa forma, somando-se os trinta minutos de produção adicional pela manhã, com os trinta minutos também adicionais pela tarde, mais os sessenta minutos aproveitados ao longo do almoço, obtêm-se combinações de arranjo dos quatro colaborador, para trabalharem em pares, alternados, dentro das seis combinações possíveis, o que efetivamente acarretaria duas horas adicionais, sem que essas fossem classificadas como horas extras e excepcionais.

Fica evidente que não foi necessária nenhuma contratação adicional de colaboradores, tampouco se adquiriu novo maquinário; entretanto, incrementou-se a produção (causa). O que se propõe para isso implica aumentar a produtividade ao longo do expediente sem precisar das referidas horas extras ou excepcionais (efeito). Para se conseguir tal feito (princípio de funcionalidade), foi necessário apenas um rearranjo da escala de horas de um grupo de colaboradores, adequando a realização das respectivas atividades conforme um dualismo entre operadores de máquinas e técnicos de manutenção, o que permitiu um aumento de duas horas diárias de uso de uma máquina, ainda que cada grupo de colaboradores atuasse ao longo de oito horas (não concomitantes).

Objetivamente, existiria a evocação de outras regras, comentando que tais colaboradores são de departamentos distintos e que, em virtude da legislação trabalhista, não poderiam operar as máquinas, pois seus respectivos contratos de trabalho não previam a situação. Esse argumento é correto, e implicaria a simples adequação dos contratos, levando em conta a anuência dos respectivos colaboradores e a organização sindical, caso cabível. Não haveria necessidade de ganho adicional marginal devido à hora extra, o que seria compensado por um ganho salarial de magnitude inferior em relação ao montante da hora extra, porém incorporado ao salário, uma vez que agora os funcionários em questão teriam dupla função, ou seja, atuariam como operadores e na manutenção dessa máquina.

Esse exemplo demonstra uma alteração na regra dentro de um contexto no sentido de trazer melhorias, ganhos ou evolução.

Outro exemplo, já procedente de acontecimento histórico, refere-se ao surgimento do conceito de drible, como elemento na prática do exercício do futebol brasileiro (originariamente). Conforme o trabalho publicado por Renato Ribeiro, temos:

> Existem outros trabalhos a respeito e todos parecem concordar em um aspecto: os árbitros não marcavam faltas de jogadores brancos em jogadores negros, mas o inverso era rigorosamente punido. "Quando começaram a jogar o futebol por aqui, os negros não podiam derrubar, empurrar, ou mesmo esbarrar nos adversários brancos, sob pena de severa punição: os outros jogadores e até os policiais podiam bater no infrator" (Soares, 1999, p. 134-135).
>
> Pois bem, diante desse cenário a hipótese que se popularizou foi simples, jogadores negros precisaram encontrar novos espaços e maneiras de conduzir a bola que evitassem que eles esbarrassem nos brancos e fossem punidos. Como os jogadores negros não podiam tocar nos jogadores brancos, a hipótese foi o surgimento do drible como alternativa para que os jogadores negros pudessem se movimentar em campo. O drible, neste caso, é uma invenção negra. No entendimento de Mário Prata (1998), o drible é uma determinada transposição dos passes e ginga do samba para o interior das quatro linhas do jogo de futebol.

Nesse contexto, há uma Inovação inconteste e que ainda é contínua em termos de acontecimento, que é a realização do drible. Etimologicamente, a palavra drible decorre do inglês *dribble* (*gotejar, pingar,* escoar) que, por extensão de sentido, significa a propriedade de algo se transpor ou escoar, mesmo que o contexto e a sinalização sejam o contrário disso, pela existência de barreiras ou obstáculos. Assim, o drible consiste no improvável e, portanto, no inovador, no ato de transpor ou superar uma defesa ou marcação no futebol, a partir de um movimento ágil e imprevisível de gingar o corpo e passar por tal defesa, da mesma maneira que o gotejamento faz, com base na insistência e superação de tais obstáculos e barreiras.

O drible surgiu exatamente da necessidade de o jogador negro superar o preconceito racial, vigente como regra, mesmo que tácita, nos primórdios do futebol no Brasil. Desse modo, os jogadores conseguiram suplantar a regra sem descumpri-la.

Assim, respondendo à indagação, no início deste capítulo, a regra influencia a Inovação, tanto direta como indiretamente, uma vez que pode ser a motivação, a necessidade, a viabilidade e, também, o obstáculo a se transpor, dependendo do contexto, da relação de causa-efeito, e, posteriormente, a determinação do princípio de funcionalidade.

Nota-se que a etimologia da palavra *regra* é a mesma que a de *régua*, uma vez que indica "aquilo que regula, dirige, rege",[1] e, por conjunção de acepções, torna-se o mesmo que norma, aquilo que foi determinado pela força da lei e dos costumes, que segue um regulamento, princípios, procedimentos, política (acepção de método), modelo e exemplo. Essas acepções são de aplicação adequada, dependendo do contexto e da complexidade do tema, assunto e situação.

Também não é à toa que, ao final do Capítulo 2, se utilizou a expressão régua de parâmetro, cujo significado aponta para o estabelecimento de regras ou princípios que regem ou regeriam a forma ou o método de se entender e compreender uma iniciativa ou ato de Inovação. Portanto, a definição, a necessidade e a utilização de regras se tornam uma espécie de requisito fundamental ou básico, para se efetuar uma atividade, ação ou função – seja elas quais forem. E, para a Inovação, torna-se mais ainda relevante, pois, via de regra, a elaboração e realização de uma relação de causa e efeito, com um princípio de funcionalidade, são amparadores ou determinadores de regras. As próprias expressões *relação* (no sentido de situação e condição) e *princípio* (proposição que serve de base) já são, em si, elementos diretivos que fomentam, formulam e determinam regras para um contexto específico de Inovação.

De acordo com os Diagramas 1.1d, 1.2.2.1-d, 2.3-a-b, 2.4-b, 2.6-c, 2.7.4-a-b e 2.9-b, as regras estarão tanto nos contextos de motivação, elaboração e realização da Inovação quanto na forma tácita, intuitiva, formal ou indutiva.

Vale ressaltar que não é a forma da regra que interessa para a análise, mas sim a existência (ou não) da regra em si e sua influência sobre as atividades inerentes à Inovação. Assim, não há um tocante primordial em termos de forma e conteúdo da regra, no entanto, é necessária uma avaliação acerca desse conjugado em relação à motivação, elaboração e realização da Inovação, como visto nos dois exemplos estudados – o do aumento da produtividade de uma fábrica a partir do simples rearranjo da escala de horário e do surgimento do drible, nos primórdios do futebol brasileiro, como uma estratégia de combater uma regra preconceituosa.

No que diz respeito a uma ação, com a devida função, valor e atividade, temos as seguintes influências e consequências, quanto ao exercício da regra:

Diagrama 3-a: tipificações das regras, em relação a uma ação, atividade, função e valor.

[1] Fonte: *Dicionário de Língua Portuguesa Houaiss.*

Utiliza-se o Diagrama 2.2-a como elemento central, pois representa de forma genérica tanto a elaboração como a realização de uma ação, em que uma grandeza que determina um valor (ou uma qualificação) seja modificada. Também há a referenciação dos Diagramas 1.1-b, 1.2.2.1-a e 1.2.3-a, pois notam-se campos ou áreas do conhecimento em que as regras são nítidas, como no caso de profissões jurídicas, em que normativos e regulamentos são as linhas condutoras, ou da área de humanidades, como línguas e literaturas, em que regras gramaticais e de ordenação de idiomas são imprescindíveis. Também são latentes em outros campos do conhecimento, como nas Ciências Sociais, em Antropologia, Sociologia e Psicologia, em que obviamente existem regras, porém mais no sentido da fundamentação para o entendimento e a compreensão, do que para a condução e a realização.

Portanto, uma ação ou atividade, assim como sua extensão por meio de um processo, ou mesmo um campo de conhecimento podem tranquilamente sofrer tipificação ou caracterização de anomia, isonomia, antinomia, autonomia, heteronomia e o neologismo "hipernomia".

Tais tipificações não significam uma crítica a uma ação, processo ou campo de conhecimento, mas uma caracterização do mesmo. O ato de inovar, em si, poderá contribuir para uma análise, em que avaliações quanto a essa caracterização da regra influi ou define tal ação a fim de se projetar ou obter um estudo ou resultado efetivamente inovador. Portanto, as tipificações se tornam bastante válidas para compreender o contexto, a complexidade e a situação, nas quais se atua em prol da Inovação, podendo ser ou compor o exercício das regras, o elemento de perspicácia, diagnóstico, receituário e prognóstico, conforme explicitado no Diagrama 2.6-b.

3.1. ANOMIA

O termo anomia significa a ausência de regras. Entretanto, essa definição é um pouco vaga, pois a absoluta ausência de regras é algo de difícil compreensão, uma vez que, ao imaginarmos que um determinado contexto implique essa situação, isso já constituiria uma regra, pois conceitualmente a regra enseja a realização de formas de conduta, abordagens ou simplesmente um procedimento de atuação. Assim, o significado coerente é para o sentido em que não haja uma devida organização, ou estabelecimento de métodos ou princípios, com os quais se pode coordenar a elaboração e realização de uma determinada atividade.

Dessa forma, a anomia remete ao contexto em que há falta de definições claras e objetivas, quanto a uma determinada ação ou atividade, tanto especificada, como genérica; dependendo do contexto e da complexidade.

Anomia, assim, não significa anarquia, pois anarquia implica a negação da autoridade e o respectivo princípio, especialmente, aquela providenciada e imposta por organizações governamentais estatais (chefes de estados, países). Entretanto, ao se utilizar a expressão anárquico, muitas vezes a acepção pode coincidir com a anomia, em decorrência da falta ou ausência de direção (liderança) ou normas.

Para fins de Inovação, um contexto de anomia pode implicar válidas oportunidades, pois o estabelecimento de uma relação de causa-efeito, assim como a definição de um princípio de funcionalidade seriam formas de melhor entendimento e compreensão, de determinada situação ou contexto, em que essa anomia poderia ser alterada, considerando-se, para isso, uma necessidade ou demanda para tal.

Também, o contexto de anomia pode implicar a partida da evolução de um determinado campo de conhecimento, em que, com base na observação, se pode relatar um determinado aspecto ou situação, inerente a uma melhor compreensão. O que anteriormente não significaria que o contexto de anomia implicasse descompasso situacional, desorganização ou bagunça, e, sim, o ganho de valor em termos de descrição, entendimento e conhecimento, de tal situação ou fenômeno.

Por exemplo, estudos e pesquisas avançadas de matemática, em relação a sistemas dinâmicos unidimensionais, mostram um trâmite de constante evolução e aprendizado, em que se desvenda uma série de modelos de fenômenos e comportamentos de sistemas sujeitos a alterações constantes e pouco previsíveis. Tem-se nessas pesquisas uma atuação criativa e passível de Inovação aplicada. Percebe-se um processo de aprendizado que denota uma diminuição da anomia, pois o entendimento e a compreensão foram incrementados. E anteriormente, não existia uma situação específica de falta de regras, somente um desconhecimento (passível de mensuração) quanto à completude do entendimento dos sistemas dinâmicos, que, invariavelmente, seguem em curso, a fim de prosseguir com o incremento da compreensão. Assim, enseja-se, possivelmente, efetuar modelagens de previsão para que fenômenos naturais, sociais e econômicos de vasta magnitude, por exemplo, sejam passíveis de prevenção.

Outro exemplo para aplacar essa conjunção de acepções remete à invenção do semáforo, especialmente direcionado para fluxos contraditórios em cruzamentos de vias. Anteriormente, a essa invenção (em que se utiliza das três cores, para indicar o comando e, portanto, a regra de conduta do condutor do automóvel, motocicleta, bicicleta ou charrete e demais formas de transporte), existia a regra, em que um agente de trânsito ou policial ficava estrategicamente posicionado e efetuaria o comando de condução do tráfego. Seriam, assim, espécie de torres, em que os policiais de trânsito coordenassem o fluxo de transporte e passageiros. Entretanto, esse sistema era dificultoso e muito pouco eficiente, já que os agentes de trânsito sofriam de fadiga e o revezamento ou alternância entre eles não era constante ao longo do dia. Porém, claramente, já existia a definição da regra, apesar de sua execução ser menos eficaz. A invenção do semáforo, como se conhece atualmente, ocorreu somente em 1920, graças à percepção de um policial de trânsito de que a regra precisava de uma forma de execução mais condicente e coerente, com o fluxo crescente de automóveis, e com a adequada atuação dos agentes. Assim, William L. Potts concebeu o semáforo eletrônico, na cidade de Detroit.

Outro exemplo refere-se à longa história de tentativas e êxitos, referente à escala do monte Everest. Em 1953, as primeiras pessoas a conseguirem isso (o neozelandês Edmund Hillary e o nepalês Tenzing Norgay) faziam parte de uma experiente equipe britânica. O alpinas italiano *Reinhold Messner* (o primeiro a chegar ao topo do monte Everest sem a ajuda de garrafas de oxigênio, em 1978, e o primeiro a escalar todas as montanhas com mais de 8 mil metros de altura que existem no mundo, entre 1970 e 1986) comenta:

> *Em primeira linha foi mesmo um desempenho coletivo de um time britânico, pois eles tinham o know how e fizeram uma enorme preparação. Entre 1921 e 1953, muitas expedições fracassaram no Everest. Entretanto precisamos atribuir uma parte do sucesso aos suíços, já que, em 1952, Raymond Lambert tentou duas vezes e chegou bem perto do cume. Tenzing Norgay também esteve nessas expedições. Sem isso, creio, os britânicos não teriam conseguido em 1953. Mas temos também que dizer que o sucesso da escalada se deve à ousadia de Hillary, a ele ter tentado. Os britânicos já haviam tentado e não conseguiram. Então veio esse jovem neozelandês e mostrou que tinha a vontade e a coragem para ousar, apesar de outros terem fracassado.*

Esse relato evidencia a necessidade de um trâmite de aprendizado, a fim de se definir e estabelecer as regras de conduta e forma para se conseguir concluir tal façanha. Os termos *know how*, a referência a expedições anteriores há 1953, "desempenho coletivo" e "ousar" demonstram que existia um desconhecimento, inerente à dificuldade e alto desafio dessa proeza, em que tal anomia era desfeita ou descaracterizada, exatamente a partir das atividades passadas, e contínua de aprendizado e prática, para, finalmente, obter-se êxito nesse objetivo.

Atualmente, em relação ao desafio de se escalar esse monte, Reinhold Messner comenta:

> *Ainda é o mesmo monte. A pressão parcial de oxigênio ainda é a mesma. Ele também continua sendo relativamente perigoso. Eu chamo a fase atual de alpinismo de pista. Essa é a grande diferença. antes de (...) começarem a escalada, os xerpas são enviados não só às dezenas, mas às centenas ao monte e deixam todo o caminho preparado. Essas rotas são melhor preparadas que qualquer rota nos Alpes. E então as pessoas só precisam seguir essas pistas, o que elimina as dificuldades e minimiza os riscos – claro que não totalmente, isso é impossível.*

Com esse relato, nota-se que há o estabelecimento de regras a fim de estruturarem os caminhos ou rotas para que diversos alpinistas consigam efetivar a escalada ao cume do monte Everest, o que não implicaria mais um desafio tão intenso, por já ser bem desbravado e com alto conhecimento estabelecido via as regras definidas.

Portanto, há três acepções relevantes, para fins de Inovação, relacionáveis à anomia:

- Compreensão: situação ou contexto em que não há previamente um amplo (ou específico) conhecimento (via entendimento e compreensão), correspondente ou correlacionável a um ou mais campos do conhecimento, tornando tal situação ou contexto simplesmente indefinido quanto às definições de regras e conduções ou abordagens.
- Aplicação: situação em que há regra, porém a execução ou definição (específica) ou condução (liderança pouco assertiva, por exemplo; vide referência dos Diagramas 2.4.1.3-a e 2.4.1.3-b) é deficiente ou ineficaz. Há situações em que a aplicação da regra representa uma dificuldade em si, por motivos variados às que haja ineficiência no cumprimento da regra.
- Organização: situações em que realmente não há um conhecimento ou uma definição clara e objetiva da forma de conduta a se efetuar, caracterizando falta ou ausência do estabelecimento de regras, em decorrência desse desconhecimento ou falta de prática. Entretanto, não significa a absoluta falta de regras, mas o entendimento em se definir as regras mais relevantes e pertinentes (adequabilidade) para se elaborar e realizar uma ação.

Tais acepções são atribuíveis para as tratativas relacionadas à obtenção da Inovação. Pois, recapitulando a situação em que um termo ou significado pode ter mais de uma definição explicativa, a anomia pode ter uma abordagem de definição bastante orientada aos campos da Lei e do Direito. Apesar de tais acepções não serem replicáveis, as definições dessas três acepções visam, essencialmente, à atuação em relação aos trâmites e contextos direcionados à Inovação.

Dessa forma, tem-se:

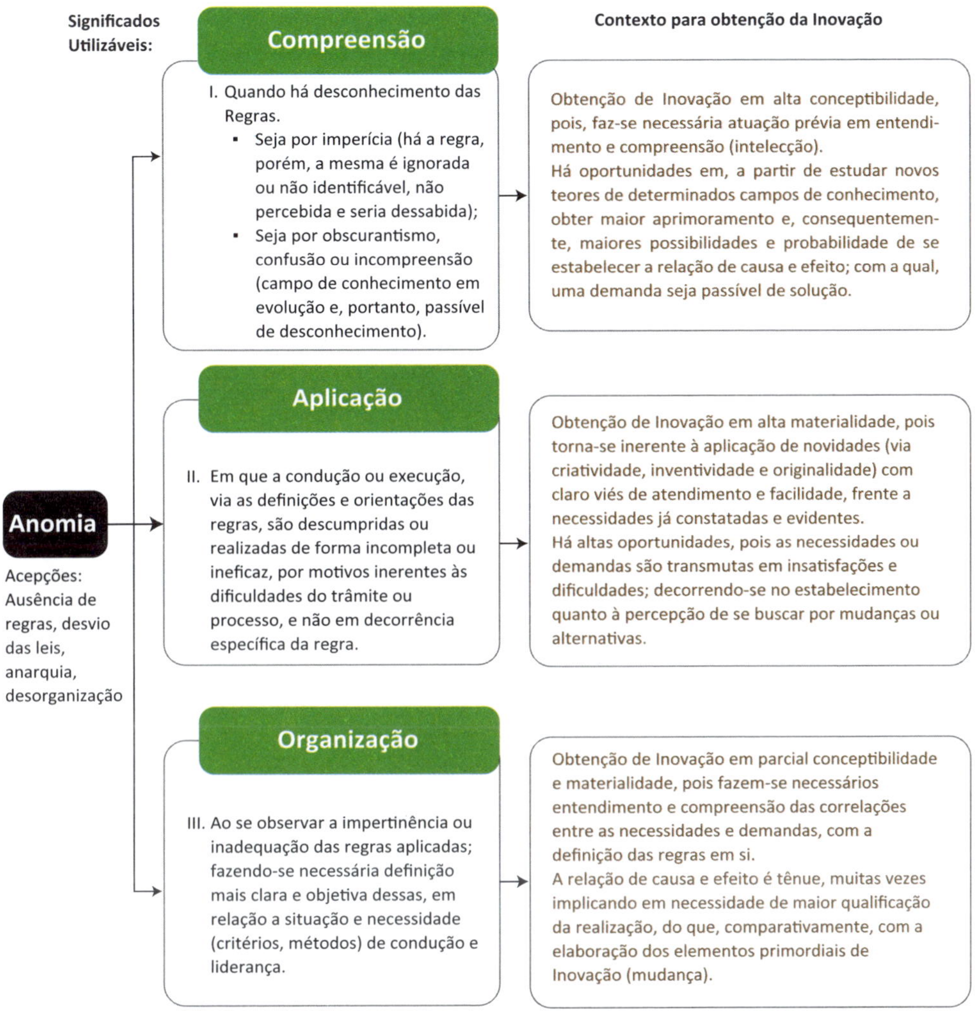

Diagrama 3.1-a: desmembramento da Anomia para fins de tratativa de obtenção da Inovação.

A partir do contrassenso desses possíveis significados, têm-se as oportunidades de Inovação, conforme descriminado no Diagrama 3.1-a. Esses contrassensos, por assim os definir, seriam as situações em que as regras teriam influência ou participação na determinação ou percepção de uma necessidade ou demanda (decorrem em dificuldades ou na clara percepção que se deva mudar). A partir de uma hipótese inicial de solução, seja essa plausível e passível de validação coerente (ver, por exemplo, o Diagrama 2.10-b), estabelece-se a relação de causa e efeito da Inovação, a partir de um princípio de funcionalidade, que encaminha ou descreve o funcionamento da solução correspondente.

Assim, conforme o Diagrama 2.9-b, essa hipótese pode ser caracterizada a partir de uma medida de valor da solução, em que essa seja classificada de alta conceptibilidade até a alta materialidade. Essas caracterizações e, portanto, classificações são correlacionáveis com as respectivas acepções da anomia. Pois a primeira acepção, denominada anomia de compreensão, apresenta exatamente um contexto conceitual e de concepção, que a define ou abrange um escopo ainda teórico ou latente aos estudos. Já a segunda acepção, denominada anomia de aplicação, a solução via Inovação é prática e plausível, sendo-a potencialmente de teor de alta materialidade. Nessa, o princípio de funcionalidade da Inovação se caracteriza pelo alto valor de criatividade, inventividade e originalidade; pois, a partir dessas definições, obtêm-se soluções bastante válidas para se resolver as necessidades, que nada mais seriam do que demandas que se cauterizariam por se cumprir ou executar regras. A terceira acepção, denominada anomia de organização, caracteriza-se por possivelmente apresentar um meio termo entre conceptibilidade e materialidade, pois efetivamente, para essa categoria de anomia, pode-se necessitar de entendimento e compreensão, a fim de se definir (e redefinir) regras, ou faz-se necessária simplesmente uma Inovação em métodos e conceitos da organização quanto aos afazeres e à liderança.

Então, observando novamente os exemplos expostos, quanto aos trabalhos de desenvolvimento dos sistemas dinâmicos, a invenção do semáforo de trânsito elétrico e a história de escalada do monte Everest, verifica-se a correlação entre essas três acepções de forma proporcional e coerente, e as respectivas anomias de compreensão, aplicação e organização.

3.2. ISONOMIA

Trata-se de um termo amplamente utilizado em relação a questões de leis, sendo, inclusive, denominado como um princípio jurídico, com desdobramentos, por exemplo, na teoria da administração pública.

Basicamente, etimologicamente o sufixo *iso-*, de origem grega, indica o entendimento de "mesmo" ou "igual", sendo compreendido como igualdade de direitos.

Para fins de Inovação, a definição mais coerente seria igualdade da regra, tanto pela definição dessa regra quanto pela sua utilização. Por exemplo, basta imaginar uma situação hipotética, porém não incomum, em termos de possibilidade, em qualquer cidade de médio e grande porte, em que há um agente (ou policial) de trânsito coordenando o fluxo em um cruzamento de vias. Nessa situação, não há um semáforo quebrado, e sim um fluxo extremamente intenso e desbalanceado nessas vias, tornando necessário que uma pessoa identifique e permita a fluência dos automóveis de maneira coerente. Suponha-se que haja outro semáforo, sem agente de trânsito, logo após esse cruzamento, em uma das vias. O agente de trânsito está de costas para esse segundo semáforo, pois, ambas as vias que se cruzam têm sentido único. Portanto, basta esse agente olhar apenas para um dos lados e para a frente, em relação à sua posição, para observar o fluxo e o acúmulo constritivo dos automóveis. Nesse contexto, o agente de trânsito exerce o comando para um automóvel passar pelo cruzamento; entretanto, tal veículo, ao obedecer a esse comando, acaba por simplesmente bloquear o cruzamento para o fluxo perpendicular de automóveis, já que o segundo semáforo está fechado, e todo o espaço ocupado por outros automóveis que já passaram pelo cruzamento, sem que o agente de trânsito tivesse interferido no fluxo, pois ele precisaria de outro agente para auxiliar no segundo semáforo. Contrariados, tanto o agente como o motorista estão, de forma antagônica, corretos e equivocados; o agente de trânsito precisaria se atentar a esse segundo semáforo, mesmo que isso implique maior dificuldade, para organizar adequadamente o fluxo, e o motorista poderia não avançar ao notar que bloquearia o cruzamento, mesmo que isso significasse desobedecer ao comando do agente de trânsito. Porém, até então, o agente de trânsito não estava preocupado com esse segundo semáforo, pois a maior constrição decorre da via perpendicular, e o motorista simplesmente obedeceu ao comando de tal agente.

O contrassenso está no fato de, ao notar o comando do agente, o motorista ter avançado sem identificar antes a total constrição do segundo semáforo, quando poderia ter permanecido imóvel e sinalizado ao agente que atrás dele todo o espaço está ocupado, aguardando esse segundo semáforo liberar o fluxo. Já o agente poderia sempre, antes de efetuar o comando de avanço e parada, observar a situação atrás de si ou solicitar o reforço de outro agente, a fim de auxiliar na coordenação do fluxo de automóveis nesse segundo semáforo.

Esse, portanto, é um dos fatores que se atribui à isonomia, em termos de Inovação, como oportunidade, que seria a suposição equivocada de comando e decisão.

Assim, no exemplo, há várias regras em consonância, como também, pontos de vista inseridos, nessa situação de trânsito intenso e bloqueio do fluxo de um cruzamento. Pois o motorista se utiliza da regra de ir-e-vir, exercida ao mesmo tempo com diversos outros semelhantes a si, e por essa razão, a via não suporta tamanho fluxo, acarretando em constrição. Assim, isso se caracteriza por uma isonomia. Ao ver a sinalização que um agente de trânsito lhe comanda o prosseguimento, obedece à regra de trânsito, e simplesmente segue, mesmo notando que irá bloquear o trânsito. Como a regra é para todos, o motorista segue, ignorando o fato que irá bloquear o já caótico tráfego de automóveis.

Já o agente de trânsito, por sua vez, exerce sua função a partir das regras de trânsito e, sendo um agente público, desfruta do princípio da isonomia para aplicar sanções ou multas, conforme identifica infrações. Também, tem a função de organizar e gerir o trânsito para o andamento mais adequado possível. E, nessa atribuição, demonstra-se a igualdade de regra, uma vez que não se cometeu prevaricação ao identificar a situação de congestionamento nesse cruzamento.

Dessa forma, a isonomia, para fins de Inovação e correspondentes oportunidades, converge para a situação de o carro fechar e bloquear o cruzamento, a partir do exercício de uma série de regras comuns a todos. Tal situação é antagônica, pois torna-se pouco efetivo conseguir denominar um culpado ou responsável pelo contexto.

Portanto, a isonomia para a Inovação se torna um contexto inerente à capacidade quantitativa, que algo ou alguém teria em promover e exercer a igualdade de regras.

Conforme comentado, há a suposição de comando e decisão que se torna equivocada, pois nem o agente de trânsito nem o motorista conseguem entender o contexto a partir de uma visão ampla e irrestrita. Estão, assim, focados na visão específica do contexto; o motorista por seguir o seu curso o mais rápido possível e se desvincular da chateação de um trânsito intenso; e o agente de trânsito por avaliar e coordenar apenas duas variáveis (o fluxo das duas vias que se cruzam), ignorando, não propositalmente, uma terceira variável (o segundo semáforo e o espaço que permite uma determinada quantidade de automóveis inertes, em uma das vias, logo após o cruzamento) que, inicialmente, não era significativa, porém, assim se torna por razões inerentes ao problema, que o agente está justamente tentando atenuar.

Portanto, a fim de se cumprir o princípio da isonomia, há suposições de comando e decisão, que, muito possivelmente, acarretarão a desigualdade do cumprimento das regras, quando não se consegue observar a capacidade ampla de atendimento e cumprimento dessas regras.

Outro exemplo relacionado à teoria da administração pública diz respeito à situação de surto inesperado de casos de patologia decorrentes de uma virose específica. Essa virose é de amplo conhecimento das ciências médicas, sendo facilmente prevenida por meio de vacinação. Entretanto, por causa desse alto surto inesperado, em que se identifica como possível, porém pouco provável, por uma série de motivos combináveis e variáveis. O agente público responsável pela aquisição e distribuição dessas vacinas determina a compra e disponibilidade de uma certa quantidade de vacinas, conforme uma média de consumo relacionada ao ano anterior. Assim, tem-se a suposição equivocada de comando e decisão, pois não se identificaria previamente tal possibilidade de surto, e, portanto, acabou-se por faltar vacinas, uma vez que ocorrera um aumento excepcional de procura por vacinações. A isonomia, apesar de ser a intenção dos agentes públicos, acabou por não ocorrer, uma vez que somente quem fora inicialmente se vacinar conseguiu, as demais pessoas da população demandante de vacinação não tiveram acesso, correndo o risco de contrair a virose correspondente.

Mais uma vez exprime-se o contexto de suposição equivocada de comando e decisão. Observa-se que tais suposições não implicam erro proposital ou até imperícia, mas o fato de não se ter, em muitos casos ou situações, uma coordenação mais ampla e genérica para que se garanta a isonomia na plenitude.

Essas situações ou contextos de suposições equivocadas podem, ainda, decorrer da vasta combinação de regras existentes, que, por meio da isonomia, acabam por se contrariar ou inviabilizar o igual atendimento, seja para fins do cumprimento ou da execução, ou para arbitragem quando há dúvidas em relação ao adequado exercício de alguma condução, regido por regras. Assim, tem-se o Diagrama 3.2-a.

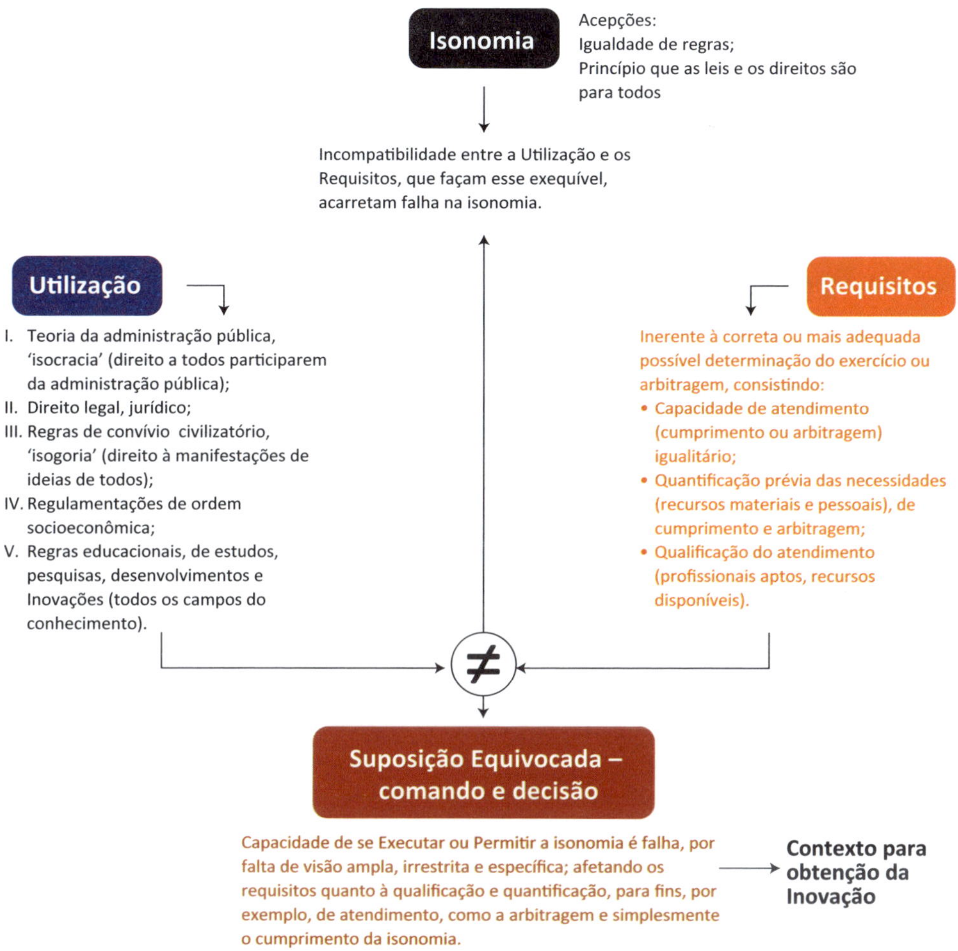

Diagrama 3.2-a: isonomia e o contexto de suposições equivocadas.

Nota-se, portanto, que a isonomia é um princípio de igualdade entre as pessoas, sem distinção de tratamento e atendimento. E, para isso, são necessários alguns requisitos com o objetivo de simplesmente permitir a prática coerente da isonomia, destacando-se o atendimento (cumprimento) ou tratamento (arbitragem, por exemplo), em que seja previamente determinada ou definida a capacidade, tanto quantificada quanto qualificada, de tal exercício ou realização.

Dito isso, não adiantaria aventar a isonomia, caso se observe uma capacidade de atendimento muito aquém da demanda, de um determinado serviço de ordem jurídica, por exemplo. Também não seria útil ofertar um ensino público e gratuito, caso esse não conseguisse atender à quantidade de alunos a se matricular.

Em muitos casos, as falhas no requisito de utilização da isonomia decorrem de suposições equivocadas. É justamente nessas suposições que a atuação Inovadora pode se fazer presente, pois, conforme os Diagramas 2.10-a e 2.10-b, em um contexto em que se faça valer a observação e identificação, como formas promotoras de se efetivar a isonomia, ter-se-ia o estabelecimento e a efetivação dos requisitos adequadamente, conforme indicado no Diagrama 3.2-a, uma vez que não existiriam suposições equivocadas.

Um exemplo etimológico pode ser aplicado para exprimir a influência da isonomia, especificamente no que tange a esses conceitos adjacentes e acessórios, relativos à utilização, aos requisitos e ao comando-decisão, em que se refere a origem da palavra "simpatia" (do grego *sumpátheia*, em que o prefixo *sum* significaria soma, e o sufixo *pátheia* implicaria os significados de doenças, aflição, sofrimento e suportar). Pela regra isonômica de significado dos componentes, a palavra "simpatia" significaria "soma ou todas as doenças e aflições". Entretanto, a acepção principal é exatamente o contrário, significando afinidade, ser agradável, similitude.

Então, como se explicaria essa aparente contradição e a semelhança no contexto? A explicação é histórica, pois se deu a partir da variação em latim *sympathia* e a existência anterior, também em latim, da palavra "compaixão", que é *compassio*, agregando o sentido de "sofrimento comum, comunidade de sentimentos". A utilização da palavra "simpatia" ficará sobreposta com interação com a palavra "compaixão", e por um requisito totalmente involuntário (comando-decisão descaracterizado em uma única pessoa, mas existente por influência argumentativa natural definida por filósofos do século XVIII, como por exemplo Adam Smith), a palavra "simpatia" passou a ter uma utilização mais ampla do que comparativamente à "compaixão", não estando a "simpatia" centrada em sentimentos sofridos, e, sim, estendendo o sentido de compaixão, para uma "consciência da gentileza pela identificação". Do mesmo modo, surge a palavra "empatia". Por essa razão, fincou-se o significado predominante de afinidade e gentileza, não necessariamente atreladas às dores e doenças de outros.

Esse exemplo etimológico explica de forma clara que a suposição da capacidade-propriedade de executar a isonomia (a regra de utilização e formação de palavras de origem grega) foi falha, não intencionalmente, por falta de uma utilização ampla a que a palavra "simpatia" se apropriou, afetando os requisitos quanto à qualificação, para fins, por exemplo, de atendimento em completitude com a palavra "compaixão", a partir da formação linguística em latim (muito utilizado na forma escrita ainda do século XVIII).

O ato de supor e, portanto, a suposição, que nada mais é do que projetar ou conjecturar algo (seja esse algo uma situação ou contexto, explicitado conforme Diagramas 2.3.1-b e 2.3.2-a) são mais comuns e corriqueiros, pois o acesso à informação e formação nem sempre é factível e tempestiva no que tange ao momento compatível de se comandar e decidir (Diagramas 2.3.3-a e 2.4-b). Ainda, a necessidade da suposição pode ser entendida, por extensão de sentido, nesse contexto de Inovação, como a simples falta de acesso ou obtenção de uma visão ampla, específica e irrestrita (Diagrama 1.2.2.1-b) na completude, estando, em muitas situações, em um contexto mais específico e restrito, por razões de escopo e definição da abrangência ou competência de atuação, fazendo-se prático em se supor determinadas capacitações (quantidade e qualidade) que visem ao atendimento ou à tratativa, que assim, por esse desalinhamento amplo e irrestrito, pode acarretar em desconformidade com o princípio da isonomia, mesmo que não se intencione isso.

Assim, a demanda por se ter isonomia pode, invariavelmente, acarretar anomia, por simples impropriedade e incapacidade de atendimento de uma determinada quantidade de atuações, sobrecarregando a função (ação, atividade e valor) que se supõe isonômica, para fins de determinada utilidade e utilização (Diagrama 3.2-a).

Portanto, como oportunidade, ato de inovar pode ser de extrema valia nesse desbalanceamento, entre a capacidade de atendimento (tratamento) adequado (qualificado) e o volume demandado. Por exemplo, há alguns anos, fazer uso da internet para vender ingressos para jogos de futebol ou um evento musical constituiu uma tratativa inovadora, cujo objetivo era aliviar situações de filas em bilheterias, quando um desses eventos tivesse interesse e procura além de uma média usual observada.

Outro fato válido é que a isonomia pode aparentar inequidade devido à compreensão mais ampla e irrestrita do contexto. Por exemplo, é comum em diversos centros urbanos de variados países que uma pessoa com alguma necessidade especial (seja uma pessoa idosa, gestante ou portadora de deficiência física) tenha uma preferência para se sentar em assentos ou bancos pré-determinados, seja em serviços de utilidade pública ou eventos de entretenimento. Essa medida não constitui uma falha de isonomia, e, ao contrário, visa exatamente à igualdade por compensação, uma vez que uma pessoa com alguma necessidade especial já não teria mais a disposição física de um jovem adulto sem restrições físico-motoras, comparativamente, carecendo dessa necessidade de igualdade compensatória, tornando a isonomia efetivada.

Essa medida, porém, é de difícil aplicação prática, por simples desrespeito ou falta de arbitragem tempestiva, especialmente observada no transporte público em horários de alta concentração de uso. Há, entretanto, espaço para a Inovação, que visa garantir a isonomia, como já se observou na Coreia do Sul, onde gestantes utilizaram um broche com um sensor de presença. Quando a gestante está em um local que dispõe de assento preferencial, este dispara ou aciona um alarme luminoso para sinalizar a presença de uma pessoa preferencial para ocupar o assento.

Assim, o contexto para obtenção de Inovação estará sempre nas situações em que se cria uma necessidade e, portanto, uma demanda para que a isonomia se faça valer efetivamente (ver Diagrama 3.2-a).

Esse contexto de obtenção da Inovação envolve a capacidade de ajuste e direcionamento entre a quantidade demandada e a oferta de atuação ou utilização (de um serviço, por exemplo) que sejam obrigatoriamente inseridas em uma situação de isonomia por meio do dimensionamento dessa relação (demanda da utilidade *versus* prestação adequada dessa) a partir da instauração de instrumentação, automação e controles.

Outro exemplo ilustrativo refere-se ao uso da teoria das filas, que pode representar a base operacional de cálculo e entendimento para dimensionar uma utilidade (e o seu requisito de execução) conforme a demanda de uso e aplicação, viabilizando uma equidade de atendimento ou tratamento, conforme a isonomia.

Também ocorrem Inovações em definições conceituais, que visam agregar maior organização, critérios e métodos para, justamente, fomentar uma maior capacitação de gestão (vide Tabela 1.2.3-a e Seção 2.3, que cita o ciclo PDCA, por exemplo). Corroborando com isso, fica claro que "as teorias podem ser descritas em termos simples, ainda que se refiram a fenômenos que não pareçam sê-lo", conforme afirma J. D. Williams que, em 1882, foi a primeira pessoa de negócios a utilizar o serviço postal para a entrega de produtos comercializados, inovando esse tipo de operação, que hoje em dia é absolutamente corriqueira.

3.3. ANTINOMIA

Juridicamente, o termo antinomia refere-se, por exemplo à "contradição real ou aparente entre leis, ou entre disposições de uma mesma lei, o que dificulta sua interpretação" (*Dicionário Houaiss de língua portuguesa).*

Para fins de Inovação, a acepção é a mesma, substituindo-se o termo "lei" pelo mais genérico e de ampla aplicação, "regra", justamente por não atuar no escopo da antinomia jurídica, que trata dos conflitos entre leis e regulamentações legais e jurídicas.

Assim, ao se constatar uma contradição entre regras ou em uma mesma regra com mais de um teor sublinear, depara-se com a antinomia.

Um exemplo peculiar que reflete o significado da contradição entre regras ou orientações ocorreu com o poeta Max Brod e o escritor Franz Kafka, ambos tchecos. Kafka, em vida, orientou Max Brod que queimasse ou destruísse todos os seus manuscritos e registros literários, inclusive os publicados após a sua morte, que ocorreu em 1942. Pode-se entender, por extensão de significado, esse pedido de *Franz Kafka* como uma orientação, ao um amigo *Max Brod*, como um desejo e, portanto, uma ordem ou regra póstuma, similar a um testamento. Entretanto, Brod não atendeu ao desejo (ou regra) do amigo recém falecido, e publicou obras de alto significado literário, como *O Processo* e *O Castelo*, logo após a morte de Kafka, na Alemanha.

Dessa forma, a contradição ou o conflito seria: atender ao pedido e, assim, à orientação ou regra póstuma de um amigo e destruir seus manuscritos e registros; ou, em posse desses registros e considerando-os trabalhos literários de alto significado e relevância, publicá-los, exatamente a fim de ressaltar o feito do amigo. Max Brod decidiu pela segunda opção, como se sabe, e inclusive complementou obras, então, inacabadas de Franz Kafka.

Assim, a antinomia pode usualmente implicar dilemas conflituosos, que, em muitos casos, constituem antíteses (conservadorismo *versus* progressismo; incredulidade *versus* evolucionismo; Inovação *versus* estagnação). Entretanto, tais contradições não precisam também ser extremas, e assim tão conflituosas.

Algumas situações apresentam dificuldade de interpretações, em decorrência de detalhes ou especificidades, como o famoso fato histórico denominado Guerra das Correntes, ocorrido no final da década de 1880. Na ocasião, surgiram conflitos de interpretação quanto à aplicação do tipo de corrente elétrica (contínua *versus* alternada) entre Thomas Edison e Nicolas Tesla (aliado a George Westinghouse). A antinomia desse exemplo decorre do fato de Thomas Edison ter sido um pesquisador prático, empírico, que se desdobrava pouco em estudos e exercícios físicos-matemáticos, e defendia o uso da corrente contínua, enquanto Nicolas Tesla atuava justamente em sentido contrário, dominando bem essas áreas e fundamentando o uso da corrente alternada. Outra razão de desavença era de ordem prática, uma vez que Edison foi promissor e desbravador no uso e distribuição da energia elétrica e detentor das patentes relacionadas. Ademais, Tesla já havia trabalhado para Edison anteriormente, tendo ambos vivenciado situações de conflito.

Portanto, tecnicamente, a Guerra das Correntes não teria maior relevância, não fosse a atuação propagandista de Thomas Edison, que ordenou a morte de animais (um elefante, por exemplo), por eletrocussão (o que, posteriormente, decorreu na invenção da cadeira elétrica utilizada como método de pena capital), no sentido de difamar o uso da corrente alternada.

Finalmente, prevaleceu o valor técnico da corrente alternada como a forma mais efetiva de distribuição e uso de energia elétrica, ainda que alguns centros urbanos tenham utilizado a corrente contínua até a década de 1940. A antinomia portanto tem a ver com as interpretações equivocadas que enalteceram um conflito que não precisaria ter decorrido dessa forma.

Para fins de Inovação, a antinomia é algo de potencial existência, caso envolva atuações em situações consuetudinárias, que são baseadas ou fundamentadas no costume ou na tradição.

As Seções 2.4, 2.5 e 2.6 exploram essas questões que podem ser atribuídas também à antinomia, pois demonstram uma série de concepções e conceitos atrelados à análise de disposição a se inovar a partir do contexto inserido, mesmo que esse seja aparentemente contrário à Inovação.

O Diagrama 2.4.1-a: *combinação cognitiva e afetiva quanto à disposição de se inovar* demonstra ilustrativamente a quantificação qualitativa entre os teores de valor cognitivo e afetivo, em termos de disposição a se inovar, a partir dos aspectos que fundamentam cada uma dessas características (denominados como prognósticos e sentimento possíveis, respectivamente).

A Tabela 2.4.2.1-a: configuração e detalhamento da argumentação detalha de forma bastante demonstrativa a formulação da argumentação entre explicação, convencimento e persuasão. Esse desmembramento da argumentação em si mostra-se válido no sentido de aplainar as situações de avaliação ou discussão hipotéticas e, também, vieses situacionais distintos com argumentação similar (*vide* posteriormente o Diagrama 4.6-a: relação entre conciliação e concordância entre pontos de vistas em dissensões).

Assim, essas definições se enquadram no contexto de antinomia, especialmente no que tange a situações em que a Inovação seja contestada ou interpelada por razões inerentes às circunstâncias de caracterização dos teores ou valores quanto aos ânimos e aos afetos, em relação ao grupo ou coletivo, bem como ao indivíduo que esteja por promover, elaborar e realizar a Inovação.

Outro contexto inerente à concepção de antinomia, para fins de Inovação, refere-se ao exposto no Diagrama 2.4.1.2-b: correlação entre as grandezas de valores da complexidade (execução) e atendimento (efeito, resultado). No entorno do teto que cerca esse diagrama, há a exposição de aparentes contradições, quanto à mensuração da dificuldade de se elaborar *versus* realizar a Inovação. Possivelmente, muitas situações não seriam enquadradas ou definidas como regras, entretanto pondera-se a forma ou critério de conduta (ou definição do método) para elaboração e realização da Inovação como possível regra. Assim, decorre-se a possibilidade de antinomia por meio da significação de conflitos ou contradições. Pois, dependendo do contexto e das circunstâncias, há atos de Inovação tanto simples como complexos, em termos de elaboração, e, realização, que podem ser alternados, configurando e caracterizando esse conflito.

O Diagrama 2.4.2.2-a: definição e enunciado da ponderação tenta fomentar o entendimento e a compreensão quanto às implicações, às contrariedades e aos favorecimentos que um ato de inovar implica, sinalizando-se eventuais contextos de antinomia. Por essa razão, utiliza-se de forma bem objetiva o Diagrama 2.7.4-a: propósito, elaboração, realização, imponderabilidade, contratempos, constatação e determinação como formas de validação ampla endossam via um trâmite específico de validação as situações ou circunstâncias que impliquem contextualização de imponderabilidade e contratempos, caracterizando este como eventual percalço. Dessa forma, para fins de Inovação, a antinomia pode se caracterizar bem em situações de contrariedades e contratempos.

3.4. AUTONOMIA E HETERONOMIA

Autonomia e Heteronomia são termos bastante usuais nos meios jurídicos, e que se determinam como definições opostas, pois, etimologicamente o elemento de composição *auto-* se refere ao significado de "que se move por si mesmo". Já o elemento *heter(o)* decorre do significado de "outro, diferente". E, ambos, incorporando o elemento de composição seguinte, *-nomia*, passam a definir esses termos, respectivamente, como: aquele que faz as próprias regras, tornando-se independente, e, contrariamente, aquele que segue as regras de outros, ou com sujeição a uma lei exterior.

Em Inovação, tais definições podem se caracterizar como motivação ou meio para se efetivar trabalhos desse cunho.

Por exemplo, um invento de Henri Nestlé, em 1867, demonstrou as possibilidades de classificação inovadora, a partir de um contexto de autonomia. Antes disso, em 1843, Nestlé se mostrou preocupado com a alta mortalidade infantil da época, inclusive, porque em sua própria família ocorreram alguns falecimentos precoces. Farmacêutico casado com a filha de um médico, decidiu avaliar as causas de tantos casos de mortalidade infantil. Por meio da publicação de Oliveira e Jorvino têm-se os relatos históricos:

> James Charles Louis Schnetzler, filho de um amigo e colaborador em seus inventos, com poucos meses de vida encontrava-se em precárias condições de saúde por não poder se alimentar com o leite materno. Sem perspectiva de sobrevivência, eles decidiram administrar um novo composto alimentar formulado a partir de leite de vaca e farináceos, como experiência e na tentativa de salvar a vida do bebê. Os resultados foram surpreendentes e salvaram o pequeno James. A esse produto milagroso ele deu o nome de farinha láctea, a famosa *Farine Lactée Henri Nestlé*, e deu início *à* sua produção industrial. Estava assim criado um produto que revolucionou a alimentação humana e que constituiu o embrião da primeira empresa alimentar do mundo: a Societé Farine Lactée Henri Nestlé, destinada inicialmente (1867) apenas à produção e comercialização desta nova farinha.

Nota-se o fato corroborativo da autonomia com a obtenção da Inovação, pois Henri Nestlé dispunha de um certo entendimento e compreensão da situação vigente e, aliado ao ato altruísta de querer colaborar com a mudança, com o auxílio de pessoas próximas, estabeleceu uma relação de causa e efeito, e o princípio de funcionalidade, que consistiria nos estudos e experimentos até se obter um alimento apto aos recém-nascidos que não se alimentavam do leite materno.

A autonomia, nesse exemplo, caracteriza-se em fazer ou estabelecer uma nova regra, que é possibilitar a alimentação de recém-nascidos, a partir de produtos fabricados, para se diminuir a mortalidade infantil.

Um exemplo de heteronomia refere-se ao famoso julgamento da Inquisição, em 1633, de Galileu Galilei. O prodigioso matemático, cientista e astrólogo teve que declarar:

> *Escrevi e imprimi um livro no qual discuto a nova doutrina (o heliocentrismo) já condenada e aduzo argumentos de grande força em seu favor, sem apresentar nenhuma solução para eles, fui, pelo Santo Ofício, acusado de veementemente suspeito de heresia, isto é, de haver sustentado e acreditado que o Sol está no centro do mundo e imóvel, e que a Terra não está no centro, mas se move; desejando eliminar do espírito de Vossas Eminências e de todos os cristãos fiéis essa veemente suspeita concebida mui justamente contra mim, com sinceridade e fé verdadeira, abjuro, amaldiçoo e detesto os citados erros e heresias.*

Lido o veredicto e cumprida a cerimônia de abjuração pública (ao término da qual, segundo contam alguns, Galileu Galilei teria murmurado ironicamente: "*eppur si muove*", sendo: "e, no entanto, ela se move").

Galileu Galilei é considerado historicamente um precursor nos estudos e experimentos, a partir do estabelecimento de um método de observação rígido, fomentando o início do método científico. Entretanto, por uma série de estudos publicados, obteve controvérsia, que se pode atribuir também como um exemplo de antinomia, principalmente com as ordenações dos jesuítas, o que o levou posteriormente ao julgamento da Santa Inquisição.

Dessa forma, Galileu teve de se sujeitar à regra de outros, mesmo estando convicto de seus estudos e conclusões quanto ao heliocentrismo. E, apesar de um desfecho difícil, torna-se inegável que a Inovação ocorreu, sendo que a heteronomia implica no contexto em que tal Inovação transcorre, envolvendo questões e situações relativas à configuração da argumentação, muitas vezes carregada de polêmica e controvérsias.

Portanto, apesar do caráter de significado antônimo, tanto a autonomia como a heteronomia não significam impedimento da elaboração e realização da Inovação, mas, sim, as maneiras, e, portanto, implicado nas regras vigentes, com que tais trâmites de Inovação ocorram, mesmo que sejam bastante antagônicos.

A depender do contexto, em que se prevaleça a heteronomia, a ato de inovar pode ser mais dificultoso. Assim, referenciando novamente o Diagrama 2.7.4-a: propósito, elaboração, realização, imponderabilidade, contratempos, constatação e determinação com formas de validação amplas, tal contexto de heteronomia estaria mais associável às questões de imponderabilidade e contratempos. Também, novamente, referencia-se a Tabela 2.4.2.1-a: configuração e detalhamento da argumentação, em que se enaltecem as distinções entre explicar, convencer e persuadir.

Assim, temos:

Diagrama 3.4-a: autonomia e heteronomia no transcorrer (de forma não concomitante) dos trâmites definidores da Inovação.

Então, a autonomia não significaria a livre forma de atuar em prol da Inovação, sem amarras baseadas em crenças impeditivas. E, sim, a independência com preceitos que conceitualmente poderiam se opor aos trâmites da Inovação, uma vez que a argumentação se torna em muitos casos mais objetiva, sucinta e direta, promovendo-se o valor que se pretende alcançar, como efeito ou resultado. Entretanto, por não ter essas espécies de amarras ou limitadores ou controladores do trabalho, faz-se necessário um maior fomento nos trabalhos, em termos de recursos e validações, a fim de efetivamente obter a Inovação.

3.5. A PROPOSTA NEOLOGISTA DO TERMO "HIPERNOMIA" (EXCESSO DE NORMAS OU REGRAS)

Outro fator que pode influenciar no processo de Inovação tem a ver com o excesso de regras. Como diz o ditado popular, "às vezes, ter muito é o mesmo do que não ter nada". Tal ditado se refere às situações em que ter pujança ou alta quantidade de algo, acabe por implicar em entraves, problemas e dificuldades. E, em contrapartida, comparando-se ao fato de contextos de absoluta escassez, ou pouca quantidade, serem mais indicativos em termos de se ter problemas ou dificuldades.

Imaginemos um exemplo simples: uma pessoa muito rica, dotada de bens e altas quantias financeiras, que gostaria de encontrar uma outra pessoa para um relacionamento afetivo. É bastante comum que ela tenha dúvidas quanto ao real interesse da outra pessoa: se é pela riqueza ou por suas características pessoais.

Obviamente, trata-se de uma situação hipotética. Entretanto, no caso de uma situação contextualizada, repleta de regras, é possível que ocorra imensa confusão, bem como aconteceria em um contexto de anomia. Pelo simples fato de que o referenciamento ou abalizamento, que uma regra ofereceria, torna-se confuso ou simplesmente não identificável, em um contexto de alta quantidade de regras, a serem avaliadas e consultadas; fazendo com que a premissa fundamental, ou essencial, quanto à função de uma regra, se torne distorcida ou obscura, que seria guiar, orientar e determinar a forma, o critério, o método e a condução de uma atividade e ação.

O excesso de regras pode ser decorrente de sucessivas tentativas de se aprimorar, padronizar, complementar e suplementar as regras já vigentes, estabelecendo-se um emaranhado de critérios e condutas que variam a partir da alta especificidade, desde o genérico ou amplo até o meio termo, envolvendo escopos, questões ou temas dos mais diversos também, como operacionais, conceituais, gerenciais, mercadológicos, estratégicos e holísticos.

Por essa razão, propõe-se o uso do neologismo *hipernomia* (muito utilizado, por exemplo, no linguajar jurídico-acadêmico). A Inovação também pode decorrer ou atuar na *hipernomia*, sendo uma solução ou a motivação, por exemplo. E a *hipernomia* não necessariamente implica conflito ou desordem, estando isso mais alocado para as situações e conceitos relatados na antinomia (Seção 3.3), mas sim pelo fato de se fazerem necessários o entendimento e a compreensão de um eventual emaranhado e complexo contexto de regras, como exposto a seguir:

	Projetos	Produtos	Processos	Produção
Mercado para o Negócio	**Regras Internas**	**Regras Internas**	**Regras Internas**	**Regras Internas**
	Estabelecer planejamento estratégico; estudos mercadológicos; definição do público-alvo; planos de investimentos; resultado da análise crítica da administração.	Planejamento de novos produtos; avaliação de descontinuação de produtos atuais; análise de portfólio por participação no mercado; demarcação da rentabilidade por produtos.	Determinação de metas e objetivos para produtividade; resultado da avaliação dos custos versus rentabilização; definições e regras de orçamentos; vendas.	Meta de produtividade; meta do índice de qualidade; capacidade real versus esperada; meta dos prazos.
	Regras Externas	**Regras Externas**	**Regras Externas**	**Regras Externas**
	Concorrência; cenário macroeconômico; custos de captação financeira; regulamentação do mercado; novos mercados.	Concorrência; tecnologia ou métodos utilizados; legislação; regulamentação de uso e esclarecimento de manuseio; meio-ambiente; Preços / Custos.	Concorrência; credibilidade; percepção da eficiência-Eficácia concorrente; cenário macroeconômico.	Concorrência; expectativa dos prazos de demanda; benchmark.

	Projetos	Produtos	Processos	Produção
Cadeia Operacional	**Regras Internas** Resultado das avaliações de permissividade; plano de investimento; capacidade operacional almejada; meta de índice de eficiência.	**Regras Internas** Adequação entre expectativa e realidade; complexidade de adaptação; qualidade; expectativa de custo-alvo.	**Regras Internas** Estabelecimento de normas, manual, políticas e procedimentos; compras e aquisição; trâmite de comunicação; orientação via processos versus taylorismo.	**Regras Internas** Anseio por padronização; metas de produção e qualidade; procedimentos; técnicas ou formas de resolução de conflitos e problemas.
Cadeia Operacional	**Regras Externas** Expectativa de satisfação; concorrência; benchmark.	**Regras Externas** Satisfação dos consumidores; legislação de consumo e serviços; benchmark.	**Regras Externas** Expectativa de satisfação; concorrência; potencial de redução de custos; benchmark.	**Regras Externas** Satisfação dos consumidores; legislação trabalhista e segurança; cenário macroeconômico; benchmark.
Resultados, Valor e Finanças	**Regras Internas** Indicadores de desempenho dos projetos – realizado versus projetado; fluxo de caixa mínimo; rentabilização.	**Regras Internas** Apuração dos custos e rentabilidade; análise crítica dos resultados; relatórios gerenciais.	**Regras Internas** Captação das informações para conciliações, contabilizações e controladoria; procedimentos contábeis; prazos dos informes e relatórios financeiros; depreciação dos ativos; pessoas (RH); tecnologia da informação.	**Regras Internas** Apuração dos custos; apuração da eficiência; inventário; custo da manutenção; custo do Investimento; relatórios de performance.
Resultados, Valor e Finanças	**Regras Externas** Cenário macroeconômico; índices econômicos, para empréstimos; práticas de projetos financeiros; legislação; tributação.	**Regras Externas** Legislação; meio-ambiente; reputação / imagem / mercado; benchmark.	**Regras Externas** Auditoria fiscal, contábil, gerencial e tributária; legislação; boas práticas contábeis; economia do valor; gestão do caixa, fluxo, contas-a-pagar, recebíveis.	**Regras Externas** Normas de mobilização, depreciação e apuração contábeis; legislação; auditoria financeira e física.

Tabela 3.5-a: emaranhado de regras de uma hipotética organização comercial e industrial.

A tabela referencia os conceitos demonstrados nas Seções 1.2.2 e 1.2.3, relacionados às definições de macrofluxo e escopos. Nota-se a distinção destes, na Tabela 3.5-a, a fim de esmiuçar as definições genéricas de regras internas e externas, compreendendo essas diversas formas como trâmites internos, procedimentos, políticas, normas, legislação e boas práticas. Assim, tais agrupamentos de regras visam tanto ao tácito quanto ao formal, bem como ao desejável e ao obrigatório ou mandatório, sempre demonstrando como critérios e formas de condução e exercício de atividades, funções e ações.

Dessa forma, nessa simples exposição da Tabela 3.5-a, orientada para a exemplificação de uma organização de indústria e comércio, observa-se uma quantidade elevada de regras.

Por exemplo, essa organização iniciará um projeto de um novo produto. Portanto, começa-se por observar toda a regulamentação legal-normativa existente em relação a esse produto. Adicionalmente, o produto terá explicitados os atributos que o tornam vendável, atrelados aos conceitos de atratividade (por exemplo, estética diferenciada e agradável aos clientes; relação preço *versus* benefício proveitosa etc.). Dessa forma, exprimem-se dois emaranhados de regras, que auxiliarão na formulação dos requisitos desse produto, para o qual se deve observar a adequação dos métodos e das formas produtivas e definir um planejamento financeiro. Finalmente, é necessário verificar toda a consonância desse futuro produto, em relação aos processos acessórios e inerentes, como contabilização e operação.

Então, é bem plausível a observação de uma quantidade de regras das quais tanto a especificidade como a generalização podem ser caracterizadas de forma concomitante. Assim, uma organização pode esquecer ou observar de forma superficial certa regra, acarretando eventual falha ou retrabalho posteriormente.

Dessa maneira, existe uma série de ferramentas ou metodologias que visam auxiliar essas dificuldades inerentes, a *hipernomia*. Destacando-se apenas algumas, têm-se:

<table>
<tr>
<td>VA / VE (Value Analysis / Value Engineering)
FMEA
QFD
DOE
APQP / PPAP
6-sigma
Design Think
Lean Manufacturing e Lean Think
PMP / PMO
SCRUM / Metodologia Ágil</td>
<td>FEL (Front End Loading)
Orçamento a base zero
ISO 9001 / ISO 14001
Business Intelligence
IFRS
EVA
Risk Management
Processo Contínuo versus a Evento Discreto (on demand)
ERP
IoT</td>
</tr>
</table>

Nota-se uma série de acrônimos e descrições, que visam estabelecer metodologias (aplicação de métodos, como formas, meios, critérios, organizações, planos e instruções) para escopos específicos, como produtos do tipo: DOE (*Design of Experience*) e FMEA (*Failure Modes, Effect Analysis*); metodologias de gestão de projetos, como PMP (*Project Management Professional*) e SCRUM (ou metodologia ágil de projetos); sistemáticas da gestão da qualidade, como APQP (*Advance Product Quality Planning*) e ISO 9001; implementação de sistema informatizado, como ERP (*Enterprise Resource Planning*); gestão geral do negócio e operação, como 6-sigma (técnicas estáticas de controle e gestão) e *Lean Manufacturing* (derivado do *kaizen*, sistema *Toyota* de produção); melhoria contínua, como o *Design Think* (metodologia de análise e síntese) e VA / VE (*Value Added / Value Engineering*); contábil e financeira, como IFRS (*International Financial Reporting Standards*) e EVA (*Economic Value Added*).

Tais metodologias, isoladamente, visam a aplicações e escopos tanto específicos como generalistas, atribuindo-se regras para situações, circunstâncias e contextos em que se pode, em tese, agregar melhor organização e gestão. Os tipos de mercado, negócios e organizações interessados na aplicação também podem variar bastante, desde indústrias, consultorias, serviços de publicidade até centros de pesquisas.

Assim, fica claro que essas metodologias apresentam diversos aspectos de Inovação, pois buscam prestar auxílio, melhoria e evolução. Entretanto, observa-se também uma hipernomia a partir da vasta quantidade e abrangência dessas metodologias, quando estas são inseridas em um contexto já de hipernomia; corroborando-se para "mais" hipernomia.

Um exemplo de cunho histórico remete à Alemanha de 1945, já no pós-guerra (Segunda Guerra Mundial), quando o território alemão foi dividido pelos países aliados vencedores da guerra, e que, a infraestrutura, a sociedade e a economia estavam praticamente no caos absoluto. Havia um contexto de alta complexidade para se efetivar ações de recuperação e retorno ao crescimento sustentável socioeconômico desse país. Pode-se argumentar que existia uma série de hipernomias pertinentes e concomitantes em trâmite. Pois tendo em vista a tensão entre os regimes econômicos vigentes, o liberalismo americano, o comunismo soviético, o poder de compra reduzidíssimo, os preços tabelados e fixos desde 1936, havia um regime de racionamento imposto à população, as comercializações ocorriam a partir da prática do escambo, a população adulta masculina fora significantemente afetada pela guerra, e o Plano Marshall previa um auxílio menor à Alemanha em comparação ao Reino Unido e à França.

Assim, um grupo de pesquisadores (pode-se listar Ludwig Erhard, primeiro-ministro da economia, e segundo chanceler da Alemanha Ocidental, Walter Eucken, autor do livro *Princípios de economia política*, Hans Grossmann Doerth, Franz Böhm, Willhielm Röpke, Alfred Müller-Armack e Konrad Adenauer, primeiro chanceler da Alemanha Ocidental), reunidos na escola de Friburgo, definiram uma teoria denominada *ordoliberalismo*. Em que o prefixo '*ordo*' implica no significado de 'ordem', e a teoria seria também denominada como 'economia social de mercado', cuja definição dada por Klein afirma:

> *A teoria dessa escola prevê uma espécie de fusão entre o socialismo alemão do oeste e o liberalismo, que programou o chamado "Milagre Econômico Alemão" na década de 1950. Essa teoria prevê que o mercado deve ser controlado, e não ser livre totalmente como previsto pelo liberalismo clássico, mas sim, o Estado deveria ser o seu provedor de forma a garantir a concorrência e a estabilidade monetária. Dessa forma, essa teoria ordoliberal também pode ser conhecida como Economia Social de Mercado, pois combina termos do liberalismo clássico com a economia planejada no estilo soviético. Dentre as políticas do ordoliberalismo, estão: uma política monetária independente; o controle de cartéis e monopólios; o abandono do protecionismo; uma política econômica estável e previsível; uma imposição redistributiva; a correção das reações anormais dos mercados por parte do Estado, de forma que o mesmo venha a intervir, responsabilizando-se por suavizar as flutuações conjunturais e facilitar as adaptações estruturais da economia de mercado; o Estado não deve planificar ou dirigir o processo econômico, tal como na economia soviética.*

Nota-se claramente que os pesquisadores da Escola de Friburgo procuraram desenvolver uma inovadora teoria econômica, a fim de aplacar as diferenças seccionais e sectárias existentes à época, em conciliação com uma atividade de reestruturação e recuperação da economia alemã, pois observou-se:

> Dessa maneira, com essas reformas entre junho e dezembro de 1948, a produção industrial no oeste nas três zonas aumentou 50%. Em maio de 1949, as três zonas foram fundidas para formar a República Federal da Alemanha, comumente chamado de a Alemanha Ocidental, enquanto a Alemanha Oriental permaneceu sob o domínio soviético como a República Democrática Alemã. Em 1958, o PIB per capita da Alemanha subiu três vezes. O país superou a França e o Reino Unido, apesar de receber muito menos auxílio do Plano Marshall.

Dessa forma, observa-se uma atuação disruptiva com o contexto de regras vigentes, à época, nessa exemplificação, pois optou-se por elaborar um novo princípio de regras em vez de lidar e administrar toda a hipernomia existente. Trata-se, portanto, de um exemplo de Inovação, bem-sucedida, a partir de um contexto de hipernomia.

Nota-se que a atuação via Inovação precisa estruturar a consonância ou harmonia nas atuações das seguintes atividades:

- quanto à elaboração das regras;
- quanto à revisão da efetividade das regras;
- quanto à destituição ou nulidade de regras.

Para corretas orientação e organização, em um contexto de hipernomia, ao se estabelecer e obter ações de Inovação, deve-se respeitar essas três atividades como preceitos para dar início à prática da Inovação. Isso decorre, pois, ao não se entender e compreender todo o contexto de hiperinomia e, posteriormente, não corrigi-lo e não ajustá-lo, qualquer ação posterior estará ainda sujeita às possibilidades de antinomia, e/ou sujeito à ineficiência por contratempos e situações de imponderabilidade constantes, acarretando falta ou diminuição drástica do comprometimento funcional, que visava primordialmente o ato ou a ação inovadora (projeção da mudança, efeito desejado), por se demonstrar inepta frente ao contexto de hipernomia.

Assim, têm-se:

Diagrama 3.5-a: configuração das ações na hipernomia para fins de Inovação.

Fundamentalmente, observando o Diagrama 3.5-a, nota-se a necessidade ou a coerência em se ter uma espécie de supervisão, organização, gestão ou simples administração das coisas amplas e vastas relacionadas ao emaranhado de regras. Ter-se-ia, assim, uma referenciação (ou um paralelo) com a visão ampla, específica e irrestrita, na Seção 1.2.2.1, em que se deve estabelecer parâmetros de medida e mensuração, a partir das características dos fatos e acontecimentos, em relação ao escopo, especificidade e abrangência. Assim, temas com alta abrangência de escopo e baixa especificidade são relacionáveis à visão ampla das regras. Já o inverso, temas ou assuntos de alta especificidade e pequena abrangência do escopo, compõem-se com a caracterização de uma visão específica. Conjuntamente, a capacidade da interlocução ou intermediação em transitar nessas duas visões torna-os, portanto, atribuíveis de uma visão irrestrita, por conseguir entender o amplo e vasto (macro), com o detalhado e concentrado (micro).

Assim, propõe-se também os neologismos: *macronomia* e *micronomia*, em que haveria uma tratativa e, principalmente, organização estrutural ou simples supervisão (gestão, administração), em relação às regras com abrangência ampla e com escopo genérico. Concomitantemente, existiria, respectivamente, uma tratativa com as regras de abrangência específica e com o escopo detalhado.

As funções da *macronomia* e *micronomia* seriam, portanto, de propriedade organizadora, a fim de se valer dos preceitos do Diagrama 3.5-a; pois, para se constituir as ações de elaboração, revisão e destituição das regras, em um contexto de *hipernomia*, deve-se primordialmente conseguir identificá-las, entendê-las e compreendê-las quanto a essas caracterizações de escopo e abrangência, viabilizando-se, assim, a coerente e equilibrada coordenação e harmonia dos critérios, métodos e formas de condução a serem propostos ou definidos no âmbito das regras, evitando-se ou diluindo situações de anomia, antinomia e (conflitos) da autonomia com a heteronomia.

Uma analogia extremamente simples, com o neologismo de *macronomia* e *micronomia*, seria com os conceitos, amplamente já definidos e consagrados, de macroeconomia e microeconomia. Em que, assim, um se faz válido para uma atuação ampla, e outro restrito ou detalhado, respectivamente; quanto o trato das ciências econômicas em geral. Outra analogia válida, nesse contexto, refere-se à teoria geral da relatividade, como uma abordagem conceitual em *macronomia*; e para a *micronomia* seria a abordagem a partir da teoria quântica; em que, respectivamente, uma teoria atua no espaço sideral entre planetas e constelações cósmicas: a outra, no infinitesimal espaço atômico.

Isso se torna, portanto, um aspecto relevante para os trâmites de Inovação, pois, os efeitos conflitantes ou desqualificadores que se pode simplesmente ter, em relação ao estabelecimento de regras, permite a motivação ou precursão de ações ou atos de Inovação. Paralelamente, esse contexto de efeitos deletérios ou perniciosos, quanto às interações e integrações de funções e atribuições das regras, pode também inviabilizar ou alongar demasiadamente, eventuais trabalhos de Inovação.

Assim, têm-se:

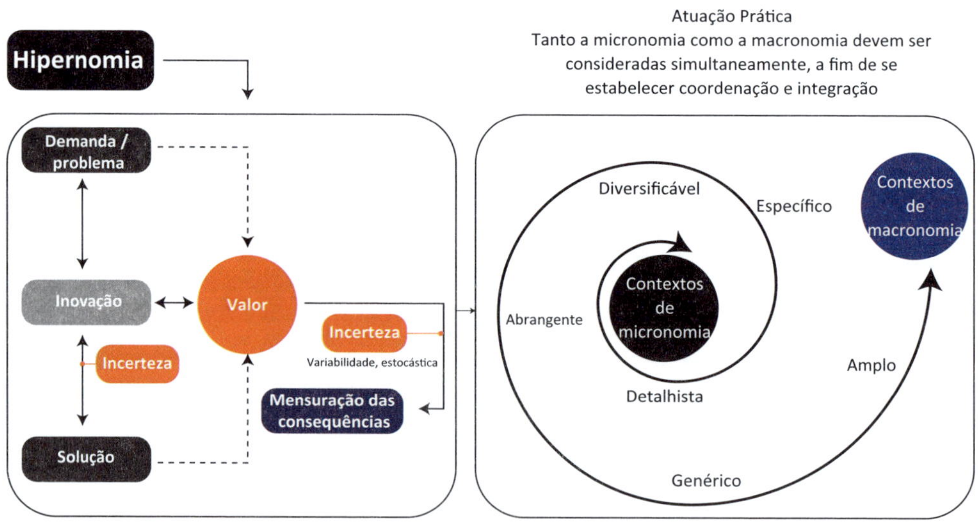

Diagrama 3.5-b: a *hipernomia* via Inovação conforme a *micronomia* e *macronomia*.

Torna-se eloquente, dessa forma, a atribuição de abordagens que visem tanto à atuação macro e micro, em termos de elaboração, revisão e destituição das regras, para fins de uma organização, supervisão e gestão ampla, específica e irrestrita, em prol da Inovação. Caso claro, não há distinção entre o amplo e o específico, vale-se da máxima do poeta da Roma antiga, Juvenal: *mens sana in corpore sano* (mente sã em corpo são), em que haja o contraponto de aparentes e supostas objeções ou distinções, como a mente e o corpo em que, na verdade essencial, essas não se oponham ou sejam objeções, e sim complementações de uma coadunação.

3.6. O EQUÍVOCO DO ESTABELECIMENTO DE UMA ANORMALIDADE COMO UMA NORMALIDADE

A Inovação pode também ser definida como o processo de aplicação de um ciclo epistemológico, que consiste basicamente e retoricamente na aquisição de conhecimento para a produção de hipóteses e, posteriormente, propostas. E que faz-se necessária uma configuração mental (de um indivíduo ou do coletivo) preconizada em equidade emotivo-cognitiva e passível do entendimento-compreensão ao incremento de possibilidades, em que haja ou se estabeleça objetivos e atividades em um ritmo constante e concomitante (com eventuais demais atividades decorrentes da complexidade usual de um projeto), em que vise obter a efetividade da elaboração, realização e resultante de cunho ou propriedade inovativa.

Um dos motivos de uma eventual estagnação inovativa em produtos e processos é decorrente e proporcional ao volume ou à quantidade de operações. Caso essa quantidade de operações seja anafada e massiva, em que há a existência de múltiplas cadeias produtivas, com diversos participantes (indústrias e empresas, em países distintos) de proporções enormes em termos de grandezas de itens (produto final montando, com os antecessores componentes ou subsistemas, também fabricados) produzidos, com alta escala de produção, transporte e comercialização (em que essa altíssima escala a visa a um baixo custo produtivo), pode-se avaliar tranquilamente que qualquer alteração em um princípio de funcionalidade, que acabe por modificar estruturalmente tal cadeia-produtiva massiva e expressiva, acarreta clara divergência, e, assim, resistência à mudança e intenso desinteresse.

Essa situação é análoga a uma locomotiva atrelada a diversos vagões de cargas, em que pará-lo imediatamente torna-se muito difícil. Desse modo, pode-se definir essa situação como "estagnação inovativa de produtos e processos por dependência de cadeias-produtivas amplamente difundidas". Esse contexto significa a situação em que existe uma cadeia produtiva tão bem difundida e extensa, atrelada obrigatoriamente a um tipo de produto (transmuto em um sistema funcional, como o sistema de frenagem dos veículos automotores), no qual um princípio de funcionalidade (e a sequência da descrição do funcionamento [vide Diagrama

2.7.1-a: *princípio de funcionalidade e a descrição do funcionamento, com a definição dos aspectos de sequencialidade e pré-requisitos*]) seja já bem representado em peças, componentes subsistemas e montagens, e que esses sejam fabricados e obtidos a partir de diversas organizações industriais, em variadas localidades em termos continentais e globais.

Tal cadeia-produtiva acaba por se pautar em parâmetros de produtividade e custos, tornando-a transcendente quanto às localidades e, assim, altamente complexa, de larga-escala e vultosa em termos de fluxos logísticos e monetários. Dessa forma, alterar um produto inerente a uma cadeia-produtiva nessas características torna-se uma jornada independente das propriedades inovativas, uma vez que as propriedades vigentes, atreladas aos processos produtivos e das logísticas, demonstram-se majoritárias. Advém daí a expressão: "Um galho ou muda que se destaca, em um jardim preservado milimetricamente, acaba sendo o primeiro a ser podado".

Isso implica mais uma situação em que a Inovação de produtos seja tolhida, uma vez que diversas outras Inovações, associadas aos processos produtivos e logísticos, avançaram proporcionalmente de forma mais intensa. Portanto, contextos concomitados de inovações, quanto a diferentes aplicações, podem criar paradoxos. Sendo isso, aliás, um fato bastante comum. Ao longo do Capítulo 4, situações diversas, em que a Inovação é tolhida, serão descritas, sendo uma dessa situações baseada em implicância, seja a contramedida paradoxal em relação a outras Inovações já em cursos ou estabelecidas com aplicações distintas. Traça-se assim uma espécie de aparato geral como forma de indicação das formas de limitação da Inovação.

Esse princípio, de uma anormalidade ser considerada uma normalidade, significa simplesmente se tornar refém de uma regra que anteriormente funcionou satisfatoriamente e, por questões variadas, relacionáveis às dinâmicas dos arranjos combinatórios (teias de conexões), a regra passa a ser inefetiva. Porém, também por uma ausência de um senso de perspicácia, ou simplesmente a comodidade mantedora de um status quo, a regra não é alterada, estabelecendo-se essa contradição ou paradoxo.

Analogamente, seria o mesmo de utilizar uma vassoura que suja. Pois, claro que a funcionalidade de uma vassoura visa à limpeza, movendo a sujeira para que essa seja retirada; porém, partindo-se do princípio que a vassoura não se contamine pela sujeira, aderindo-a, e assim carregando ou levando a sujeira para além de onde se encontra. Portanto, uma vassoura efetiva a limpeza, a partir do princípio que esteja também limpa ou descontaminada. Tal regra muitas vezes não é percebida, ao menos instantaneamente, e é observada somente quando a vassoura mais suja do que retira a sujeira. E assim, a função da vassoura se torna comprometida, pois limpar-lavar acarreta uma atividade que não estava programada, não permitindo a efetiva limpeza do ambiente em questão, que seria a prioridade, afetando-se em fatores relacionados aos prazos e cronogramas de atividades. O mesmo, assim, pode ser com a Inovação, pois, no caso da vassoura que não limpa mais, por exatamente estar saturada; a Inovação não é utilizada, pois se insiste em usar ou aplicar a regra vigente, sem considerar o fato de tal regra já não ser mais tão efetiva e contumaz.

O mesmo, assim, pode ser com a Inovação, pois, no caso da vassoura que não limpa mais, por exatamente estar saturada, a Inovação não é utilizada, pois se insiste em usar ou aplicar a regra vigente, sem considerar que tal regra já não é mais tão efetiva e contumaz.

Tem-se nisso o equívoco de estabelecer uma anormalidade, o fato de um processo amplamente estabelecido e consolidado, torna-se uma referência em termos de princípios de funcionalidade, fazendo com que novas propostas sejam rechaçadas ainda em promulgação.

Assim, a criação de limitações se define como um fenômeno em que, mesmo involuntariamente, haja um tolhimento aos cursos da Inovação, em decorrência de motivos vinculáveis com uma eventual severidade, qualificável como desfavorável a um ponto de vista proeminente. E tal ponto de vista, caso represente um indivíduo ou coletivo que majoritariamente capte ou influencie o poder decisório, invariavelmente a Inovação será nas melhores hipóteses procrastinada.

Estabelece-se um ciclo pernicioso de estagnação desenvolvimentista, por exatamente se ter um trâmite tão amplo e conciso que acaba por inibir a mudança que visa à Inovação. Isso pode ser definido como uma anomalia, uma vez que a Inovação se torna bastante inibida, ou até indesejável, e o estabelecimento de um trâmite extremamente vultoso se torna, por inércia, mais dificultoso quanto à mudança, que vise a uma evolução desenvolvimentista.

Uma anormalidade, portanto, pode ser transposta ou percebida como uma normalidade uma vez que exatamente se torne tão usual, constante e longamente vigente, que simplesmente a percebermos como normal. E claro, considerando-a tempestivamente, conforme a exemplificação da cadeira produtiva em escala mundial, essa situação já fora ou pode ser aplacada como algo válido e relevante, porém pela vultuosidade exagerada obtida, e com tantos trâmites, processos e atividades econômicas associadas, torna-se um processo de vasta dependência, que se assemelha a uma anomalia, por se tornar inapto a mudança e Inovação.

Explicação do exemplo de um projeto conceitual de sistema de frenagem sem o uso de fricção, conforme o Diagrama 3.6-a

Outro exemplo de anormalidade que se torna uma normalidade é o teor ou qualidade das propriedades argumentativas, utilizadas em um debate de ideias e opiniões.

A definição exata do conceito de opinião é relativamente imprecisa, pois uma opinião pode ter medidas de teor e valor bastantes variadas. Assim, uma opinião pode ser uma crença muito particular de uma pessoa, a formulação de hipóteses, a definição de um parecer ou simplesmente um julgamento e a deliberação de assuntos variados. Assim, para caracterizar especificidades, que sejam mais relevantes, aliando a uma forma bem ampla e generalizada, pode-se classificar ou definir uma opinião de duas formas:

- *Opiniões postulantes ou postuláveis:* podem originar um ciclo epistemológico, que pode ser inovativo ou simplesmente o início de um axioma de uma ideia ou proposta, que vise o conhecimento ou o tratamento e reconhecimento de outros conhecimentos. Nessa categoria, fazem-se presentes elementos de análise, exames e sínteses que inicialmente já estabeleçam um axioma ou configurem uma argumentação.
- *Opiniões individuais ou pessoais:* próprias, de cunho muito particular, praticamente se referindo a preferências e pontos de vistas individualizados. Pode envolver crenças pessoais, como também gostos e predileções.

Qual dessas formas ou tipos de opiniões podem ser consideradas asserção ou asserto? Ambas as opiniões são provenientes de pontos de vista e originárias da observação e percepção (vide, por exemplo, os Diagramas 2.4.2.4-a e 2.10-a). Entretanto, a opinião-postulante se caracteriza por ter uma configuração da argumentação, seja essa formulada por estudos, experimentos, validação, análise ou qualquer forma de processo que vise ao entendimento e à compreensão, mas ainda caracterizada por incertezas. Por essa razão, a opinião-postulante se torna uma espécie de nascedouro ou estágio inicial de uma proposta ou ideia, que vise à Inovação ou ao estabelecimento de conhecimento (básico ou aplicado).

A origem da termodinâmica clássica, do ponto de vista histórico, relacionado às pessoas precursoras, é um ótimo relato (por ser um fato) ou exemplo quanto às opiniões-postulantes. A efetivação desse ramo da física, que é totalmente fundamentado no ciclo virtuoso em que observações, via pesquisas experimentais e obtenção de resultados empíricos, provêm-se inicialmente em opiniões-postuláveis, decorrendo-se na formulação de hipóteses, elaboração de dissertações, que se transmutam em teses, que implicam teorias e, por fim, constituem leis fundamentais.

Nesse contexto, a opinião de Albert Einstein quanto às melhores propriedades que uma teoria teria:

> Uma teoria é mais impressionante ou útil quanto: (i) maior for a simplicidade das premissas usadas; (ii) mais diversos serem os tipos de coisas com os quais se relaciona; e (iii) mais extensa é a aplicabilidade.

Portanto, essa é a mais profunda impressão que a Termodinâmica clássica causou sobre mim. É apenas a teoria física de conteúdo universal a respeito da qual estou convencido de que, no âmbito da aplicabilidade dos conceitos básicos, nunca será derrubada.

A termodinâmica clássica, a partir de nomes como Nicolas Léonard Sadi Carnot (1796-1832), Emile Clapeyron (1799-1864), James Joule (1818-1889), William Thomson – Lord Kelvin (1824-1907), James Watt (1736-1819) e Rudolf Clausius (1822-1888), foi formada a partir de experimentos e postulação de significativas observações, bem como a formulação de teorias que culminaram nas leis da termodinâmica.

Já as opiniões individuais se caracterizam por pontos de vista peculiares, particulares ou enviesados, que podem se transformar em opiniões postuláveis. Entretanto, encontram-se ainda encapsuladas no contexto, circunstância, viés, entendimento e compreensão de um indivíduo ou pequeno grupo em que não há uma configuração de argumentação plausível ou apresentável, fazendo-se questionar ou caracterizando-se muito como ponto de vista específico, atrelável a uma visão restrita quanto a uma eventual amplitude ou possíveis correlações.

Assim, uma opinião individual pode estar ligada aos gostos ou preferências, caracterizando ou não um ponto de vista, ou ainda se mostrar bastante particular. Por exemplo, muitas pessoas apreciam um suco de limão, desde que esteja adoçado; pouquíssimas pessoas apreciam esse mesmo suco sem qualquer tipo de adoçante ou açúcar.

Uma opinião individual pode considerar a preferência por esportes de contato e luta (artes marciais), e outras pessoas refutar isso, por considerar tais esportes violentos e sanguinários. Entretanto, caso se efetue um estudo e pesquisa a fim exatamente de se constatar os motivos da predileção desse tipo de esporte, eventualmente a partir de resultados, dados, informações e conhecimentos conclusivos, pode-se estabelecer o fato de se apreciar tais esportes como uma opinião postulante, e esta é factível de reconhecimento epistemológico.

Já as opiniões individuais não têm uma correlação quanto ao reconhecimento epistemológico, metodológico ou que tenha falseabilidade e limites da ciência (vide Seção 5.2.3 – via Karl Popper), e assim podem se tornar meramente opiniões decorrentes de pontos de vista, fundamentadas a partir de configurações mentais específicas, experiências de vida e predileções.

Anormalidade ou anomalia é considerar uma opinião individual como uma opinião postulante a fim de se efetivar, por exemplo, um projeto, uma atividade ou uma ação. Não que uma opinião individual seja equivocada, entretanto, pelo fato de não haver um reconhecimento constatável, essa possibilidade de equívoco se torna mais palatável.

Exemplo disso decorre do trabalho do psicólogo e educador canadense Laurence J. Peter, que em conjunto com o dramaturgo Raymond Hull, lançou o livro *O Princípio de*

Peter, em 1969. Nessa obra, menciona um fenômeno relacionado às organizações com critérios traçados às mudanças hierárquicas e afirma: "Alguém está fazendo um trabalho para o qual está perfeitamente preparado. Em vez de deixá-lo brilhar e aumentar seu salário de vez em quando, a organização o recompensa com uma promoção a uma posição que ele não executa tão bem". Esse fenômeno é bastante comum e envolve a necessidade de agregar maior remuneração a um bom profissional, promovendo-o a um cargo em que ele não se sairá tão bem como no anterior. No jargão fabril, diz-se: "É perder um bom operador de máquina, para se ganhar um péssimo líder de turno".

O conceito fundamental em *O Princípio de Peter* está no que se refere como "ascensão ao seu nível de incompetência", em que "com o tempo, cada cargo tende a ser preenchido por um funcionário incompetente para cumprir suas funções". Por exemplo, um excelente vendedor não necessariamente será um ótimo gestor de vendas, uma vez que a possibilidade de impor aos comandados a sua forma de atuar e vender poderá causar incoerência e incompatibilidade, pois inevitavelmente cada vendedor pode ter um *modus operandi* bastante próprio.

Outro exemplo de anormalidades que se tornam normalidades decorre da Lei de Parkinson. Cyril Northcote Parkinson (1909-1993), historiador naval e escritor britânico, escreveu em 1955 em um artigo bem-humorado e paradoxal para a revista *The Economist*, estabelece o corolário: "O trabalho se expande de modo a preencher o tempo disponível para a sua realização". Tem-se nessa teoria que: "A teoria ficou conhecida como 'Lei de Parkinson' e, assim como a 'Lei de Boyle' explica como o gás se propaga até ocupar um espaço, ela fala sobre como o trabalho se expande para preencher o tempo". Ainda no mesmo trabalho, cita: "Mas por que esse artigo repercutiu e continua repercutindo tanto? Na opinião de Phil Coggan, colunista de gestão e trabalho na The Economist, porque 'captura algo que você pode reconhecer instantaneamente como verdade', diz ele". Tem-se nessa teoria a explicação em se ter burocracia sem criatividade, excessiva, em que se faz coisas que não tenham a devida relevância, ou qualquer sentido objetivo, mesmo essa burocracia estar consolidada.

Esses dois exemplos apresentam situações típicas em que uma anormalidade se torna transvertida em normalidade.

Exatamente desse conceito, quanto à percepção de algo inconsistente ou incoerente, estando em situação de anormalidade, seja considerado normal, por exatamente a propriedade de entendimento e compreensão esteja inerte, em decorrência de um ponto de vista vigente, que simplesmente não haja a disposição ou propriedade em ter uma visão ampla e irrestrita.

CAPÍTULO 4

A contradição funcional – razões e motivos que propiciam ou tolhem a Inovação

O capítulo 4, na sua integridade quanto a tudo que impede ou atrapalha a Inovação, pode ser acessado por meio do QR code abaixo.

Explicação do capítulo 4

CAPÍTULO 5

O índice da elaboração, realização e resultante de Inovação

Explicação da Introdução do Capítulo 5

5.1. DIVERGÊNCIAS E CONVERGÊNCIAS ENTRE ABORDAGEM PRAGMÁTICA E ABORDAGEM INOVADORA (LÓGICAS OBJETIVA E SUBJETIVA)

Um índice de Inovação, necessariamente, precisa balancear os aspectos de lógica objetiva e subjetiva. Isso significa uma propriedade de permear concomitantemente uma abordagem pragmática com outra criativa-inventiva-original (inovadora) ou elucubradora, portanto, em alguns casos, imaginativa ou conceitual (e preliminar a um axioma).

Isso acarreta uma espécie de divergência, pois o que é pragmático possivelmente atende a uma regra que, caso não tenha especificado uma abordagem criativa-inventiva-original, não a entenderá ou a adaptará em termos de efetivação da realização. Contrapondo uma abordagem unicamente criativa-inventiva-original possivelmente desconhece-se a formulação de regras rígidas e específicas, uma vez que para se imaginar uma solução não seja necessário estabelecer predecessores muito bem definíveis.

Convergir ambas as abordagens pode inicialmente representar um desafio inócuo, uma vez que estas seriam desassociáveis, estabelecendo-se como uma dicotomia. Entretanto, tais abordagens não precisam ocorrer simultaneamente, mas sucessivamente, sendo apartadas e tendo interação somente em termos de validação dos respectivos resultados.

Então, tal índice necessitará ser formulado por fases em que se respeitem as peculiaridades e possíveis divergências, entre os tipos de abordagem, que uma iniciativa ampla de Inovação careça.

Fica implícito, conforme observável no Diagrama 2.10-b (definição da forma de parâmetro como fundamentação da Inovação), um índice que vise sinalizar a capacidade de se fazer Inovação, que, necessariamente, precisará indagar quanto à propriedade de observação e percepção, para a formação de um conceito de característica de Inovação, para, posteriormente, se indagar como tal conceito é validado de forma pragmática. Dessa forma, apaziguam-se eventuais divergências nas formas de abordagem existentes, em relação à objetividade e à subjetividade.

Ao comentar a surpresa de Albert Einstein em relação à determinação de um princípio de funcionalidade plausível da primeira bomba termonuclear, invariavelmente se atesta a contestação das lógicas objetivas e subjetivas em termos de obtenção da Inovação (mesmo essa sendo para fins beligerantes).

Porém, nesse âmbito, o Índice da Elaboração, Realização e Resultante de Inovação (no acrônimo IERRI) necessita compreender os aspectos objetivos e subjetivos, o que implica maior capilaridade de propriedade de percepção e métrica desse índice. Isso, invariavelmente, permite que o índice seja multidirecional, não se limitando em inovações de tecnologias em produtos, por exemplo, que sejam claramente perceptíveis, mas passível também de utilização em inovações de métodos de educação ou medicina, por exemplo, ou em serviços em geral, com um detalhe bastante recorrível: sem a questão fundamentada somente no trato financeiro e mercadológico.

Assim, o IERRI permeia a Inovação, independentemente de essa ser baseada em aspectos financeiros de rentabilidade ou não, bem como do escopo ou campo de conhecimento. São exemplos: produto, modelo de utilidade, serviço, tecnologia, conceito, estudos, pesquisas, desenvolvimento, método ou metodologia, organização gerencial, dinâmica de tratamento de dados e informações, técnicas de aplicação etc.

Assim, as lógicas objetivas e subjetivas podem momentaneamente ou de forma incipiente se misturar ou se conjugar, assim como com a ideia de "probabilidade negativa", em que haja uma espécie de catarse ou eudemonismo em proporcionar novas possibilidades de atuação e aplicação.

O IERRI deverá apresentar uma métrica individualizada, para cada vertente: elaboração, realização e resultante, que por si trarão um resultado, e, também, serão conjugadas em um valor com teor associativo. Tal finalidade visa denotar um índice indicativo e não classificativo, em que se configuram *rankings*, por exemplo. Eventualmente essas classificações podem até ocorrer, entretanto, a finalidade mais clara é indicar ou sinalizar o quanto uma organização ou um indivíduo efetuam ou produzem de Inovação, mesmo que essa seja ainda latente, permeada na elaboração, na realização (ainda em curso) e em resultantes que ainda não compõem o resultado final.

Dessa forma o IERRI visa ser mais realístico e determinístico, quanto aos aspectos de continuidade, balanceamento e aprendizado, para se obter Inovação.

Conforme comentado na Seção 4.1.4.4 (Relações dependentes de balanceamento, o trâmite do aprendizado e o estabelecimento da noção de continuidade), tais aspectos são de extrema valia para se formatar uma Inovação plena, uma vez que questões envolvendo a definição da demanda, como também, detalhes que configurem a solução passam a ser situações que demandam tempo e condições propícias, o que um índice de medição comete o pecado de não identificar. Portanto, ao avaliar essas variações e etapas, o IERRI visa ser conciso e condizente com todas as definições circundantes com a obtenção da Inovação, conforme apresentadas entre os Capítulos 1 e 4.

A Inovação implica relutância entre a imaginação e a realidade. Pode-se aferir que certamente boa parte dos exemplos de Inovação ilustrados ao longo deste livro decorrem dessa propensão e proposição. Esse embate entre o objetivo e o subjetivo forma valor indissociável tanto da vertente criativa-inventiva-originária, que em um princípio de funcionalidade promove tal conceito a ser submetido à fria análise da constatação e determinação das viabilidades técnicas e financeiras (ao menos essa para o prosseguimento da validação completa) da Inovação, quanto da relação de causa e efeito que demonstre um nexo entre necessidade ou demanda e atendimento ou resolução.

Uma maneira simples de se aplicar a conceitualização entre o objetivo e o subjetivo diz respeito ao princípio de escolher ou identificar a melhor porção de um determinado conceito. Por exemplo, ao dizer "quero ter paciência, sendo impaciente", cria-se uma metonímia em que se almeja ter uma espécie de ponderação, equilíbrio e sensatez (decorrentes do sentimento de paciência, por extensão de sentido), aliado ou concomitante, com a propriedade de ser rápido, ligeiro, ávido e inconformado (com o estado e as coisas em geral), proveniente do aspecto de impaciente; e, assim, seja eficaz e eficiente.

Nesse exemplo, "ter paciência sendo impaciente" significa que o sujeito busca objetivamente a qualificação da calma e da ponderação, comum dos pacientes; mas, subjetivamente, almeja ser rápido e capaz de fazer algo que normalmente demanda tempo em um período encurtado. Ambas as porções, de qualificação (paciência e impaciência) são literalmente incompatíveis, por exatamente uma ser a antítese da outra. Entretanto, extraindo a melhor ou mais adequada qualidade ou acepção de ambos os conceitos, pode-se os combinar simultaneamente, a partir da síntese de uso de cada uma dessas porções, tanto na definição do objetivo e as diretrizes do objetivo, como também, na forma de elaborar, realizar e resultar a Inovação. Na prática, "ser paciente com impaciência" implicaria planejar algo muito bem para que isso fosse efetivado de forma excepcional, em termos de prazo ou resultado, transmuto e identificável na definição de eficácia e eficiência.

Outra metonímia inerente à conjunção paradoxal entre objetividade e subjetividade, refere-se ao pressuposto ser "organizado na desorganização", que se refere à contradição de uma pessoa apresentar desorganização na arrumação e disposição dos seus objetos pessoais, porém torna-se metódica e sistemática na forma de definir uma ação ou atividade, a partir de um bem traçado planejamento devoto de princípios racionais (por exemplo, como aconteceu na descoberta da penicilina).

A questão que ainda envolve a dualidade entre lógica objetiva e subjetiva está presente em diversas situações, que suscitem ou necessitem de uma variante de análise de dados.

Um exemplo simples refere-se à análise de fatos históricos, especialmente se interpretando o legado do império romano. É fato e, portanto, objetivo, que o império romano constituiu um domínio territorial vasto, o que é amplamente constatado e evidenciado até no período atual, existindo relíquias e registros históricos em diversos locais do mapa europeu, norte-africano e oeste-asiático (oriente-médio).

Entretanto, torna-se mais subjetiva a herança posterior desse império, já desfeito na porção europeia, principalmente no decorrer da Idade Média, pois há uma análise de lógica subjetiva de que a cidade de Roma sempre manteve uma influência bastante considerável, a partir da figura papal, que representava o líder da religião vigente, e que qualquer outro monarca lhe devia submissão, mesmo que essa não fosse completa e circundada por aspectos religiosos.

Essa influência e poder de mando jamais foram imensuráveis, pois a influência dos papas se transcorria por meios de convencimento e persuasão, e não pela imposição mandatória. Assim, fazendo-se valer da autoridade máxima religiosa, e dependendo da propriedade e qualidade persuasiva, a capacidade da figura papal de dominar vastas regiões seja comparável ao próprio Império Romano, apesar de circunstancialmente ser distinto, porém de relativa efetividade.

Somente a partir da outorga de outras propriedades e princípios religiosos, tem-se a efetiva decadência da propriedade de influência decorrente da cidade de Roma. Essa análise sempre será passível de subjetividade, pois, mesmo existindo fatos e registros quanto a influência papal em decisões além da cidade de Roma (e o Vaticano), outras análises são necessárias, como por exemplo, a cisma papal no ocidente, como também, simplesmente a distinção entre períodos históricos, e como comparação entre esses se torna temerária, pela complexidade e diferenças nos contextos de cada época.

Assim, uma análise e síntese quanto à Inovação percorre essa dualidade entre lógicas objetivas e subjetivas. Invariavelmente, isso pode implicar divergências opinativas, similares à análise da influência de Roma, comparativamente entre a Antiguidade e a Idade Média.

Dessa forma, como se deve efetivar um projeto de Inovação, caso esse tenha uma lógica em predominância subjetiva? A resposta é simples: não se deve! Faz-se, sim, necessário existir uma lógica objetiva pautada e fundamentada, a fim exatamente em aplacar incertezas (vide Seção 2.6). É pouco provável imaginar que um projeto com uma lógica totalmente objetiva, considerando-se ainda o mesmo na fase inicial. Assim, o mais relevante é que ao menos, a relação causa-efeito, a definição do princípio de funcionalidade e o estudo financeiro (caso aplicável) sejam mais bem estruturados em uma objetividade palatável, mesmo que conceitualmente.

Uma alternativa, de válida relevância, quando a lógica subjetiva é indissociável, refere-se a saber lidar com os "princípio da situação potencial significativa", a "metade das coisas" e a "síndrome polo positivo e negativo"; em que a expectativa de resultante seja passível de múltiplos resultados, traçados a partir dos princípios de favorecimento ou contrariedade, conforme o Diagrama 2.4.2.2-a e a Seção 4.4, e a forma de obtenção também seja considerada além da expectativa dos resultados.

Um ótimo exemplo entre a dualidade objetiva e subjetiva refere-se ao conceito de m*oneyball* (extraído do livro *Moneyball: The Art of Winning an Unfair Game*, de Michael Lewis). Genericamente, esse conceito implica estabelecer e utilizar métricas e indicadores que criem uma base de dados numéricos, em que se possa computar estatisticamente, fomentando-se informação de conhecimento (ciclo epistemológico) para decisões mais assertivas, diminuindo-se as incertezas. Tal conceito tornou-se um método para a avaliação da *performance* e do rendimento de atletas, originalmente no beisebol, visando dirimir a lógica subjetiva na escolha e seleção de atletas, seja por olheiros, seja por trocas.

O conceito do *moneyball* por si implica uma Inovação, já que estabelece uma relação de causa-efeito frente a uma necessidade (reduzir incertezas na seleção de jogadores), com um princípio de funcionalidade efetivo (dados numéricos de desempenho atlético-esportivo, que se transformam em conhecimento, via tratamento analítico estatístico); porém, é claramente um exemplo de se estabelecer uma equidade entre as lógicas objetivas e subjetivas, em outros contextos de Inovação.

Tal conceito reverbera em diversos outros segmentos esportivos-profissionalizantes, e ainda, direciona o uso e desenvolvimento, de outros conceitos, como o Big Data, que implica a elaboração-realização-resultante de métodos numéricos e computacionais para viabilizar a transformação de um volume massivo de dados em informação, conhecimento e, assim, na propriedade de análise e decisão (inteligência).

O IERRI deve procurar captar as nuances entre os aspectos subjetivos e objetivos, por mais que isso seja passível de incerteza, apenas a fim de permitir a identificação do potencial de Inovação, em termos de disposição, preleção ou preferência quanto à criatividade-inventividade-originalidade.

5.2. ESTRATÉGIA VIA INOVAÇÃO

Na Seção 4.1.1 (As categorias da percepção, do entendimento, da compreensão e da eloquência), os termos estratégia e Inovação foram correlacionados a partir da propriedade de percepção quanto à formulação de objetivos que visem conciliar um trâmite de elaboração e realização com um resultado que efetivamente se define como uma solução para uma demanda fundamentada em necessidade, interesse e oportunidade (vide Diagrama 1.1-b: correlação dos conceitos adjacentes para a definição da Inovação).

Nesse contexto, pode-se atribuir os termos adequabilidade (já empregado diretamente no Diagrama 1.1-b), como também o termo utilidade (indiretamente aplicado, também no Diagrama 1.1-b, a partir da interação da acepção da palavra necessidade).

Assim, resumidamente e recapitulando, a aplicabilidade é a propriedade de algo ser facilmente utilizado, promovendo a qualidade de ser aplicável ou prático e, portanto, diretamente utilizado.

Já a utilidade provém da acepção de necessidade, fazendo com que algo seja útil ou necessário. Portanto, torna-se bastante intuitivo que uma estratégia acertada, independentemente da sua natureza e escopo, seja aquela que alie, una ou integre a aplicabilidade e a utilidade;. transmutas essas, na acepção de praticidade e necessidade, respectivamente. Então, caso exista uma determinada necessidade, e para tal se possa aplicar uma solução, a estratégia nada mais seria do que perceber isso e viabilizar a elaboração, realização e resultante de tal coisa. Essa seria uma estratégia viável em decorrência de uma Inovação, os termos aplicabilidade e utilidade são substituídos conceitualmente pelas definições de relação causa e efeito, princípio de funcionalidade e planejamento.

O IERRI também visará identificar as propriedades de definições de estratégias por meio da Inovação essencialmente. Essa caracterização estará bem clara e evidente no que tange a definição da relação de causa e efeito, denominadas na proporção de demanda e solução.

Efetuando-se uma analogia, há no campo de conhecimento jurídico-advocatício o termo "prevalência de vontade", em que se distinguem as vontades reais com as vontades declaradas. Esses termos são de extrema valia para pactuação e contratação, em negócios, que devido à natureza complexa podem decorrer em conflitos. Assim há um princípio interpretativo jurídico fundamental (transformado em norma), caso haja descompasso entre o que se pretendia estabelecer e o que foi efetivamente pactuado entre as vontades real e declaradas (literal), de modo que a prioridade deve ser dada à vontade real, sendo que a intenção dos contratantes deve ser valorizada e prevalecida. Nesse princípio, salvo questões distorcidas, com intenção de fraude, erro proposital e coação, demonstra-se a noção de possibilidade de incompatibilidade entre o pretendido e o obtido, a partir da vertente representada pela prevalência da vontade. Assim, atributos simples, como coragem e vontade, são elementos de variações dos aspectos e acepções, conforme exposto na Seção 4.4.2 (Disposição ou indisposição [pontos de vista divergentes]), quanto à formulação de estratégias de Inovação.

Implícito a isso há um conceito que se refere ao entendimento da metade das coisas, que basicamente tem a ver com o âmbito ambíguo ou antagônico de uma determinada coisa, que implica um resultado esplêndido, porém é subitamente agregada de uma forma de obtenção extremamente difícil, por exemplo. O conceito de "metade das coisas" representa isso, a dificultosa obtenção de algo proveitoso: em que uma metade é essa forma ou maneira ou processo de se obter, e a outra implica exatamente o resultado final tão almejado. *Vide* o Diagrama 2.4.1.2-b (Correlação entre as grandezas de valores da complexidade [execução] e atendimento [efeito, resultado]), no qual a visualização dessa situação se torna clara a se considerar as classificações nas extremidades maiores de cada um dos eixos cartesianos.

Nota-se que esse conceito de "metade das coisas" não implica majoritariamente em dicotomia, quando, por exemplo, se usa a expressão que os mercados financeiros de ações, em bolsas de valores, sejam regidos pelo medo ou pela ganância, sendo cada uma dessas vertentes distintas e, portanto, dicotômicas. O conceito de metade das coisas se aplica em um âmbito concomitante, em que haja contrariedade e antagonismo, porém esses estão implícitos em uma diretriz de objetivo. Um exemplo bem simples é o desejo de uma pessoa em ter uma boa condição cardiovascular, estabelecendo-se como saudável, visando obter uma menor probabilidade de desenvolver cardiopatias. Para se ter esse benefício, que podemos adotar como uma das metades, a outra porção implica sacrifícios, que acarretam dificuldades, ao menos inicialmente. Pois tal pessoa, já tendo uma rotina atribulada, precisará reservar um tempo extra para a prática de exercícios físicos além de ter de mudar hábitos alimentares e eventualmente eliminar tabagismo e o sedentarismo. Essa façanha não é simples e normalmente acarreta em desistência, pois de forma afetiva-cognitiva a mente humana atenta à prática de exercícios como algo inatural, e cansativo, determinando uma resistência. Condicionar a mente implica determinação e constante persistência, o que denota uma certa fadiga mental e física.

Assim, o conceito de metade das coisas é isto: duas porções distintas, porém conjuntas, em um contexto de atividade ou ação.

Pode-se concluir, retoricamente, que o usufruto de algo que seja bastante válido e proveito, tenha apenas a metade do teor do valor antes avaliado, uma vez, que a metade defasada é o custo da obtenção.

Esse conceito, quanto a implicações de ter e como se obter, distinguindo-os em duas metades, é facilmente aplicável em diversos outros exemplos, como de um atleta que desfruta a obtenção de uma medalha olímpica, em um determinado esporte, e se recorda do imenso sacrifício pessoal em prol desse feito, não tendo realizado anteriormente outras atividades que não fossem relacionáveis ao aprimoramento e desenvolvimento de sua capacidade e propriedade de sobressair nesse esporte de competição. Também um projeto de impacto consideravelmente positivo pode ter um prazo demasiadamente curto, por motivos diversos, por exemplo, o que implicaria em exímio sacrifício em termos de carga horário para os recursos humanos da equipe condutora desse projeto.

Esse conceito da "metade das coisas" possibilita outras extensões de sentido e aplicação, como em organizações vultosas (tanto governamentais quanto empresas privadas de larga escala de atuação e volume de operação), em que o fato de uma pessoa mais competente, implicada numa maior propriedade de realização de atividades com eficácia e eficiência, é preterida por alguém que tenha maiores possibilidades de fidelização, lealdade ou confiança, a partir de uma cadeia ou linha de comando hierárquico. Essa situação é comum, pois, para as pessoas de alto comando (cargos hierárquicos de fim da linha de comando), se torna válido o alto teor do valor de se ter subordinações confiáveis e leais, uma vez que quaisquer fatos ou acontecimentos que ocorram, independentemente do detalhismo, serão sempre passíveis de seus conhecimentos, decidindo se devem ou não interferir, bem como, majoritariamente, não sofram questionamentos ou atos de desdém, dos referidos subordinados. Em contrapartida, muitas vezes as pessoas mais competentes tendem a atuar a partir de preceitos de autonomia e atreladas ao prazer de realizar os feitos, ou, se proponham a questionar o comando dos superiores hierárquicos por identificar incongruências previamente. Claramente, a "metade das coisas" implica se ter representada uma primeira metade a subordinação de pessoas em que o grau ou grandeza de competência não seja alto ou compatível (em relação ao que seria mais relevante para uma determinada atividade), a partir da validação da outra metade, em se ter concomitantemente alto teor do valor de lealdade, fidelização e confiança.

Não há, nesse conceito de "metade das coisas", uma exacerbação sofista, em que nada é absolutamente composto de plenitude, sem se considerar correlações ou vínculos que não tenham o mesmo teor do valor a se pretender, ou o definir como pleno. Tem-se aí implícita a famosa expressão "o reverso da moeda", em que há a necessidade de se conviver com a metade "cara", mesmo quando se almeja a metade "coroa". Ou, o famoso "Gato de Schrödinger", em que existe a probabilidade igualitária de vida e morte de um suposto gato, suscetível a material radioativo, em decorrência de eventos probabilísticos quanto à incidência dessa radioatividade.

O mesmo vale para o conceito, já apresentado, referente à síndrome do polo positivo e negativo, em que o mais relevante é simplesmente não se esquecer do todo, ao invés de focar em parte do contexto, dependendo, claro, da complexidade.

A ideia, então, desse conceito abstrato da "metade das coisas" decorre simplesmente de um trâmite transitório de mudança ou transformação, caracterizável, por exemplo, por processos variados, em que efetivamente ocorra uma transformação. O Diagrama 5.2.a, de forma simplificada, visa à sinalização de um processo, em que um triângulo se transforme em um quadrado, e vice-versa, em que a "metade das coisas" seja exatamente a forma dessa transição, que, nesse diagrama, é simplesmente um trapezoide. Independentemente do sentindo da transformação, a "metade das coisas" é a mesma; entretanto, simbolicamente, caso se almeje o quadrado, como uma metade, parte-se do trâmite de alterar um triângulo, passando essa transição pelo trapézio (assim como, o inverso); o que efetivamente, tal transição implicar em um trabalho específico, via um processo definido.

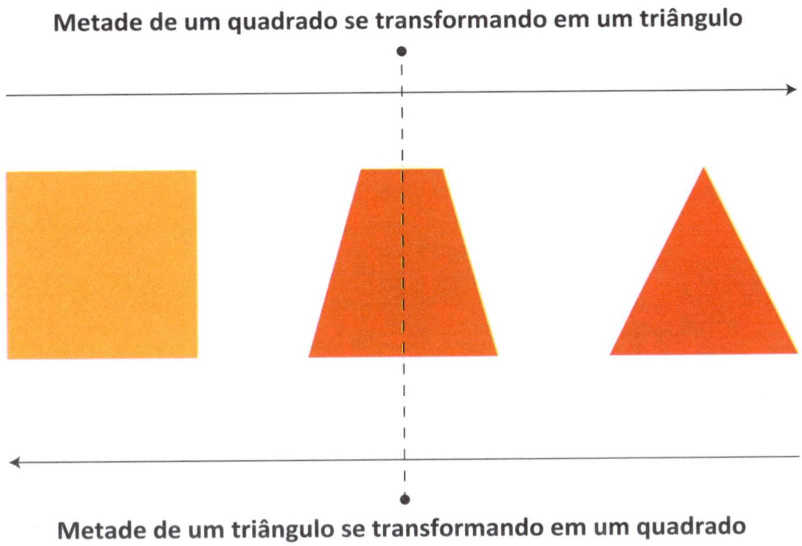

Diagrama 5.2-a: representação da "metade das coisas" quanto à transição de algo que se almeja pela ação de o fazer.

Para uma estratégia em Inovação, a analogia desses conceitos se mostra pertinente, pois a Inovação não é uma atividade simples, perene e de fácil obtenção. Portanto, ambas as "metades" devem ser previamente bem consideradas.

Por exemplo, quando há uma proposta de Inovação válida, cuja execução seja difícil, uma metade é a benesse, e a outra é a obtenção dessa benesse, que valha uma trajetória que requer imaginação, perseverança e paciência. Mencionando-se também, todas as eventuais complicações plausíveis, num trâmite de Inovação, quanto ao contexto ou situação em que, ao se resolver um problema, acaba-se por criar outro, correlacionáveis. Essa situação é chamada como o consagrado "efeito colateral" (*vide* Diagrama 2.3.3-a: Multiplicidade de consequências variáveis com respectivos valores de adequabilidade, conforme a relação de causa e efeito [Diagrama 1.1-c]). Conforme os diagramas que exploram o efeito colateral (Diagramas: 2.3.3-a: Multiplicidade de consequências variáveis com respectivos valores de adequabilidade), a relação de causa e efeito (Diagrama 1.1-c) e indiretamente os Diagramas 2.4.1.2-b (Correlação entre as grandezas de valores da complexidade [execução] e atendimento [efeito, resultado]), 2.4.2.2-a (Definição e enunciado da ponderação) e 4.1.4-b (Adequabilidade e aplicabilidade na concepção de um controle). E, especificamente esse último diagrama, que entorna a tônica da formulação de uma estratégia, quanto a definição da adequabilidade e aplicabilidade.

Portanto, a necessidade do estabelecimento e a prevalência da paciência, após a vigência e prevalência da imaginação; pois, ter paciência, consiste basicamente em resistir, persistir e ser determinado, a fim exatamente, de ao menos responder se uma proposta de Inovação elucubrada, e, portanto, imaginada, seja válida e factível (ou adequada e aplicável). Entender, compreender e encarar, por assim dizer, o fato de estabelecer um ciclo de Função→Atividade→Ação→Valor (Diagrama 2.2-a: Definição da formulação da Função, Atividade e Ação) são os elementos de disposição básicos e fundamentais para quem ou aquilo a que se propõe o ato de inovar.

Há inevitavelmente o risco de uma situação dialética, em que haja a contradição entre princípios teóricos ou conceituais com as resultantes empíricas. De forma alguma tal contexto dialético deva ser versado como algo inválido a partir da premissa de que seja instaurado um entendimento de continuidade e aprendizagem quanto à maturação de uma proposta de Inovação. O inválido existiria, caso não se tenha previamente estabelecido a simples noção que razão e verdade podem se desconciliar, de uma maneira certa ou inconteste, o que também se torna uma afirmação nem sempre simples e concisa. Dessa forma, há:

Diagrama 5.2-b: Intercalação de diversos fluxos de função, atividade, ação e valor conforme a necessidade e consequência dos ciclos adjacentes de elaboração, realização e resultante.

Nota-se ou ao menos visa-se demonstrar no diagrama o quão acirrado, intenso e complexo se faz um ciclo completo de Inovação, em que seja precedente de predicados como elucubração, solução, prognóstico, originalidade, validação, planejamento, incertezas e escopo. O ciclo completo, forma-se a partir de sucessões de ciclos subjacentes, os quais implicam um constante fluxo de elaboração, realização e resultante, promovidos e denotados a partir de um adequado ciclo básico de definição da função, atividade, ação e valor, sendo o ciclo completo sempre orientado por uma necessidade e intenção de consequência, oriunda de uma proposta ou motivação de Inovação.

Para não incorrer na situação nefasta das "metades das coisas", em que haja entendimento oposto ao proposto, a estratégia de Inovação incorre também na estratégia de comunicação, em que a Inovação, conforme a configuração da argumentação, e os efeitos supostamente benéficos, sejam bem descritos e relatados; a partir de uma fundamentação clara e objetiva de um ciclo ignaro-intelecção. A ideia básica é simplesmente a estratégia não falhar em decorrência da inabilidade da correspondente ação de elaboração, realização e resultante (intermediárias), no tocante a um desarranjo organizacional entre uma necessidade, a ação e a consequência.

A incerteza, dessa forma, torna-se o inerente ao contexto de ação e consequência, quando se intitula uma necessidade Inovação. Pois, conforme o Diagrama 5.2-b, tanto a ação e a consequência, de uma determinada necessidade, são passíveis de falhas, riscos e contratempos, tendo na incerteza o elemento fundamental de hesitação.

Decorrente disso, faz-se necessário avaliar a dita teoria da incerteza, pois essa origina-se do denominado "Princípio da Incerteza de Heisenberg" (Werner Heisenberg, físico teórico alemão, laureado com o Nobel de Física de 1932 pela criação da mecânica quântica, cujas aplicações levaram à descoberta, entre outras, das formas alotrópicas do hidrogênio), que consiste em [via a referência bibliográfica 62]

> uma das ideias mais famosas (e provavelmente uma das mais incompreendidas) na física. Diz esse princípio físico que há uma um limite fundamental para o que podemos saber sobre o comportamento das partículas quânticas e, portanto, as menores escalas da natureza. Dessas escalas, o máximo que podemos esperar é calcular probabilidades de onde as coisas estão e como elas se comportarão. Ao contrário do universo de relógios de Isaac Newton, onde tudo segue leis claras sobre como se mover (e fazer previsão é fácil se você conhece as condições iniciais), o princípio da incerteza consagra um nível de confusão na teoria quântica.

A extensão e analogia desse princípio, para uma teoria da incerteza, que consequentemente, se assemelha à teoria do caos, arremete para a emblemática dificuldade de se antecipar, estimar ou modelar um devido comportamento, em que o nexo entre previsão e efetivação se torna simplesmente uma medida de probabilidade, incorrendo, assim, em uma escala de absoluta incerteza, apesar de os conformes da incerteza já terem sido abordados na Seção 2.6 (Incertezas, perspicácia, diagnóstico, receituário e prognóstico), no qual a incerteza foi desmembrada em uma vertente de acurácia dos valores (nos quais se possa aferir quanto a fidedignidade dos dados, coerência dos parâmetros de projeções e congruência nas estimativas) e, em outra vertente, denominada variabilidade futura (em que a ocorrência de situações de potencial adverso se consagra ou prevaleça).

Vale citar o exemplo do algarismo duvidoso, utilizado em metrologia, em que o último algarismo no instrumento de medição é denominado duvidoso, pois não se pode aferir a respectiva exatidão. Para se ter fidedignidade de dados, faz-se necessário se utilizar de instrumentos de medição que provenham quatro algarismos de informação, tendo assim três valores com aferição e calibração comprovadas, sendo o último algarismo duvidoso. Para a outra vertente, existe o elemento sorte e o contraponto, azar ou simplesmente má-sorte. Em que se espera pelo melhor, uma vez que pouco se pode fazer efetivamente, a fim de concretizar a realização desse cenário ou situação mais favorável. Pode parecer pouco científico, entretanto, todas as pessoas e organizações estão sujeitas a variedades futuras, caracterizáveis como boa ou má sorte. O exemplo da biografia de Wernher von Braun demonstra bem essa convergência-conjunção de fatores, ocorrida de forma favorável, quanto à necessidade do estabelecimento da dita corrida espacial.

Assim, o que é pouco científico, então, é simplesmente não identificar e projetar tais potenciais convergências e conjunções de fatores causais, em termos de favorecimento ou contrariedade; a fim de, exatamente, existir a atitude da preparação ou providência, em que o potencial de risco é previamente (ao menos) imaginado, e se tenha contramedidas passíveis de segurança e garantia de continuidade. Dessa forma, existem as ciências atuariais com forte fundamentação estatística, a fim de formular técnicas e estudos de quantos aos riscos e expectativas, estando esse campo de conhecimento bastante orientado em estudos e administração de seguros e fundos de pensões. As ciências atuariais, como forma de difusão do conhecimento (via aplicações e utilidades distintas, do usual), pode tranquilamente colaborar com a formulação e segurança de estratégias de Inovação. Da mesma maneira, a estratégia de Inovação carece de se estabelecer instrumentação de medição e mensuração sem a prevalência do algarismo duvidoso.

A Inovação se baseia, não completamente, porém frequentemente, na possibilidade de uma distopia.

Essa distopia, necessariamente, implica caos ou um contexto de alta contrariedade ou adversidade. Porém tal distopia pode se esvaecer e, ao contrário do aparente caos, surgem oportunidades, demarcadas como outras Inovações, que representam efetivamente a ruptura com um padrão ou contexto vigente, e promovem, assim, uma nova fase ou sucessão de Inovações, decorrente de uma convergência-conjuntura extremamente favorável. Um exemplo simples ocorreu em 1859 com o início da extração, do processamento e da comercialização do petróleo, que decorreu em diversas outras Inovações subsequentes, as quais promoveram desenvolvimentos em regime ou escalas exponenciais. Inicialmente se destacou a gasolina, sendo até que os subprodutos desse combustível fossem descartados. Entretanto, conforme o exemplo de Earl Tupper, que utilizou polietileno preto, que era refugo do processo de refinaria petrolífera, para demonstrar e, de certa forma inaugurar, a utilização do material termoplástico, como forma de aproveitamento e "efeito colateral" válido da extração do petróleo.

No Diagrama 1.2-b (processo ou trâmite para obtenção da Inovação), há citações de demandas tecnológicas, como novas, antigas e casuísticas; em que, objetivamente, as necessidades e oportunidades tenham uma conjectura e convergência favorável de se perceber ou elucubrar soluções (estabelecimento de relações causa-efeito e princípio de funcionalidade), a partir de uma Inovação matriz ou progenitora, que permita ou condicione tal contexto.

Então, qualquer iniciativa de estratégia com Inovação necessita respeitar preceitos ou precedentes, que a possam fundamentar, tanto sendo a Inovação progenitora, como também, aproveitar tal contexto favorável, e promover Inovações adjacentes (à essa Inovação progenitora ou matriz); em que, conjuntamente, haja ações a fim de diferir as incertezas, e, fomentar o entendimento e compreensão dessa estratégia. Assim, temos:

Diagrama 5.2-c: Relações entre Inovação progenitora (matriz) e Inovações adjacentes (subsequentes).

Esses preceitos serão entendidos na sequência, conforme as próximas seções, quanto à formulação de uma matriz de Inovação, em que há convergência-conjectura de fatores alavancadores de outras iniciativas de Inovação.

É válido comentar que os conceitos de Inovação progenitora e Inovações adjacentes podem encontrar uma ressonância quanto à definição, nas denominadas pesquisas básicas e pesquisas aplicadas. Estas definem-se como básica, provedora da apuração e fomentação do conhecimento em si, não necessariamente implicando uma conceitualização que seja materializável ou transformada em algo de uso e aplicação. Já a pesquisa aplicada, sim, visa tecer formas e maneiras em termos conceituais e materiais para se obter uma finalidade prática de algo (relação de causa-efeito).

Portanto, Inovações progenitoras e adjacentes não são essencialmente decorrentes dessa diferenciação de causa ou finalidade de pesquisas, mas podem se integrar conceitualmente, pois a Inovação é um conceito que implica decorrência ou consequência, podendo surgir de processos fundamentados em pesquisa, bem como processos variados e distintos, comparativamente ao P&D, uma vez que, recordando, a Inovação não pertence a um campo de conhecimento, mas se torna consequência do conhecimento integrado e dedicado a todos os estados da arte, sejam esses destinados às ciências humanas, naturais ou científicas.

Portanto, correlações entre Inovação e pesquisas podem ocorrer, porém, não são necessariamente uma regra e vertente, que se interpele ou se determine como necessária. E sim, somente, uma possibilidade de correlação, quando via trâmites de pesquisa, provêm-se relações de causa-efeito e princípios de funcionalidade de solução.

5.2.1. EMPUXO DESENVOLVIMENTISTA

Responder a indagação: 'como se faz para impulsionar o desenvolvimento inovador?', torna-se passível de deveras definições e acepções, sendo factíveis explicações das mais variadas formas e denotações. Possivelmente, torna-se mais simples, invertendo essa questão, responder o que impede o desenvolvimento inovador.

Comprovadamente, pode-se avaliar o contexto da Idade Média, principalmente o que tange os registros históricos no continente europeu ocidental. Apesar de uma pequena contestação, esse período representou uma baixa evolução na composição e fomentação do saber e do conhecimento, permeando a consequência de um desenvolvimento bastante exíguo e de baixa relevância e representatividade. Claro que ocorrera desenvolvimento inovador, porém sempre bem espaçado, demorado e pontual, tornando-se uma espécie de exceção à situação vigente da época.

Responder por quais motivos isso transcorreu torna-se mais simples, pois todo o contexto sociocultural e socioeconômico é bem conhecido, por representar um período longínquo, em que qualquer análise, exame e avaliação já se tornaram bem objetivadas, tendo em vista toda a validação das causas e consequências correlatas com o contexto e complexidade desse período histórico.

Credulidade. Essa é a resposta indireta, em que com as seguintes citações auxiliam no entendimento da baixa evolução técnico, científica e de conhecimento da Idade Média:

- *Credo quia absurdum* (em latim, frase de Tertuliano, mas atribuída a Santo Agostinho, com o sentido de que a fé deve dispensar toda compreensão);
- *credo ut intelligam* (em latim também, em que implica no '*creio para compreender*' e sintetiza a principal convicção doutrinária de *santo Anselmo*, pela qual a maior fonte do saber, teológico ou filosófico, é originária da fé religiosa).

Independentemente de qualquer questão de fé e credo religioso, um contexto de credulidade total implicou na baixa mobilidade evolutiva da sociedade da Idade Média, uma vez que existia a convicção de que o estado geral das coisas implicava uma vontade divina, portanto irredutível e inquestionável.

Tal restrição impõe essa baixa capacidade de empuxo do desenvolvimento, pois Inovações seriam vistas como algo pecaminoso (*vide* a trajetória biográfica de Galileu Galilei).

Essa celeuma restritiva explica de forma generalista tal situação na Idade Média, e o reverso do mesmo, decorrendo-se um contexto ou ambiente de total incredulidade, poder-se-ia supor em propriedades de fomento à Inovação e o desenvolvimento, como empuxos.

A discussão técnica é sempre válida, pois do ditado "se Deus quisesse que voássemos, teria nos dado asas", pode-se contra-argumentar que "se Deus não quisesse que voássemos, não teria nos dado o nosso cérebro".

A Inovação é um inexorável elemento de empuxo, denotando, tal expressão, como a propriedade de forçar, pressionar, promover impulsão e empurrar a capacidade realizadora, em termos de crescimento e mudança (em prol de uma evolução passível de ser detectável como positiva ou válida); calcada em aspectos sustentáveis de aumento e ganho da forma técnica de se estabelecer as relações processuais, e que decorrem e determinam a Inovação específica desse crescimento, como, por exemplo, o aumento da demanda e capacidade de atendimento, via o contínuo, ou orgânico, desenvolvimento dos meios produtivos (primário e secundário), comerciais e de serviços. Ou, em outro exemplo, o estabelecimento de novas técnicas e métodos epistêmicos, que visem aumentar a propriedade de aprendizado, conhecimento e tratamento cognitivo para fins educacionais formativos.

O termo empuxo, portanto, pode ser conjugado, obtendo-se, por exemplo, a expressão empuxo econômico, em que as formas e os meios processuais sejam passíveis de incremento, ganhos, evolução ou progresso, por meio das relações de propriedade especificamente pontuadas nos aspectos das ditas ciências econômicas.

Então, como determinar o empuxo econômico, seja de uma localidade, como um bairro, até mesmo para o contexto de um continente, em que haja, por exemplo, a atribuição para se obter Inovação (repartida e, assim, não exclusiva)?

A Inovação tem a definição de ser "a concepção ou aplicação de algo, que tenha um princípio de funcionalidade, que seja realizável, como uma ação ou atividades com função de transformação, em que o resultado ou saída cause um efeito, que implique em aumentar ou estabelecer novas possibilidades de solução ou resolução, quanto a causas, necessidades ou demandas importantes e relevantes". Consensualmente, pode-se representar um elemento, tanto promotor (indireto ou explícito) quanto a promoção em si (direta ou implícita), para com as propriedades do empuxo econômico, referido com a melhora ou evolução dos meios e contexto. Assim, os termos interesse e necessidade são implícitos ao se citar a Inovação, e o empuxo econômico não representa inicialmente ou imediatamente o mesmo significado de desenvolvimento econômico (que pode, invariavelmente, permear acepções e denotações das mais diversas). Da mesma forma, porém, não necessariamente implica desenvolvimento humano, pois, por exemplo, distorções econômicas como concentração excessiva de produção e renda podem ocorrer. E, sim, o empuxo econômico representa simplesmente as propriedades primordiais, que acarretaram ou motivaram o crescimento, pela expansão, melhoria, incremento e, então, desenvolvimento dos atributos e das qualidades que permitem determinar um trâmite de evolução de determinado contexto econômico. Consequentemente, ou posteriormente, o empuxo econômico pode ser enquadrado como desenvolvimento econômico e humano, caso aspectos complementares se observem, frente a todo um contexto e circunstâncias sociais e macroeconômicas.

Assim, a resposta de se obter um empuxo econômico, consiste na atribuição de se ter um empuxo desenvolvimentista, com claras consequências de evolução positiva nas formas, meios e resultados dos trâmites e processos que regem uma economia, sendo essa da magnitude que seja. E tal empuxo desenvolvimentista nada mais é do que o elemento motivador ou precursor, que corrobora para o início de uma ação de Inovação, usando da expressão "ambos bebem da mesma água", pois o desenvolvimento e a Inovação podem coexistir, a partir de um motivo que os impulsiona, por meio das caracterizações de necessidade, interesse e importância.

Nota-se, portanto, nos diversos casos de Inovação relatados, que há comumente um elemento promotor, da Inovação, que conjugadamente, dependendo das circunstâncias, corrobora ou participa de um contexto de desenvolvimento econômico. Esse elemento promotor da Inovação pode ser a obstinação de um único indivíduo, que solitariamente identifica uma relação de causa-efeito com um princípio de funcionalidade e pode também ser um costume, ou contexto consuetudinário, que sempre se engalfinhe e procure constantemente alternativas que acarretem no ato de inovar. Pode ainda ser uma nova liderança, que nota a capacidade transformadora da Inovação, a fim exatamente de desfazer um contexto enfadonho. Mais uma vez, pode ser uma simples e objetiva disposição, de um coletivo, que vê e requer a Inovação como meio e fim, quanto aos seus objetivos. Por fim, podem ser todas essas possibilidades aglutinadas.

Portanto, almejar e promover um empuxo desenvolvimentista, implica também a consistente possibilidade de concomitantemente se almejar a Inovação. Antes, contudo, faz-se valer o paradoxo de querer e poder.

O paradoxo foi um dos temas bastante explorado pelo filósofo inglês Thomas Hobbes (1588-1679). Fomenta-se, portanto, a transição de um sistema feudal para a moderna sociedade de instituições despersonificadas e sem a atribuição do privilégio. Umas das analogias utilizadas menciona o conto-lenda de origem grega, referente à Teseu (na mitologia grega, o rei e fundador de Atenas), definido como o "paradoxo do navio de Teseu", em que há a questão: Será o barco o mesmo, apesar de ter sido constantemente reparado ao longo do tempo, tendo suas peças e componentes totalmente substituídos?

A doutrina formulada por Hobbes parte da suposição de uma insociabilidade inerente à condição humana, considerando o poder coercitivo do Estado originado por um pacto consentido entre os cidadãos, com o objetivo de limitar os desejos exacerbados ou beligerantes e instaurar a paz na vida social. Assim, conforme Gonçalves, G. F. L:

> A estrutura de um paradoxo não encerra, portanto, uma solução. Ao contrário, requer novos paradoxos capazes de promover um contínuo processo de diferenciação. Desta perspectiva, se o paradigma do antagonismo afasta o estado de natureza quando convencionado o contrato social, o uso criativo dos paradoxos o cultiva vivo e operante. Assim, quando se observa Hobbes com o seu próprio olhar – quando se realiza uma observação de primeira ordem, conforme a terminologia cibernética – é possível identificar estamento e modernidade conectados; mas quando se observa Hobbes com outros referenciais – uma observação de segunda ordem –, podemos indicá-lo como uma linha divisória e, portanto, perceber de um lado modernidade e do outro estratificação. É este o paradoxo hobbesiano.

Já foi comentado, quanto ao valor do paradoxo e do dilema, sendo essas definições de situações em que não se obtém um ato conciliatório, para se promover a Inovação. Mesmo mudar algo, por outra coisa igual, sendo uma ação de reposição ou manutenção, também implica na possibilidade de não se efetuar Inovação; da mesma maneira, que se tenta com todo afinco e determinação em Inovar, e também haja insucesso.

Portanto, o paradoxo de promover a mudança para fins evolutivo, e que, essa evolução seja definida conforme as possibilidades de incremento, integração, atratividade e novidade, e, mesmo assim, não conseguir; não implica em demérito. E sim, no mérito do desenvolvimento da percepção, que fomenta o desenvolvimento daquilo que pode futuramente promover a elaboração, a realização e a uma resultante de Inovação.

Dessa forma, o termo desenvolvimento já fora explorado na Seção 4.6.1 (O cerne da questão – a se conciliar) e, conforme Hobbes, estabelecer a linha divisória e fronteiriça entre o estratificado e o desenvolvimento implica um enunciado de Inovação. Depois, ao definir formas e maneiras, mesmo que não necessariamente chanceladas como efetivas, a fim de promover e fomentar tal desenvolvimento, tem-se, nessas duas ações conjugadas, o princípio do empuxo desenvolvedor.

O empuxo, portanto, não precisa ser somente econômico, apesar de o tema atrelado ao desenvolvimento tornar-se uma referência bem efetiva e prática, ao se tratar conjuntamente da Inovação. Complementando, ainda, o desenvolvimento não precisa ser somente econômico, uma vez que a Inovação também não precisa ser atrelada somente a temas de tecnologia e arreigadas em termos e aspectos financeiros e mercadológicos.

Por essa razão, torna-se adequado, ao se utilizar a expressão modernidade ou contemporaneidade, que significa etimologicamente "o que é do mesmo tempo" ou "relativo ou pertencente à época histórica em que se vive". Modernizar, portanto, significa se tornar contemporâneo, pois, caso não seja, significa que algo ou alguém ainda vive com princípios e métodos retrógados ou ultrapassados.

O empuxo desenvolvimentista visa atualizar algo, tornando-o, assim, moderno. Por essa razão, no caso de inexistência de um precedente válido de analogia, preconizar a Inovação ou ser pioneiro em inovar torna-se mais dificultoso em relação à finalidade de se modernizar. Pois a Inovação em vias de ocorrência ou obtenção é a instantânea materialização do moderno, ainda por estar se definindo dessa forma, uma vez que esteja alterando os paradigmas ou parâmetros de contemporaneidade. Isso faz com que, por exemplo, e de forma simplista, algo que era moderno, passe a ser ultrapassado.

Um dos exemplos em que essa transição transcorreu de forma rápida refere-se ao mercado de câmeras fotográficas, para uso doméstico ou denominado amador (que é uma nomeação simplista). Pois as câmeras fotográficas por diversas décadas se utilizaram dos negativos ou filmes fotográficos, cuja revelação era necessária, e não se sabia de antemão se uma determinada foto tinha ou não ficado boa. Essa questão foi inovada com o advento das máquinas fotográficas digitais. Logo, o uso e manuseio dos filmes se tornou ultrapassado e obsoleto. No entanto, o mercado de máquinas digitais durou muito pouco, algo inferior a uma década, pois a propriedade de obter fotos foi acoplada aos aparelhos de telefonia móvel, sendo que obter uma máquina somente para fotografar passou a ser ultrapassado. Então, a Inovação de ter em um único aparelho telefonia, processamento de dados, acesso às redes e fotografia tornou-se moderno – até que alguma outra Inovação promova uma ruptura disso, definindo o que passará a ser moderno, e o que era moderno, tornar-se-á passado ou ultrapassado.

Ao final, isso é a essência do empuxo desenvolvimentista: a busca por Inovação que agregue efetiva novidade. Conforme comentado nas Seções 4.4.3 (o valor da concordância, lidando com o respeito [consideração e atenção], liderança e vivendo pela expectativa [espera]) e 4.6.1 (O cerne da questão – a se conciliar), a concordância é a propriedade ou capacidade, dependendo do contexto, em que se estabelece um adequado trâmite entre necessidade, ação e consequência. E a definição do empuxo desenvolvimentista visa estabelecer esse trâmite, devidamente orientado com a relação de causa-efeito, o princípio de funcionalidade e o adequado enunciado das diretrizes dos objetivos, quanto à elaboração, realização e resultante da Inovação. Conforme:

Diagrama 5.2.1-a: o empuxo desenvolvimentista como precursor da Inovação.

Dessa forma, uma Inovação pode ser atribuída ou caracterizada como matriz ou progenitora, por confluir os aspectos que a definem como efetiva, original e de alto valor para fins de resolução, de demandas antes vigentes e relevantes.

Tal Inovação passa a ser uma espécie de usina de propostas, em que diversas outras Inovações surgem e podem ser obtidas. O exemplo mais nítido e que ilustra bem esse conceito de Inovações progenitoras e adjacentes consiste no advento do mercado de aplicativos (os *app*) de telefonia móvel. Esse mercado de aplicativos só é possível graças e em decorrência da Inovação matriz que envolve tais *smartphones*, advindos de portais de aquisição e *download* (por exemplo, o iTunes da Apple, e o Google Service via Android), que permite estabelecer o mercado, a oferta e a procura por tais aplicativos. Após a consolidação desses portais, ou simplesmente plataformas, o desenvolvimento de empresas, na forma de *startups*, aumentou intensamente a partir da década de 2010, promovendo serviços com clara definição da relação de causa-efeito, como por exemplo, entrega de alimentos na residência de qualquer tipo de restaurantes diversos, serviço de transporte, de rotas e destinos via GPS etc. Assim, todas as Inovações decorrentes dessas *startups* e respectivos *apps* podem ser consideradas subsequentes, em relação à Inovação do smartphone e os portais de acesso.

O empuxo desenvolvimentista desse exemplo é incrível, uma vez que tais empresas representam valores de mercado de centenas de bilhões de dólares somados, fomentando um mercado de extrema relevância, em termos de desenvolvimento econômico e humano, pois efetivamente impulsiona (empuxa) novos negócios, a partir de oportunidades que se tornam factíveis de serem correlacionadas com uma relação de causa-efeito e princípio de funcionalidade de Inovação e solução. Curiosamente, ainda nesse exemplo, o princípio de funcionalidade se torna relativamente padronizado, estando associado à sistemática de uso e aquisição dos *apps*, via estrutura criativa-original-inventiva de programação computacional. A relação de causa e efeito se torna o mentor fundamental quanto à sustentação prática dessas *startups*, por definir claramente a oportunidade (necessidade, interesse) com a solução (serviço ofertado, como efeito).

O empuxo desenvolvimentista pode ser considerado um aspecto ou característica, quando observáveis sucessos contínuos de atos e ações de Inovações, proveniente de uma pessoa, organização ou país. Assim, o empuxo desenvolvimentista se torna um elemento promovedor de premissas, propostas ou simples ideias quanto às possibilidades de se inovar. A partir de uma abordagem que vise ao empuxo desenvolvimentista, advém-se as estratégias de Inovação, a fim exatamente de avaliar e promover o ciclo completo de elaboração-realização-resultante, focado na aprendizagem e continuidade. Entretanto, faz-se necessária uma espécie de organização e sistemática, conforme abordado na seção a seguir.

Explicação da Seção 5.2.2 e 5.2.3

5.2.4. SINTETIZAÇÕES DE SISTEMÁTICAS DE GOVERNANÇA

Já foi citada a definição de governança, adicionando o termo *governança da* Inovação (vide Diagrama 4-b: Governança da Inovação [considerando-se a preposição, definição e obtenção] quanto aos aspectos que a podem tolher as ações e trabalhos), consistindo em.

Estratificar a função de organizar, no sentido de gerir, a partir da propriedade e das configurações de visões amplas, específicas e irrestritas; em que se possa tanto entender e compreender todos os possíveis aspectos que irão, diretamente ou indiretamente, influenciar (no sentido de tolher ou promover) a elaboração e realização das: propostas, definições e obtenções (vertentes de situação) relativas ao ato específico de inovar.

Na essência prática, a governança consiste na propriedade (ou capacidade) de estabelecer e possibilitar o exercício da gestão, ordenação, monitoramento, direção, liderança e controle; em termos de se conduzir uma atividade complexa, que tenha relativamente bem delineados o escopo, o objetivo, os meios de execução e a finalidade. Assim, a governança é estabelecida como um processo, que visa à gestão de outros processos concomitantes, entrelaçados com a complexidade estabelecida a partir do escopo, objetivo e finalidade que tenha o caráter de essencial ou primordial. Sendo a definição da governança um processo secundário, que visa à gestão dos processos primários e essenciais. Claro que se tem nesses processos (os trâmites de governança e os processos primários ou primordiais) uma correlação análoga ao conceito de simbiose ou consortismo, por um poder se modificar a partir do outro e vice-versa.

Dessa forma, pode-se supor que existem diversos tipos de processos de gestão, os quais se definiram a partir de uma sistemática de governança. E por sistemática se entende como a aplicação orientada e coordenada de um sistema, caracterizado como conjunto de métodos de atuação derivados de uma preposição objetiva, intelectiva, organizável e classificável. Assim, por exemplo, têm-se sistemáticas de qualidade, originadas de normas, como a ISO (acrônimo de International Organization for Standardization), visando ao estabelecimento de um sistema organizacional que conduza às boas práticas determinísticas de um preceito de qualidade (ver Seção 2.4.1.1: Percepção, preposição [In]formativa e Discernimento [propriedades e mudanças continuadas]) na obtenção de produtos ou serviços, por exemplo.

Ainda nas situações em que não se esteja obrigatoriamente vinculado a uma sistemática normativa, pode-se definir um ciclo estruturado de gestão, a fim de que esse se torne apropriado e adequado, para se gerir (conduzir ou direcionar) um determinado conjunto de processos ou projetos, delineados por um escopo.

Um exemplo disso refere-se à governança geral de instituições financeiras, principalmente as que sejam bancos de varejo e atacado, que se distinguem quanto à governança de uma indústria e comércio, independentemente do porte de ambas as organizações. A instituição financeira se estabelece usualmente com a prática de formar colegiados, como comitês, fóruns e comissões, que, por exemplo, desenvolvem tratativas bem delineadas, conforme o escopo e temática do assunto.

Normalmente, nessas instituições financeiras, há um comitê de crédito, em que peridiocamente um colegiado envolvendo especificidades (aspectos de análise de crédito, análise jurídica, análise de tesouraria, análise comercial, análise tecnológica-informática e análise de produto), cujas lideranças entre diretores e vice-presidentes; reúnem-se com o propósito de avaliar todas as solicitações de crédito dos clientes, delineados (ou escalonados ou estratificados) a partir de um determinado segmento de mercado. Também, usualmente, existe um comitê de renegociação de dívida composto por diversas especificidades, incluindo a hierarquia da alta direção, para avaliar e validar solicitações de tomadores de créditos, que solicitam mudança no ordenamento do contrato, renegociando as condições de prazos e prestações.

No exemplo da indústria e comércio, a governança é sintetizada para uma gestão direta de um proprietário-presidente, com os respectivos membros das equipes (operacionais e comerciais), com uma liderança bastante horizontal (e talvez, não tão verticalizada nos bancos, por exemplo) que contemple o monitoramento das relações entre pedidos, ordem-de-compras, produção, expedição e entrega aos clientes. Ainda, há reuniões coordenadas (possivelmente de forma tácita, porém com periodicidade definida) pautadas por temas pontuais, para, por exemplo, avaliar as possibilidades de vendas e prospecção de novos clientes. Também é corriqueiro, em outra reunião, pesquisarem-se novos fornecedores no sentido de tentar reduzir o custo de um determinado insumo.

Claramente, tem-se um trâmite de governança totalmente vinculado ao ciclo de gestão (vide Diagrama 4.1.4-a: Ação, atividade e função [valor] considerando-se um ciclo de gestão objetivo [possibilidades lógicas]); em que a sintetização da governança se torna implícita quanto à definição da forma de gestão. Genericamente, podem-se atribuir alguns aspectos, que tornam essa associação conceitual bastante ampla e difusa. Entretanto, tornando-a válida como elemento de referência quanto à sintetização de um trâmite de governo, em que se respeita os seguintes preceitos básicos: formulação da liderança, definição do ciclo decisório, fundamentação da ação ou execução e a forma de identificar o desempenho e os resultados. Assim há:

Diagrama 5.2.4-a: ciclo de governança atrelada ao ciclo de gestão.

O Diagrama 4-b (Governança da Inovação [considerando-se a preposição, definição e obtenção] quanto aos aspectos que a podem tolher as ações e trabalhos) apresenta um exemplo relativo à governança da Inovação. Comparando-se ambos os Diagramas (4-b e 5.2.4-a), a governança da Inovação conceitua a necessidade de estabelecer concomitantemente as visões ampla, irrestrita e específica, de modo pautado e conduzido pela liderança, no que tange especialmente aos elementos definidores de contradições funcionais (vertentes de situação) tanto da elaboração quanto da realização e resultante da Inovação. Os elementos definidores estão bem delineados no Diagrama 4-b, pela caracterização de contextos que tolhem o processo de Inovação, desde elementos simples, como uma situação de simples percepção de desalinhamento, até situações mais complexas quanto à configuração da mentalidade (fatores psicológicos e psicossociais). Esses elementos, dentro desse espectro, constituem o entorno do trâmite intenso entre a conceitualização até a materialização da Inovação.

Na governança da Inovação, então, é necessário considerar de forma fidedigna o teor e valor (pernicioso) das contradições funcionais, para, assim, pleitear um trâmite que permita a elaboração, realização e resultante da Inovação, expresso no Diagrama 2.9-b (que lida com o trâmite desde a conceitualização, como as definições da relação de causa e efeito e o princípio de funcionalidade, passando pelas ações ou atividades de configuração da argumentação, amostragem e validação ampla, que já permeia a materialização), sendo isso preconizado pelo ciclo de decisão, já elaborado ou em vias de condução, por exemplo.

Dessa forma, conforme o Diagrama 5.2.4-a, o trâmite em "S" (invertido) do Diagrama 2.9-b representa as ações e as atividades. E, dentro desse contexto, nada impede que esse trâmite "S" seja retificado, a partir de uma avaliação de desempenho e resultados a se repetir, a fim, por exemplo, de um aprimoramento; e como a gestão ocorra em concomitância, têm-se correlacionado os atos do ciclo de gestão: agir e autocrítica, os quais correspondem respectivamente à função sistematizada no ciclo de governança.

Dessa forma, a síntese da governança se pauta a partir de princípios de fundamentação, entornados na formatação da liderança, na elaboração do ciclo decisório, na condução da ação e execução, e, por fim, na propriedade de identificação do desempenho e dos resultados.

Ao se definirem esses parâmetros fundamentadores, o trâmite ou ciclo da gestão se torna uma função derivativa da governança, estando definidas as formas e estrutura, conforme o princípio de adequação (contexto-circunstância envolvida), como citado em uma instituição financeira bancária e uma organização de indústria e comércio. Há evidentes diferenças entre essas duas atividades de gestão, porém essencialmente a sintetização da governança é primordialmente a mesma, pois em ambos os casos há lideranças definidas, há um trâmite que viabiliza a decisão, com consequências que denotam ações e execuções, e, então, existe a operacionalização quanto à identificação do desempenho e dos resultados, conforme descrito no Diagrama 5.2.4-b:

Diagrama 5.2.4-b: fundamentação entre a síntese da governança e a definição do ciclo de gestão.

É importante permear a possibilidade de sintetizar uma governança, a fim de se definir um ciclo de gestão, pois, apesar de se definir uma governança da Inovação, esta é de âmbito amplo, e faz-se sempre válido possibilitar o desenho de uma governança de Inovação que detalhe os trâmites, pautados nos fundamentos e parâmetros descritos no Diagrama 5.2.4-a-b.

Muitas vezes, decorre-se em uma situação com o estabelecimento de uma governança, na qual não existiu um planejamento prévio e cuja sintetização ocorrerá de maneira natural e espontânea, adaptando-se à sua conveniência e afinidade, para com quem e o que simplesmente convivia e se atuou sob tal governança, a partir de uma evolução histórica, que se caracterize pelo aprendizado e contínua evolução positiva, dessa governança.

Um caso que se enquadra bem nesse contexto refere-se às definições dos tipos de pesquisas científicas, pois o conceito de pesquisa voltada ao conhecimento data a partir dos trabalhos de Galileu Galilei (1564-1642), que conceituou que "conhecer significa quantificar", o que consequentemente orientou bastante a forma ou o método de elaboração e realização de pesquisas científicas, iniciando-se a sintetização de uma governança, que é mais usualmente explicitada como método científico.

O conceito decorrente do termo método, etimologicamente, decorre da palavra grega *méthodos*, que, entre outras acepções, denota para a definição de um caminho, por meio do qual se segue até um objetivo ou fim, referindo-se ao conceito de organização (vide Seção 2.2). A partir desse termo, molda-se o conceito de metodologia, que de forma simplificada significaria o estudo dos métodos ou o estudo estruturado de organização e que, por similaridade, pode ser definido combinatoriamente como síntese de governança.

Com base nessa afirmação (metodologia possa ser entendida também como síntese de governança), o método científico ou o processo de elaboração de pesquisa científica, usualmente se define a partir de sete etapas:

1) Definir a questão inicial ou fundamental, que conduzirá à pesquisa.
2) A exploração do tema (bibliografia de apoio).
3) A problemática ("A problemática é a abordagem ou a perspectiva teórica que decidimos adotar para tratar o problema colocado pela questão inicial").
4) A construção do modelo de análise.
5) Coleta de dados.
6) Análise das informações.
7) Conclusões.

Tem-se, nesse trâmite do método científico, referenciado também no Diagrama 1.2-a (Processo ou trâmite para estabelecimento da Inovação) indiretamente (ou implicitamente), em que também os preceitos e atributos preconizados no Diagrama 5.2.4-b são citados, como uma liderança (no sentido de alguém ou equipe para conduzir as etapas), uma decisão (quanto, ao que e como deve-se conduzir tais etapas), um conjunto de ações-atividades (implícitas exatamente na elaboração e realização dessas etapas) e, por fim, um trâmite quanto ao desempenho e aos resultados, transformado em conclusões (etapa final, do método científico).

Entretanto, essa governança sintetizada conforme o método científico ou etapas de pesquisa científica, não se formou ou moldo unicamente, e sim, com o passar do tempo e do entendimento dos tipos de pesquisas que existem. Tanto é que não existe um autor único que defina essa governança, por assim definir, e uma séria de autores e biografias que diretamente ou indiretamente, colaboraram para a evolução e definição de tal governança, citando-se como exemplo: Copérnico, Kepler, Galileu, Newton, Bacon e Descartes – como expoentes de uma governança regida pelo experimento quantitativo e mecanicista. Entre outros, destacam-se: Einstein, Heisenberg, Bohr, Gödel e Prigogine – os quais colaboraram para uma abordagem em que o relativismo e a incerteza se tornam objeto da sistemática científica. Todos eles, durante gerações, findaram contribuições nessa definição metodológica científica e, portanto, no trâmite ou na governança desta.

Em termos mais específicos para Inovação, a governança também evoluiu historicamente a partir de um processo natural e continuado, sem um plano central inicial, que deflagrou todo o seu desenvolvimento. Exemplo disso diz respeito à natureza das pesquisas, que podem ser subdivididas em básicas e aplicadas (já citado no Prefácio). A pesquisa básica ou fundamental visa à contribuição e ao conhecimento, envolvendo vertentes universais de utilização e compreensão científica. Já a pesquisa aplicada visa a uma resultante prática, utilizável em termos de aplicação, já a endereçada como uma solução.

Na governança de ambas as naturezas de pesquisas, há tacitamente a orientação (não mandatória) de que as pesquisas básicas sejam conduzidas por universidades, faculdades e alguns centros de pesquisas, institutos de pesquisas (vinculados ou não a organizações governamentais) e, em grande parte, os denominados centros de pesquisas avançados, os quais já se associam em determinar Inovação de aplicação direta, apesar de isso não implicar uma regra obrigatória.

Portanto, a governança e a gestão são extremamente mutáveis, conforme a conveniência e as necessidades. Assim, moldam-se a partir de um processo de continuidade no aprendizado (vide Diagrama 4.1.4.4-a: representação esquemática das interações entre o ciclo elaboração-realização-resultante com a continuidade, o aprendizado, as relações dependentes de balanceamento, e as motivações de correção e Inovação em um escopo).

O exemplo a seguir é baseado em fatos históricos e diz respeito aos conceitos de sistematização ou estabelecimento de governança. O filósofo Charles Montesquieu

(1689-1755) fundamentou-se nos preceitos de John Locke (1632-1704) e de Aristóteles (384-322 a.C.) para desenvolver a obra *Espírito das Leis*, na qual esmiúça a teoria dos três poderes, em que uma nação tenha, conforme atualmente é amplamente utilizado, a divisão entre os poderes executivos, legislativos e judiciários. Tal divisão é uma governança institucional, em resposta ao absolutismo vigente, que implicava falhas de continuidade e dificuldades inerentes aos governantes do sistema monárquico autoritarista. A propriedade de sistematização envolve a elaboração de uma governança ampla, irrestrita e específica em que cada instância governamental tenha uma régua de atuação e função bem delineadas e com escopos definidos, viabilizando uma harmonização, sinergia e sincronização entre esses três poderes.

O trabalho de Charles Montesquieu pode ser considerado de alto valor em termos de Inovação, uma vez que implica a proposta de uma sistemática que viabiliza a governança de uma nação, sem permitir que vieses autoritários sejam fomentados e possibilitando uma adequabilidade ímpar. Até os dias atuais o pensamento de Montesquieu se denota como a forma organizacional ou sistemática de governança mais utilizada por países democráticos, sejam esses repúblicas ou monarquias constitucionais ou com sistema presidencialista ou parlamentarista.

5.2.5. DIRETRIZES ORGANIZACIONAIS, OPERATIVAS E GERENCIAIS

Na Seção 4.4 (Estímulos e contrariedades [contestações] – composição do valor e diretriz do objetivo), abordou-se a definição da diretriz do objetivo, sendo essa uma apuração detalhada, que permitia o desmembramento da informação e funções contidas no objetivo, tornando-o passível de uma definição mais adequada e assertiva, especialmente no que se refere a situações (projetos, por exemplo) de média e alta complexidade (vide Diagrama 5.2.2-a: Desdobramento da função de um objetivo em diretrizes subsequentes, representando múltiplas funções desmembradas ou pormenorizadas).

Esse mesmo conceito aplica-se em termos de definição das diretrizes organizacionais, a partir também da qualificação do valor agregável. A extensão do conceito de diretriz, porém, orientada à organização, permeia o mesmo desmembramento da função, tanto do objetivo, como também para finalidades organizacionais.

O tema organização pode se correlacionar com a Inovação, pois de forma simplória, uma melhor organização tece para os adequados andamento e obtenção da Inovação. Entretanto, isso não pode ser assumido como algo mandatório, pois, em muitos casos, há a possibilidade de a estruturação da organização ocorrer concomitantemente à obtenção da Inovação, uma vez que, tratando-se de Inovação, há sempre a premissa da inserção da novidade em todo o contexto quanto à função da elaboração, realização e resultantes envolvidas (a serem feitas ou desenvolvidas).

Então, relaciona-se conforme:

Diagrama 5.2.5-a: junção dos conceitos acessórios de Inovação com a organização.

O diagrama visa exatamente à demonstração, em um âmbito de visão ampla, quanto à correlação entre o ciclo necessidade-ação-consequência, devidamente desmembrado pelo trinômio de elaboração-realização-resultante; os quais denotam as funções detalhadas e subsequentes da síntese da governança, que determina a gestão, que, por sua vez, demanda a organização. Assim, a organização viabiliza uma ação ou atividade, que, posteriormente, implica a geração do valor (qualitativo); o qual, esse, a partir de um determinado teor (quantitativo), e que possa ser mensurável, potencialmente acarreta a Inovação; ou, em retroalimentação, especialmente direciona à organização, que atribui-se uma série de aspectos e características que necessariamente precisam estar corretamente correlacionados para o que se intenciona, em termos de Inovação.

Portanto, de forma ampla, pode-se considerar a conjuntura, a complexidade e as circunstâncias como as precursoras da definição da organização, em termos de adequação para se dotar da devida estrutura no sentido de inovar ou determinar a gestão de um projeto, por exemplo.

Assim, existindo, previamente ou não, uma estruturação de organização, esta, para fins de adequabilidade, carece de consonância quanto ao que se intenta, em termos de elaboração, realização e resultante; proveniente essas, antes, de um claro e bem delineado ciclo de necessidade, ação a consequência; que, paralelamente, implica a definição da relação causa-efeito e o planejamento do princípio de funcionalidade.

Recordando-se o conceito de meta de fundamentação (vide Diagrama 5.2.2-a: desdobramento da função de um objetivo em diretrizes subsequentes, representando múltiplas funções desmembradas ou pormenorizadas), obtém-se o seguinte:

Diagrama 5.2.5-b: desdobramento simultâneo da função de organizar, conforme a complexidade e combinação de diretrizes de subatividades.

A partir do Diagrama 5.2.5-b, em que a organização respeitará as diretrizes e as metas de fundamentação, como diretrizes próprias da organização e implicando diversos ciclos elaboração-realização-resultante categorizáveis como subatividades, que conforme um fator de complexidade (vide Seção 5.2.2), torna-se um conluio convergente de ações específicas, que coordenadas, correlacionadas e somadas, agrega-se um resultado final. Assim, a organização carece tanto de atender na visão específica quanto no contexto específico, sendo portanto irrestrita.

É possível que haja uma organização prévia envolvendo alguns aspectos (vide Diagrama 2.3.2-a: desmembramento das informações via 6M), que se utiliza exatamente do conceito de 6M (máquina, meio ambiente, método, medição, mão de obra e matéria-prima), como a definição discricional dos atributos usualmente referenciados no ato ou situação de se organizar; a qual, recordando-se, etimologicamente, refere-se em '*dotar de estrutura*', e, portanto, requer a providência de todos ou alguns dos 6Ms como elementos de estruturação; a fim exatamente de permitir o curso e condução da Inovação, tanto no âmbito geral como o específico. Assim, há:

Diagrama 5.2.5-c: desdobramento da função de organizar, conforme as visões ampla, específica e irrestrita.

Dessa forma, fomenta-se e corrobora para as diretrizes organizacionais, operativas e gerenciais; uma vez que haja claro encadeamento entre objetivos, metas, organizações, gestões e, então, possibilidades entre o que se intenta e o que se possa efetuar, sempre na concomitância de uma visão ampla (e irrestrita) com a detalhada ou específica.

Por essa razão o trinômio elaboração-realização-resultante sempre se repete, independentemente de ser atribuído a uma ação ou atividade ampla, como diretiva-gerencial, e simultaneamente específica, ou operacional, pois isso implica a premissa de sempre se definir uma ação ou atividade com relevância e adequabilidade, considerando os elementos com potencial significância, a fim de prevenir eventuais contextos em termos de tolhimento da intenção de se inovar.

5.3. CONSIDERAÇÕES QUANTO AO ÍNDICE DA ELABORAÇÃO, REALIZAÇÃO E RESULTANTE DE INOVAÇÃO

Explicação de toda a Seção 5.3

5.3.1. A INCIDÊNCIA E A INTENSIDADE

Ambos os conceitos são bastante intuitivos e facilmente replicáveis em qualquer aspecto, em que se analisa e avalia a aplicação e aderência de algo, e quanto isso é utilizado, em termos de quantificação e qualificação (vide Diagrama 2.2-a: definição da formulação da função, atividade e ação e Diagrama 2.2-b: definição desmembrada ou detalhada do termo ação).

Um dos exemplos mais simples trata-se do pugilismo, em que categorias são determinadas a partir de faixas de peso máximo e mínimo quanto ao atleta-lutador. Nesse contexto, ao se observar a luta da categoria denominada peso-leve (entre 58,97 kg até 61,23 kg), normalmente se nota que o combate apresenta maior agilidade dos atletas, em que esses se movimentam bastante, ao longo da área do tablado, e a há bastante trocas de golpes; em que ambos os atletas desferem ao longo de toda a luta uma alta quantidade de socos (existindo isso, uma alta incidência). Já a força desses socos ou golpes pode ser entendida como não muito forte (e, assim, com intensidade), pois raramente um combate nessa categoria de peso se conclui com nocaute (com atletas altamente profissionalizados).

Nesse mesmo exemplo, porém em uma luta da categoria dos pesos pesados (qualquer peso acima de 90,72 kg), o combate se apresenta com bem menos agilidade e com uma certa lentidão, quanto à movimentação dos pugilistas, e a troca de socos ocorre com menor incidência (quantidade totais de socos e golpes, ao longo de toda a luta, comparada com uma outra luta da categoria peso leve); com o detalhe que, nessa luta, a intensidade da força ou potência (qualidade mensurada) desses socos e golpes se torna muito maior, proporcionando um combate mais caracterizado pela força física, em que as possibilidades de nocaute são bem maiores.

Diz-se, então, que uma luta dos pesos leves é com alta incidência (com muita movimentação atlética e alta quantidade de golpes desferidos), porém, com baixa intensidade (pois a força física dos golpes desferidos não seria alta). Ao contrário, a luta dos pesos pesados, em que haja baixa incidência de golpes e movimentação (uma luta mais lenta), porém, com alta intensidade, quanto à força física desses golpes.

Por essa razão que se entende a incidência, a quantificação e a intensidade, a qualificação. Pois imagine um pugilista que apresenta uma alta capacidade de deferir golpes e se movimentar, e tais golpes sejam bem fortes com uma movimentação rápida ou ligeira. Claro que, a partir de outros aspectos relacionáveis ao pugilismo, como a propriedade de defesa e resistência aeróbica, que não são citadas; porém, tal hipotético pugilista apresentaria um alto potencial de se tornar bem-sucedido.

Pode-se generalizar, com a ressalva de que uma generalização é passível de exceções, em que alta intensidade com alta incidência implicaria alguém ou algo que faça uma determinada coisa de com alta constância (ou frequência) e alta propriedade (ou impacto).

Esses conceitos conjugados se tornam bastante válidos, a fim de se avaliar preposições de Inovação, conforme estudado na Seção 4.1.6, que cita o conservadorismo *versus* o progressismo, em que persiste a noção de inequidade a partir da válida noção entre incidência e intensidade.

Dito isso, imagine, por exemplo, uma situação de alta prevalência da progressividade, em que qualquer nova ideia, proposta ou preposição seja facilmente aceita e previamente validada (apesar de não necessariamente implementada). Elucubra-se nesse contexto a grande incidência de novidades, já que o meio ambiente é ávido e tolerante ao novo. Já a intensidade dessas ideias ou propostas de novidade, possivelmente, não seria impactante ou relevante, em termos de elaboração-realização-resultante, muitas vezes sendo mero atavismo, representado por algo passado com uma nova roupagem.

O mesmo vale para o inverso, em que haja um contexto circundado pela alta relevância do conservadorismo e, assim, rechaça-se qualquer ideia ou proposta de novidade, pelo simples fato de ser novo ou modernista. Eventualmente, apenas as ideias bem cristalinas, em que a percepção seja nítida quanto à relevância, seriam aceitas ou tratadas.

Para se amenizar a relevância dos pontos de vista do conservadorismo e do progressismo, na própria Seção 4.1.6 citam-se os Diagramas 4.1.6-a e 4.1.6-b, provenientes dos conceitos de refinamento da apuração e precedente, bem como as formas de se focar numa avaliação justaposta, técnica e tecida ao teor do valor de uma referida proposta ou ideia de Inovação.

Entretanto, uma forma adicional de se compreender certos exageros ou o rebuscamento desses pontos de vista (conservadorismo e progressismo), consiste em se avaliar o quanto há de intensidade *versus* incidência, em termos quantitativos e qualitativos.

Por exemplo, já comentamos que a percepção e observação são qualidades de extrema relevância e que variam em termos de propriedade, conforme o contexto, a época e as circunstâncias (vide o exemplo da consideração dos aspectos de segurança na competição automotor da Fórmula 1, entre as décadas 1950 e 1960, na Seção 4.4.1). Para a configuração dessa percepção, há nitidamente uma forte influência do ponto de vista vigente, seja esse eventualmente conservador ou progressista, e, portanto, há uma apuração excessivamente intensa e incidente. No entanto, caracterizam-se por um certo desequilíbrio ou impropriedade.

Por exemplo, há uma preposição de cunho progressista de revisar a biografia de figuras históricas públicas, com atuações nas artes e na política, no que tange às caracterizações de opiniões passadas, quanto a aspectos de preconceito ou atos de desabono.

Partindo-se do princípio de que qualquer biografia deva denotar as qualidades e também as desqualificações, de tais figuras públicas, muitas vezes os seus feitos (obras de arte, gestões das coisas públicas, condução, liderança etc.) não apresentam nenhum traço de preconceito ou desabono, porém, avaliam-se seus indícios.

Com base nisso, indaga-se: as obras ou feitos dessas biografias, que sejam reconhecidos como válidos e importantes, passam a perder tal relevância, caso as figuras que as elaboraram apresentem algum elemento de desabono, mesmo se considerando que as obras e feitos não têm qualquer elemento de desabono?

A partir dos conceitos de incidência e intensidade, pode-se claramente tentar aventar uma resposta técnica a isso, apesar de nunca ser totalmente conclusiva, uma vez que se trata de relatos e fatos históricos. No entanto um elemento ou requisito se faz de total relevância em uma análise, ponderação e exame: abstrair-se das sintaxes excessivamente emotivas e passionais. Citando Espinosa: "Nem rir nem chorar, mas entender".

A melhor forma de se analisar, sempre pela simplificação, refere-se à elaboração de um questionário, com que se possa captar a incidência e a intensidade, de determinada conduta (que seja recriminável), conforme:

- Com que frequência se nota ou se observa uma determinada conduta, nos atos públicos e relatos documentados?
- Como se explica a fundamentação de uma obra ou condução, a partir dos ideais ou das premissas que sustentam uma determinada conduta?
- Há distinção quanto à elaboração, realização e resultante no que tange às suas qualificações? (a qualificação de cada etapa se explica conforme o exemplo: têm-se belos palácios e obras arquitetônicas [resultante] numa região, muito bem pensadas [elaboração] por célebres pensadores, construídas ao custo de vidas escravizadas [realização]).

Nota-se que os termos incidência e intensidade não foram usados, entretanto estão implícitos no que rege à detecção da quantidade e da qualidade. A primeira questão visa à identificação de ocorrência (frequência) de uma determinada qualificante. A segunda questão é qualificadora, pois decorre de análise crítica, exame e ponderação para se identificar as fundamentações ou motivações das obras e atitudes, da figura biográfica em questão. Por fim, a terceira questão avalia tanto a quantificação como a qualificação do contexto para saber como as variáveis da elaboração, realização e resultantes foram atribuídas e em relação ao comportamento ou à conduta.

Não seria estranho se o antagônico ou contraditório imperasse, em análises como essas, uma vez que se observam aspectos notáveis e, em outras situações, nota-se algo na forma de desabono. Assim são as biografias. E uma resposta justaposta e técnica se baseia fundamentalmente na ponderação, em que muitas vezes não há uma conclusão assertiva (vide Diagrama 2.4.2.4-a: ciclo do conhecimento, como intersecção para a obtenção inconteste de um dilema-paradoxo). Também a Seção 4.4.1 (Julgamento e subjugação do que é válido e inválido [indícios de ganhos ou perdas] – e contexto que apresenta relevâncias antagônicas) é extremamente proveitoso na análise da intensidade e incidência, a partir da identificação de relevâncias antagônicas.

Para a determinação do IERRI, a conjunção entre incidência e intensidade se torna uma forma de mensuração exatamente por indicar tanto a qualidade ou a qualificação como, também, a quantidade ou a massificação dos elementos constituintes da Inovação efetiva.

A partir de ambos os conceitos, pode-se identificar ou formular uma espécie de análise crítica, quanto à Inovação. Essa análise visa essencialmente a definir para determinação o quanto os processos e trâmites existentes estão efetivamente aderentes com a preposição de elaborar, realizar e resultar em Inovação. Caso seja avaliável via a qualidade e a quantidade de preposições inovadoras, a resultante pode determinar os valores inovativos de tais preposições e respectivos resultados (obtenção da Inovação).

Por exemplo, hipoteticamente, pode-se avaliar a partir da disponibilização de verbas de um fundo-perdido (subvenção) o quanto este tem influência em casos de Inovações efetivas e aplicadas. Se os casos de Inovações efetivas fossem, por exemplo, de 10%, significaria que a cada cem projetos custeados se obteve Inovação em dez situações. Entretanto, desses 10%, verificaram-se que dois casos representam Inovação de alta relevância, estabelecendo-se novas réguas de parâmetros, em que as resultantes desses dois casos impliquem Inovação de alto valor e teor, a partir de métricas e mensurações plausíveis. Assim, desses 2% de Inovação de alta relevância, observa-se claramente um contexto de vicissitude, no sentido de sucessão de mudanças e alternâncias, o que tange especialmente a composição desse fundo-perdido para futuros projetos.

Nesse exemplo, mesmo tendo incidência de meros 2%, esse teor tem uma intensidade tão relevante que acarreta justificar financeiramente os demais 98% dos casos, uma vez que as consequências colaterais são válidas e notáveis, que faz da intensidade o elemento primordial na composição e objetivação desse fundo.

Esse mesmo exemplo é replicável em um programa de transformação social de um público de baixíssima renda, baseado no treinamento e na capacitação esportiva, em que uma quantidade grande de jovens é beneficiada, sendo que, posteriormente, uma incidência minoritária consiga uma movimentação social acedente. Porém, o programa se torna mais louvável quando um desses jovens consegue, ao longo da sua trajetória, alçar a condição de campeão olímpico. Assim, a relação incidência e intensidade terá a causalidade apenas arremetida ao que tange e seja preconizado pelo princípio de funcionalidade e a relação de causa-efeito da Inovação.

A associação entre incidência e intensidade, não somente para fins de Inovação, mas também para situações que visam à solução de problemas, torna-se relevante pois denota e implica a definição de ação. O Diagrama 2.2-b (Definição desmembrada ou detalhada do termo Ação) visa desbravar esse termo, com inúmeras possibilidades definidoras, e essencialmente conjuga o trinômio de comprometimento (junção do esforço e dedicação), qualidade (eficácia e eficiência) e a Inovação em si (criatividade e inventividade). Assim, tais junções denotam simplesmente uma capacidade ou capacitação de elaborar e realizar algo. Caso um problema seja extremamente dificultoso, e um tanto complexo, por razões variadas, como falta de conhecimento ou falta de disponibilidade, a busca por soluções perfaz, via a incidência e intensidade, ações (comprometimento, qualidade e Inovação) que especificamente visam à construção daquilo que permitiria a solução. Então, em um problema em que há a falta de conhecimento para solucioná-lo, a construção da solução necessariamente é uma ação intensa e incisiva de estudos, compreensão e entendimento do contexto em questão, em que o comprometimento esteja na medida ou intensidade adequada, a qualidade na incidência correta e a Inovação na forma de estabelecer criatividade e inventividade em tal solução.

Por essa razão, todas indagações do IERRI terão a qualificação de sentido relacionável à incidência e à intensidade, exatamente para se verificar as propriedades da produção de conteúdo de Inovação, inerente a ambos os conceitos.

5.3.2. CONCEITO DE MOBILIDADE DAS AÇÕES (ESPECTRO DE RESULTANTE)

Esse conceito visa explanar a propriedade (e, assim, uma capacidade) de se buscar alternativas, como solução, quanto a uma situação vigente inadequada ou indesejada. Tal conceitualização já foi bem abordada nos capítulos anteriores, porém, neste Capítulo, um conceito convergente se mostra relevante no que diz respeito à simples atitude de se perceber ou procurar por soluções.

E, a partir da simples palavra atitude, pode-se simplesmente se redefinir um contexto complexo, e talvez indesejável, para algo que denote circunstâncias mais válidas e adequadas. Um exemplo, a partir do exposto na Seção 3.4, tem-se na biografia de *Henri Nestlé*, que demonstrou válida atitude em erradicar a terrível situação de se ver bebês recém-nascidos morrerem de inanição, pela impossibilidade de amamentação ou qualquer outra forma de se suprir a nutrição. Claro que isso não foi simples, porém a atitude, ou postura, diante dessa situação indesejável, denota-se como a motriz precursora (motor de motivação) de uma Inovação de extrema valia, por auxiliar na preservação da vida. Tal atitude é louvável, e digna de admiração; pois não se entendeu limitado pela falta de conhecimento no desenvolvimento de alimentos, e tão pouco, pela resignação de aceitar tais falecimentos, como simples acontecimentos que estamos sujeitos ou fardados.

Então, para esse exemplo, a atitude de se salvar vidas decorreu-se na atitude de se estudar, que promoveu a atitude de efetivar experiências, aprendendo, e concomitantemente, ocorrera com a atitude da perseverança e determinação, até se obter uma resultante que seja adequada, a fim de solucionar o problema em questão.

A atitude, então, nos denota o significado de se ter ou obter um determinado comportamento ou manifestação, no qual seja imbuído de uma disposição, conduta, orientação, propósito ou intenção que valha, impacta ou resulte na interrupção de um padrão ou paradigma.

Não é à toa que a etimologia da palavra atitude decorra do italiano "*attitudine*", implicando no significado da "postura da pessoa"; pois, caso um soldado da antiguidade em plena guerra tenha uma postura de ressalva e feição de medo, não lhe seria cabível uma classificação de atitude de combate e coragem. Então, a denotação da 'postura' se alterou para 'comportamento', uma vez que o termo atitude não implicou somente na referenciação física de um indivíduo, e sim, na sua manifestação e disposição quanto à conduta, frente a uma necessidade ou situação.

A atitude, então, denota por implicar em aspectos ou características, que acabam por ensejar qualidades de um determinado adjetivo, a ser atrelável a uma pessoa ou entidade, desde que essa passe a manifestar efetivamente (a atitude em si, a partir de percursores como, por exemplo: autodidatismo, inconformismo, determinação, perseverança, coragem etc.). A atitude é o predicado de uma ação qualificadora, mesmo que nova, torna-se consequência dessa postura precursora, que se faz adiante em relação ao que deva ser efetivado. Assim, Henri Nestlé teve a atitude de estudar, a atitude de pesquisar, a atitude de desenvolver, a atitude de validar, a atitude de convencer e persuadir, ou seja, foi a atitude constante da coragem e perseverança que, como todas as outras ações acabaram por qualificar esse feito como inovador.

A atitude se torna, então, uma disposição (ou predisposição) para se efetivar uma ação correspondente – variando conforme o contexto, circunstância e conjuntura. A partir desse exemplo, e principalmente da correlação entre uma atitude e uma ação a se efetivar, pode-se denominar o conceito de Mobilidade de Ação.

Não efetivar uma Inovação, em termos de uma resultante que possa ser compreendida como uma aplicação viável e exequível, não seria em tese algo a se desconsiderar, caso claro, haja a propensão de futuramente um determinado princípio de funcionalidade enseje uma relação de causa-efeito inovadora. A esse conceito denomina-se como Espectro de Resultante.

Ambos os conceitos, combinando-se, implicam a capacidade ou propriedade, seja de um indivíduo ou de um coletivo, em saber ou dispor quanto ao planejamento e princípio de ações coerentes e adequadas, a partir da análise crítica e da ponderação em relação à resultante possível, comparável ao resultado almejado.

Essa situação é bastante plausível, no exemplo do micro-ondas, uma vez que a partir do primeiro exemplar, no ano de 1946, até o uso massivo, a partir de 1972, decorre-se um longínquo período em que o espectro de resultante se variou consideravelmente, pois originalmente era um produto-dispositivo volumoso, destinada às cozinhas profissionais, até migrar para uma forma compacta, e ser adotado nos lares como utensílio doméstico.

Observando-se ainda o conceito de repetitividade e reprodutibilidade (vide Seção 4.1.4.2), este apresenta a denotação da variação, que pode ser classificada como uma categorização; aliado às alterações régua de parâmetro e também em relação à percepção em si, que se altera. Nota-se que o preâmbulo que caracteriza a Inovação percorre um complexo trâmite de mutação até se formatar em uma solução efetiva e perceptível.

O conceito de mobilidade das ações em relação aos espectros resultantes tem absoluta correlação com as qualidades de discernimento, perceptibilidade e efetividade por meio da Inovação. Isso implica o campo de atuação de projetos de Inovação aplicada, quando especialmente se observa um determinado campo de conhecimento estagnado, exatamente em termos de mobilidade de ações e espectros de resultantes.

Ambos os conceitos são bastante replicáveis em diversas situações. Por exemplo, na Seção 4.6.2 (o grau de conciliabilidade e a beligerância – perfil ou postura excludente) comentou-se quanto às grandes manifestações e greves na França em 1968, em que as grandezas de valores (caso possível de se classificarem) da mobilidade das ações e os espectros de resultantes se tornam de alta incidência e intensidade, como um fenômeno bastante peculiar e raro, a partir da resultante que ocorrer grande mobilização de pessoas (de estratos distintos), configurando-se com uma alta aderência; fazendo com houvessem alterações políticas e sociais de alta relevância. Assim, o fenômeno de grandes manifestações caracteriza-se por uma alta incidência e intensidade da mobilização de pessoas. Dessa maneira, a ideia de mobilidade de ações e espectros de resultantes diz respeito a situações em que o contexto e as circunstâncias são peculiares, representando os motivos e as causas atreláveis a cada caso, como as situações vistas, por exemplo, em Gênova, em 2001, no Brasil, em 2013, e no Chile, em 2020.

Outro exemplo refere-se à teoria da administração pública que, em diversos aspectos, estabelece as atividades e eventuais serviços pautados pela imparcialidade e, portanto, atuante independentemente das características do solicitante ou postulante de uma determinada atividade ou serviço de finalidade pública-regulatória.

Correlacionada a essa teoria usualmente se utiliza o termo burocracia, o qual, no entanto e possivelmente de maneira equivocada, passou a significar excesso de regras, atrelado às dificuldades e morosidades em se obter serviços, geralmente provenientes de entidades públicas.

O termo mais adequado, apesar de ser um neologismo, conforme o Capítulo 3, é expressar essa dificuldade e morosidade via a "hipernomia" ao invés de burocracia. Etimologicamente, a palavra burocracia vem do termo francês *bereau*, que representa uma espécie de tecido-aveludado verde que era antigamente muito utilizado na forração da superfície de mesas de trabalhos (escrivaninhas), por ser bem confortável, e permitir facilmente o manuseio de papéis e outros utensílios típicos de escritórios. Não é à toa, portanto, que o próprio termo escritório passou a ser referido como *bureau* e, assim, pela teoria da administração pública, os escritórios governamentais de prestação de serviços de utilidades públicas eram quem regia e gerenciava as atividades regulatórias e autorizadoras, sempre de forma imparcial e conforme a legislação, passando a se chamar burocracia.

Assim, a mobilidade de ações e espectros resultantes de uma administração pública e burocrática firma-se nos aspectos que viabilizam a realização, e consequente a mobilidade, das ações ou atividades em uma visão ampla (macroscópica), que estabeleçam:

1) Promoção da saúde, ou seja, transmuta em atividades ou ações de tratamento efetivo, prevenção e preservação da vida e do meio-ambiente (ecologia), assim como alinhada à produção de alimentos.
2) Estabelecimento efetivo e qualitativo da educação, bem-estar, cultura, esporte e continuidade na produção de conhecimento fundamental ou básico e aplicável.
3) Promoção de segurança física, intelectual e jurídica, com imparcialidade institucional e funcional (nos serviços e na regulagem do estado e civilidade), que visam à liberdade de expressão e à liberdade de ações, conforme atenda aos preceitos do respeito e o asseguramento democrático; assim como, a correta arbitragem ou disputas por diferenças provenientes de teses-jurídicas.
4) Fomento às condições ou à viabilidade de moradias, assim como saneamento básico e ambiental correlacionável.
5) Promoção das condições adequadas de viabilidade do movimento, transporte e acessos quanto a mobilidade real, de pessoas, mercadorias e dados-informações.
6) Promoção e fomento de emprego, produtividade, oportunidades, renda e negócios.
7) Desenvolvimento e progresso tecnológico e socioeconômico, via a escalada do conhecimento e atividades em ciências aplicadas e Inovação.

Nesses sete grupos, há demandas que visam ao estabelecimento e à manutenção das sociedades civilizadas e organizadas, que recorre ou se atrela ao progresso, ao desenvolvimento estruturado e contínuo (comumente denominado crescimento sustentável), bem como às consequências de mobilidade de ações que sejam altamente relevantes, em termos de necessidades, orientando, estabelecendo e direcionando do nascedouro das soluções almejadas ou ainda conjecturadas.

Esse nascedouro de soluções, por assim chamá-lo, consiste simplesmente na concepção da forma e o meio de se obter uma solução frente a uma correlacionada demanda ou necessidade (motor de motivação). E a Inovação surge exatamente no estabelecimento ou obtenção dessas soluções, conforme, entre outros, disposto nos Diagramas 1.1-b e 1.2-b.

Entretanto, no exemplo dos sete grupos, há uma forma de demanda que em muitas situações acaba por consistir em uma necessidade recorrente, sem solução aparente ou efetiva. Nisso, então, passa-se exatamente a atrelar essa inadequação por meio de uma percepção de pouca mobilidade de ações e, consequentemente, poucos espectros de resultantes – mesmo em sociedades maduras e já consideradas desenvolvidas.

A Inovação, portanto, passa a ser a materialização de opções de soluções, ainda que em um contexto de estagnação, exatamente por exprimir a novidade como elemento fundamentador. O IERRI deve determinar tal contexto para ponderar com exatidão quanto à real influência que a Inovação denota em termos de solução.

Explicação da Seção 5.3.3 e 5.4

Questionário para obtenção do IERR

5.5. A CONFUSÃO QUE HÁ NO ENTENDIMENTO E UTILIZAÇÃO DE CONCEITOS APLICÁVEIS À INOVAÇÃO

É muito comum confundir conceitos, especialmente se forem atreláveis a atividades ou ações inerentes à Inovação. Por exemplo, no início do Capítulo 1, as diferenças entre o que é causa e o que é efeito são exploradas, inclusive com as variações que permitem confundir um conceito com o outro.

A própria etimologia da palavra confusão implica isso (uma fusão de coisas que se misturam e, assim, não se tornam claramente distinguíveis).

O ato de provocar confusão ou de se confundir, ressalta-se, não é inerente a erro ou equívoco de julgamento e avaliação; está, no entanto, associado a uma tênue e difícil situação de distinguibilidade, entre alguns conceitos, que transformam uma análise passível de interpretações. Alguns conceitos também apresentam certa profusão quanto à propriedade definidora, em que objetivamente não há uma textualização precisa e única (tanto em termos linguísticos como matemáticos), em que efetivamente se obtenha expressa significação e indicação de sentido, enunciando-a ou a manifestando de forma insolúvel, clara e objetiva.

Dessa forma, a dita definibilidade torna-se também uma fonte de incongruência, e, portanto, potencialmente dificultosa e confusa, ao se aplicar as propriedades de Inovação. Pois, por exemplo, pelo Diagrama 2.7.4-b (configuração genérica da validação e ponderação ampla) pode-se confundir os conceitos quanto a uma concepção-teórica com uma concepção-prática. Assim, um projeto de novo produto pode ser prejudicado por esse entendimento incompleto.

Um exemplo real desse tipo de confusão conceitual consiste em um projeto que utiliza refrigeração por absorção, a fim de estabelecer condicionamento de ar interno em ônibus, utilizando-se dos gases de escapes oriundos do motor de combustão. A grande vantagem desse sistema consiste no fato de que não se faz necessário consumo maior de diesel-combustível para se ter um ônibus com ar condicionado, tornando-o operacionalmente menos custoso, em comparação a um sistema de refrigeração por compressão multiestágio (demanda trabalho oriundo do motor de combustão); apresentando a desvantagem da utilização de amônia, como fluido absorvente, por essa ser altamente tóxica. A concepção-teórica consistiria no projeto termodinâmico, em que considerações quanto balanço de massa, balanço energético da 1ª lei da termodinâmica, balanço exergético (2ª lei da termodinâmica) e eficiência são estabelecidos. Com os ciclos termodinâmicos definidos, a concepção-prática envolveria preceitos de engenharia de projetos e sistemas de fluxos; em que se desenha tecnicamente em todos os detalhes o sistema de refrigeração, o ciclo operacional (considerando-se o ciclo termodinâmico, definido na concepção-teórica), promovendo-se a segurança funcional-operacional quanto a amônia (em termos de armazenamento e circulação no ciclo), inclusive, traçando-se os fatores de risco quanto a previsão de acidentes, em que haja a possibilidade de exposição e vazamento dessa substância.

Nesse exemplo, torna-se claro que ao se confundir os aspectos apresentados, e passíveis de avaliação, quanto às diferenças de resultados da concepção-teórica e da concepção-prática, o ciclo decisório (por exemplo, expresso no Diagrama 2.4-a [*Trâmites Casuístico e Formativo quanto ao ciclo decisório*]) pode ser enviesado ao trâmite casuístico ao invés do trâmite formativo, sendo possivelmente rechaçado, por simplesmente reverberar pela presença de uma substância tóxica, não se avaliando o projeto completo; em que os benefícios operacionais de prover um ônibus de transporte urbano de passageiros com ar condicionado, que não consuma excedente de diesel-combustível para isso, com a devida prevenção e precaução a acidentes e vazamentos, não seja considerado. Nesse caso, a concepção-prática necessitaria projetar um sistema-produto que visaria à mitigação dos riscos de exposição da amônia, para a validação ampla do projeto, por meio da constatação e determinação da Inovação (vide Diagrama 2.7.4-a: Propósito, elaboração, realização, imponderabilidade, contratempos, constatação e determinação com formas de validação ampla); porém, devido a um trâmite decisório casuístico, a validação na completude do projeto não ocorre.

No início do Capítulo 4, apresenta-se o conceito de contradição-funcional, em que algum tipo de discrepância é determinante, a fim de que o resultado de algum processo, atividade ou ação seja aquém do que se poderia produzir, caso não houvesse o motivo ou razão de tal discrepância. Assim, confundir o entendimento e aplicação de conceitos torna-se uma das razões mais usuais, pelo simples motivo que haja a prevalência confundida, conforme Diagrama 2.5-a (Definições dos Elementos Relevantes e Aspectos Consideráveis), de um elemento de relevância secundário, em relação ao elemento de relevância primária ou essências; corroborado, conforme Diagrama 4.1.1.1-b (Medidas de Valor e Teor com Contradição Funcional), por análises rasas, sínteses distorcidas e exames incompletos.

O próprio conceito de exatidão, por exemplo, torna-se potencialmente dúbio, ao aplicá-lo. Pois, invariavelmente, há ciências que podem ser entendidas como inexatas, as quais respeitam preceitos estocásticos; e que, porém, podem apresentar boa acurácia no trato e estabelecimento do conhecimento (vide Seção 2.6. Incertezas, Perspicácia, Diagnóstico, Receituário e Prognóstico). Entretanto, e de certa forma, torna-se compreensível que haja uma confusão, de pessoas em geral, e especialmente para aqueles que efetuam a mediação e interlocução do conhecimento ou divulgação de informações, em que se consideraria ou desejaria que as ciências em geral fossem exatas e precisas, considerando-se as ciências de maior participação no cotidiano da sociedade. Por exemplo, a climatologia (inerente às ciências da atmosfera), trabalha com variáveis aleatórios, e assim, torna-se uma aplicação da estocástica, e, portanto, permissível de imprecisões; apesar que a difusão e divulgação dos conhecimentos apresentem uma válida precisão, especialmente que tange meteorologia.

Outro exemplo, relacionável à medicina, faz menção ao fato de que uma medicação ou remédio aprovada para uso amplo da população, não necessariamente apresenta 100% de eficácia quanto aos testes clínicos em uma determinada amostragem. Tal fato é usual, e respeitam determinações de órgãos de estado (responsável pela liberação do uso de tal medicação) e rigorosas leis, em que haja um valor mínimo de eficácia, que permeia algo entre 90% e 95%. Então, torna-se fato, que para um pequeno grupo populacional, tal remédio não apresentaria uma eficácia total. Entretanto, para qualquer pessoa que necessite dessa medicação, a expectativa normal é de total eficácia.

Tais situações criam expectativas que acabam por se confundir com percepções. Na Seção 5.2.3., há o denominado: *Orientação (viés) do senso de julgamento – visão e análise calcada na probabilidade e estatística*, em que exatamente a utilização de uma abordagem estatística-probabilística implica na propriedade de perfazer e orientar as possibilidades, viabilizando uma percepção mais ampla, com uma expectativa também mais assertiva.

Importante ressaltar generalizadamente o correto entendimento de conceitos atreláveis à Inovação, a fim de se evitar soluções como da "varinha mágica", estabelecendo-se expectativas confusas quanto à Inovação e, por isso, acabam por atrapalhar seu desenvolvimento. Assim, a seguir, destacam-se alguns conceitos mais propensos à confusão, especialmente utilizáveis para trabalhos de Inovação.

5.5.1. A DUALIDADE ENTRE PROCESSOS E PRODUTOS

Explicação da dualidade entre Processos e Produtos

5.5.2. ENTENDIMENTO QUE QUEM INOVA É ESPECIAL

Não há formalmente uma qualificação, em termos de certificado, que credencie (vide Seção 4.1.1.1. Análise, exame e síntese [medida de valor e teor] - a análise rasa, o exame incompleto e a síntese distorcida) uma pessoa ou organização como plenamente e constantemente inovadora. Há sim, históricos e casos de sucesso de Inovações, como também intenções válidas, a fim de se efetivar Inovação; porém, sem uma certificação de habilitação para tal.

Sendo isso válido ou não, em termos de pretensão, sabe-se que não há uma habilitação formal nessa significância, porque a princípio se torna especialmente difícil atestar e certificar formalmente e completamente uma habilitação de inovador a alguém ou algo; porém, tal ato não é impossível (vide IERRI, nas Seções 5.3.3 Aplicação e 5.4. Utilização do Índice de Inovação em relação a outros índices existentes), especialmente quanto à constatação prática e tácita da habilidade, e não a habilitação ou certificação formal.

Assim, devido possivelmente à confusão entre habilitação e habilidade, arremete-se, então, intuitivamente para uma peculiaridade interessante, quanto à propriedade de inovar, vinculada a uma espécie de talento.

Tal talento poderia ser visto ou percebido como credenciais tácitas, quanto à propriedade contínua de inovar, seja para uma pessoa ou para um coletivo, que teria qualificação para resultar em Inovação por variadas vertentes, como estabelecer novas relações de causas e efeitos e princípios de funcionalidade, o que seria provado em sucessivos trabalhos de Inovação bem-sucedidos.

Teríamos, portanto, o conceito de "ser especial", em que se agrega a propriedade de especializar a Inovação. Esse conceito, de "ser especial" ou "predestinado", pode gerar ou seria gerado por preceitos de egolatria, em que a autossugestão é potencialmente perniciosa, sendo preferível apoiar-se na ideia de serenidade, pois a Inovação é fruto de um longo processo de trâmites de elaboração, realização e resultantes, os quais requerem serenidade para exames, constatações e ponderações.

Há um princípio relevante quanto à classificação ou autodenominação, em que não se pode determinar se algo ou alguém é inteligente. Conforme a explanação acerca da inteligência (Seção 5.2.3. Perfil de Inovação – lidar com o problema, vontade, virtude, coragem e esforço), é válido mencionar que uma pessoa ou coletivo "trabalha a inteligência", no sentido de continuamente aplicar e atuar no desenvolvimento das capacidades e faculdades de conhecer, compreender e aprender. E, nessa espécie de abordagem, em que se trabalha a inteligência, a pessoalidade exacerbada na forma, por exemplo, da egolatria é um potencial equívoco. Justamente por causa da confusão provocada pela ideia de "especializar", transmuta-se essa ideia no afeto e na emoção que causa a autossugestão de "ser especial", talentoso, único e de relevância ímpar. Trabalhar a inteligência significa e implica alto esforço de aprofundamento da formação intelectual, emocional e de atuação para aquele que produz efetivamente resultantes provenientes do conceito da inteligência. E a presença que os distúrbios do ego possam implicar significa maiores possibilidades de negligência, displicência, imprudência, resignação e impassibilidade, ou abnegação do bom-senso. Isso se torna potencialmente um efeito do excesso de confiança, que nos trabalhos de Daniel Kahneman se define como o viés cognitivo de um indivíduo que superestime sua própria capacidade de julgamento, fazendo-se de uma autoestima exagerada e se esquivando e esquecendo da possibilidade de falhas ou negando e ignorando os riscos.

Portanto, a Inovação não torna ninguém especial, mas torna um determinado trabalho (na forma de resultante) inovador. E aqueles que o elaboraram e realizaram tornam-se apenas parte desse contexto, como artífices, e não o cerne ou o centro da situação. Assim, o fato de uma pessoa ter uma boa ideia não a faz ser a ideia em si (oposição à pessoalidade ou personificação).

Finalmente, comenta-se o risco de se confundir o sentimento ou a autopercepção de ser especial com o conceito das especificidades, nas quais se pode efetivamente perceber habilidades e capacidades individuais, orientáveis à Inovação, sem que essas incidam sobre as questões relacionáveis ao ego e ao viés cognitivo do excesso de confiança. Nesse contexto, ainda se diferencia o conceito de prazer do conceito de satisfação. O termo prazer estaria mais voltado, em termos de acepção, para o significado de agrado e felicidade momentânea direcionada ao sentido de diversão. Já satisfação tem etimologia associada à expressão "pagamento de dívida", que implicaria acepções mais variadas, perfazendo sentidos como: reparação de algum mal; desculpas, explicações ou justificativas; prestação de contas ou informações acerca de uma missão ou obrigação. Por fim, há o sentido semelhante ao prazer, em que se tenha contentamento. Em tese, podem coexistir os termos prazer e satisfação para se elaborar, realizar e resultar em Inovação. Em termos linguísticos, em hipótese alguma estaria errado. Entretanto, pode também existir uma certa confusão entre prazer e satisfação; sendo este último mais plausível para se demarcar o contentamento na elaboração e na realização da Inovação, o que acarretaria prazer. A razão dessa demarcação é simples: é relativamente provável que uma pessoa não tenha prazer em elaborar e realizar a Inovação, considerando-se essas etapas as potencialmente mais penosas, em termos de dificuldades, conflitos e divergências. A resultante da Inovação, que seria a constatação objetiva da relação funcional de causa e efeito, por meio de um princípio de funcionalidade, proporcionando-se a solução para uma demanda (vide Diagrama 1.1-b: correlação dos conceitos adjacentes para a definição da Inovação), seria mais factível de se sentir felicidade e alegria, mesmo momentânea, em que se arremeta a expressão "valeu a pena", em referência à obtenção de forma prazerosa dos resultados, após diversos contratempos.

Estabeleça em ti uma relação de poder e ser, em que, invariavelmente, perceberás que em muitas coisas não podeis, e em outras, sim, serei.

Fim, e muito obrigado pela leitura.

Referências

A ORIGEM do Semáforo. *A Origem das Coisas*. Disponível em: <https://origemdascoisas.com/quem-inventou-o-semaforo-3/>. Acesso em: nov. 2018.

ABBOTT, A. *Chaos of Disciplines*. Chicago: University of Chicago Press, 2010.

ABBOTT, I. H.; DOENHOFF, V. *Theory of wing sections: including a summary of airfoil data*. New York: Dover Publications, 1959.

ABBOTT, M. E.; MEAKINS, J. C. *On the differentiation of two forms of congenital dextrocardia*. [s.l.] Bulletin of the International Association of Medical Museums, 1915. v. 5p. 134–138

ABREU, J. L. A evolução da segurança na Fórmula 1. *Autosport*, 14 fev. 2018. Disponível em: <https://www.autosport.pt/formula1/evolucao-da-seguranca-na-formula-1/>. Acesso em: 25 set. 2023.

ALEXANDER Fleming e a descoberta da penicilina. *Jornal Brasileiro de Patologia e Medicina Laboratorial*, v. 45, n. 5, out. 2009. Disponível em: <https://doi.org/10.1590/S1676-24442009000500001>. Acesso em: mar. 2020.

ARANTES, V. *Modelos Organizadores do Pensamento e o seu desenvolvimento teórico--metodológico: Estudos de Psicologia e Educação*. São Paulo: Universidade de São Paulo, 2012. Disponível em: <http://www.teses.usp.br/teses/disponiveis/livredocencia/48/tde-17092013-102132/publico/LivreDocenciaValeriaArantes16Setembro2013.pdf>. Acesso em: mar. 2012.

AS RESERVAS mundiais de hélio estão a ir pelos ares. *Ihodl*, 24 jun. 2015. Disponível em: <https://pt-br.ihodl.com/economics/2015-06-24/as-reservas-mundiais-de-helio-estao-a-ir--pelos-ares/>. Acesso em: jan. 2019.

ASHLEY, H.; LANDAHL, L. *Aerodynamics of wings and bodies*. New York: Dover, 1985.

BANDEIRA, M. Desesperança. In: *A cinza das horas*. Teresópolis: Typ. do Jornal do Commercio, de Rodrigues & C, 1917.

BAXTER, M. *Projeto de produto: guia prático para o design de novos produtos.* 3. ed. São Paulo: Blucher, 2011.

BBC RADIO 4. A curiosa "lei" que explica por que reuniões inúteis e burocracia dominam empresas. *BBC News Brasil*, 21 jun. 2021. Disponível em: <https://www.bbc.com/portuguese/geral-57266497>. Acesso em: jun. 2021.

BBC RÁDIO 4. O que é o Princípio de Peter, que diz que vagas tendem a ser ocupadas por "incompetentes". *BBC News Brasil*, 4 jun. 2021. Disponível em: <https://www.bbc.com/portuguese/geral-57305027>. Acesso em: jun. 2021.

BEJAN, A. *Advanced engineering thermodynamics.* 2. ed. New York: Wiley Interscience, 1997.

BELHASSEN, T. *Clássicos Ferrari.* [s.l.] Editora Abril. Revista Quatro Rodas, 2002.

BELLONI, L. A fórmula da Havaianas para deixar o mundo aos seus pés. *Exame*, 24 nov. 2015. Disponível em: <https://exame.com/negocios/a-formula-da-havaianas-para-deixar-o-mundo-aos-seus-pes/>. Acesso em: jun. 2019.

BROOKE-ROSE, C. História palimpsesta. In: Interpretação e superinterpretação. 4. ed. São Paulo: WMF Martins Fontes, 2018.

BYTHEWAY, C. W. *Fast creativity & innovation: rapidly improving processes, product development and solving complex problems.* Fort Lauderdale: J. Ross, 2007.

ÇENGEL, Y. A.; BOLES, M. A. *Termodinâmica.* 5. ed. São Paulo: McGraw-Hill Interamericana do Brasil, 2007.

CHURCHILL, W. *Memórias da Segunda Guerra.* Duque de Caxias: Casa dos Livros, 2017. v. 1

COLLINI, S. Introdução: interpretação terminável e interminável. In: *Interpretação e superinterpretação.* 4. ed. São Paulo: WMF Martins Fontes, 2018.

CORTEZ, A. L. M. Notas sobre os limites do crescimento da firma. *Revista de Administração de Empresas*, v. 21, n. 4, p. 79–83, dez. 1981. Disponível em: <http://dx.doi.org/10.1590/S0034-75901981000400008>. Acesso em: out. 2020.

COUGHLAN, S. Quem são os profissionais "marqueteiros", aqueles que não fazem nada e ainda conseguem promoções. *BBC News Brasil*, 22 dez. 2018. Disponível em: <https://www.bbc.com/portuguese/geral-46613751>. Acesso em: dez. 2018.

CULLER, J. Em defesa da superinterpretação. In: *Interpretação e superinterpretação.* 4. ed. São Paulo: WMF Martins Fontes, 2018.

DAVENPORT, T. H. *Process innovation: reengineering work through information technology.* Boston: Harvard Business School Press, 1993.

DAVIS, P. K. *100 Decisive Battles From Ancient Times To The Present: The World's Major Battles and How They Shaped History.* New York: Oxford University Press, 1999.

DE MASI, D. *O ócio criativo.* Rio de Janeiro: Sextante, 2004.

DESAI, M. et al. Measuring the Technology Achievement of Nations and the Capacity to Participate in the Network Age. *Journal of Human Development*, v. 3, n. 1, 2002.

DIAMOND, J. M. *Armas, germes e aço: os destinos das sociedades humanas.* 16. ed. Rio de Janeiro: Record, 2014.

DUANY, A.; PLATER-ZYBERK, E.; SPECK, J. *Suburban nation the rise of sprawl and the decline of the American Dream.* 1. ed. New York: North Point Press, 2000. pp. 88–94

EDMONDS, D. A cidade dividida que ajuda a explicar por que algumas nações fracassam e outras prosperam. *BBC News Brasil*, 3 nov. 2020. Disponível em: <https://www.bbc.com/portuguese/internacional-54792935>. Acesso em: dez. 2020.

ENTENDA o escândalo do defeito em carros da GM nos EUA. *G1*, 30 jun. 2014. Disponível em: <https://g1.globo.com/carros/noticia/2014/06/entenda-o-escandalo-do-defeito-em-carros-da-gm-nos-eua.html>. Acesso em: dez. 2018.

FAGNAN, R. *Há 50 anos, as asas eram introduzidas nos carros da F1*. Disponível em: <https://motorsport.uol.com.br/f1/news/ha-50-anos-as-asas-eram-introduzidas-nos-carros-da-f1-1000986/1648700/>. Acesso em: nov. 2021.

FAPERJ. Rio Pesquisa, Ano IX, n. 33, dez. 2015. Disponível em: <http://www.faperj.br/downloads/revista/rio_pesquisa_33_2015.pdf>. Acesso em: nov. 2018.

FONTOURA, P. R. Alan Turing, o pai da computação. *Invivo*, 2 dez. 2021. Disponível em: <https://www.invivo.fiocruz.br/historia/alan-turing-o-pai-da-computacao/>. Acesso em: fev. 2020.

FORDLÂNDIA, a utopia industrial que Henry Ford queria construir no meio da Amazônia. *BBC News Brasil*, 4 nov. 2018. Disponível em: <https://www.bbc.com/portuguese/brasil-46010638>. Acesso em: jun. 2021.

GAMBOA, S. S. Teoria e da prática: uma relação dinâmica e contraditória. In: COLÓQUIO DE EPISTEMOLOGIA DA EDUCAÇÃO FÍSICA, 5., 2010, Maceió. *Anais*... Maceió: CBCE, 2010. Disponível em: <http://congressos.cbce.org.br/index.php/cepistef/v_cepistef/paper/viewFile/2644/1109>. Acesso em: nov. 2021

GAMERO, I. Robôs Industriais: tudo o que você precisa saber! *Pollux*, 28 mar. 2018. Disponível em: <https://www.pollux.com.br/blog/robos-industriais-tudo-o-que-voce-precisa-saber>. Acesso em: jul. 2019.

GARDNER, H. *Estruturas da mente: a teoria das inteligências múltiplas*. Porto Alegre: Artes Médicas, 1994.

GAVA, A. J.; SILVA, C. A. B. da; FRIAS, J. R. G. *Tecnologia de alimentos: princípios e aplicações*. Barueri: NBL Editora, 2009. pp. 476–479.

GERHARDT, T. E.; SILVEIRA, D. T. (Org.). *Métodos de Pesquisa*. 1. ed. Porto Alegre: Universidade Federal do Rio Grande do Sul, 2009.

GLEISER, M. *O caldeirão azul: O universo, o homem e seu espírito*. 6. ed. Rio de Janeiro: Record, 2020.

GOLDRATT, E. M.; COX, J. *A meta: um processo de melhoria continua*. [s.l.] Nobel, 1984.

GOLEMAN, D. *Working with emotional intelligence*. New York: Bantam Books, 1998.

GONÇALVES, G. F. L. Hobbes: entre os privilégios e os direitos. *Revista Brasileira de Direito Constitucional*, n. 3, jan./jul. 2004. Disponível em: <http://www.esdc.com.br/seer/index.php/rbdc/article/viewFile/63/63>. Acesso em: jun. 2019.

GUNZI, A. A Teoria dos Cisnes Negros. *Forgotten Lore*. 9 ago. 2017. Disponível em: <https://ideiasesquecidas.com/2017/08/09/a-teoria-dos-cisnes-negros/>. Acesso em: mar. 2020.

HOLLINGHAM, R. Como um cientista de Hitler ajudou a levar os Estados Unidos à Lua. *BBC News Brasil*, 4 fev. 2016. Disponível em: <https://www.bbc.com/portuguese/noticias/2016/02/160128_vert_futu_hitler_homem_lua>. Acesso em: jul. 2019.

HOLLINGHAM, R. The British airliner that changed the world. *BBC*, 5 abr. 2017. Disponível em: <http://www.bbc.com/future/story/20170404-the-british-airliner-that-changed-the-world>. Acesso em: fev. 2019.

HUBBARD, D. W. *How to measure anything: finding the value of "intangibles" in business.* Hoboken: John Wiley & Sons, 2007.

JHA, A. What is Heisenberg's Uncertainty Principle? *The Guardian*, 10 nov. 2013. Disponível em: <https://www.theguardian.com/science/2013/nov/10/what-is-heisenbergs-uncertainty-principle>. Acesso em: jul. 2019.

JORDÃO, C.; SALVO, M. P. de. Pedágio urbano: o exemplo de Londres. *Veja São Paulo*, 16 jun. 2012. Disponível em: <https://vejasp.abril.com.br/cidades/pedagio-urbano-exemplo-de-londres/>. Acesso em: abr. 2020.

JUNG, C. G. *Os arquétipos e o inconsciente coletivo.* Tradução: Maria L. Appy; Dora M. R. F. da Silva. 2. ed. Petrópolis: Vozes, 2002.

KARL Popper: "Não sabemos. Só podemos conjecturar". *Superinteressante*, 28 out. 2019. Disponível em: <https://super.abril.com.br/ideias/nao-sabemos-so-podemos-conjecturar-popper/>. Acesso em: mar. 2020.

KLEIN, C. R. DE M. *O ordoliberalismo alemão expresso no ideário econômico de Roberto Campos.* Revista Historiador, Ano 5, n. 5, p. 103–118, dez. 2012. Disponível em: <http://www.historialivre.com/revistahistoriador/cinco/8caroline.pdf>. Acesso em: dez. 2012.

LANA, C. R. de. Filosofia da ciência: Karl Popper, falseabilidade e limites da ciência. *Uol.* Disponível em: <https://educacao.uol.com.br/disciplinas/filosofia/filosofia-da-ciencia-karl-popper-falseabilidade-e-limites-da-ciencia.htm>. Acesso em: mar. 2020.

LAPOUGE, G. Nova edição francesa de Kafka desfaz mito sobre o escritor. *Estadão*, 10 dez. 2018. Disponível em: <https://www.estadao.com.br/alias/nova-edicao-francesa-de-kafka-desfaz-mitos-sobre-o-escritor/>. Acesso em: dez. 2018.

LISTA de acidentes fatais na Fórmula 1. Disponível em: <https://pt.wikipedia.org/wiki/Lista_de_acidentes_fatais_na_F%C3%B3rmula_1>. Acesso em: mar. 2019.

LOPES, R. J. Teoria da Evolução – Darwin contra-ataca. *Superinteressante*, 31 out. 2016. Disponível em: <https://super.abril.com.br/historia/teoria-da-evolucao-darwin-contra-ataca/>. Acesso em: jul. 2019.

MACHADO, D. D. Q. et al. O caso Barings: as lições foram aprendidas? *Revista Alcance*, v. 22, n. 2, p. 316–329, abr./jun. 2015. Disponível em: <https://periodicos.univali.br/index.php/ra/article/view/4891/pdf>. Acesso em: jul. 2019.

MARCELO. Por quê a construção de mais vias não alivia os congestionamentos. *Vá de Bici*, 16 fev. 2013. Disponível em: <https://vadebici.wordpress.com/2013/02/16/por-que-a-construcao-de-mais-ruas-nao-alivia-os-congestionamentos/>. Acesso em: abr. 2020.

MARSTON, W. M. *As emoções das pessoas normais.* São Paulo: Success For You, 2016.

MARTIN, M. G. Seis tipos de pessoas que é bom ter por perto (e outros seis que é melhor manter longe). *El País*, 4 set. 2019. Disponível em: <https://brasil.elpais.com/brasil/2019/09/04/estilo/1567583504_785506.html>. Acesso em: jun. 2019.

MARTINS, K. D. Michelangelo: da criação do universo ao juízo final, breve análise sobre o trabalho da Capela Sistina. *Revista de História Contemporânea*, n. 2, maio-out. 2008. Disponível em: <https://www.revistacontemporaneos.com.br/n2/pdf/michelangelo.pdf>. Acesso em: nov. 2021.

MATOS, F. R. N.; LIMA, A. C.; GIESBRECHT, C. M. Estudo observacional das relações de poder no filme "O Óleo de Lorenzo". *Cadernos EBAPE.BR*, v. 9, n. 2, p. 438–449, jun. 2011. Disponível em: <http://www.scielo.br/scielo.php?script=sci_arttext&pid=S1679-39512011000200012>. Acesso em: mar. 2020.

MENEZES, D. A produtividade marginal no sistema marxista e o Teorema de Euler. *Revista Brasileira de Economia*, [s.d.]. Disponível em: <http://bibliotecadigital.fgv.br/ojs/index.php/rbe/article/viewFile/1791/2741>. Acesso em: out. 2020

MORAES, M. C. B.; GARCIA, L. *P&D integrada com a estratégia de negócio.* In: ENCONTRO NACIONAL DE ENGENHARIA DE PRODUÇÃO, 24., 2004, Florianópolis. Disponível em: <https://abepro.org.br/biblioteca/ENEGEP2004_Enegep0804_0290.pdf>. Acesso em: 22 set. 2023

MORAN, M. J.; SHAPIRO, H. N. *Princípios de termodinâmica para engenharia*. 6. ed. Rio de Janeiro: LTC, 2008.

MORENO, J. A técnica cognitiva que ajuda a não pensar demais nos problemas. BBC News Brasil, 10 jul. 2021. Disponível em: <https://www.bbc.com/portuguese/geral-57790508>. Acesso em: set. 2021.

NASCIMENTO, M. I. M. Galileu Galilei. *HISTEDBR*, 22 abr. 2004. Disponível em: <https://www.histedbr.fe.unicamp.br/navegando/glossario/galileu-galilei>. Acesso em: 22 set. 2023.

NESTLER, S. "O Everest virou um monte banal", afirma alpinista. *Deutsche Welle*, 29 maio 2013. Disponível em: <https://www.dw.com/pt-br/o-everest-virou-um-monte-banal-afirma-alpinista-reinhold-messner/a-16838941>. Acesso em: nov. 2018.

NEUFELD, M. J. *Von Braun: dreamer of space, engineer of war.* New York: Knopf, 2007.

NOGUERA, R. O conceito de drible e o drible do conceito: analogias entre a história do negro no futebol brasileiro e do epistemicídio na filosofia. *Revista Z Cultural*, [s.d.]. Disponível em: <http://revistazcultural.pacc.ufrj.br/o-conceito-de-drible-e-o-drible-do-conceito-analogias-entre-a-historia-do-negro-no-futebol-brasileiro-e-do-epistemicidio-na-filosofia/#_edn2>. Acesso em: nov. 2018.

O FATOR acaso. *Superinteressante*, 21 out. 2016. Disponível em: <https://super.abril.com.br/ciencia/o-fator-acaso>. Acesso em nov. 2018.

O QUE eram a bebida de Satã e o instrumento do diabo, e o que ensinam sobre inovação. *BBC News Brasil*, 6 jul. 2016. Disponível em: <https://www.bbc.com/portuguese/geral-36720539>. Acesso em dez. 2018.

OECD. *Manual de Oslo*. Tradução: Flávia Gouveia. 3. ed. [s.l.] FINEP, 1997.

OLESON, A.; VOSS, J. (Ed.). *The Organization of Knowledge in Modern America*, 1860-1920. [s.l.] The Johns Hopkins University Press, 1979.

OLIVEIRA, C. Marca Líder - Nestlé. Trabalho de Conclusão de Curso (Graduação em Administração), Centro Universitário Católico Salesiano Auxilium, 2008.

ORGAZ, C. J. "A América Latina foi criada por um pequeno grupo de elites para explorar a maioria das pessoas", diz economista. *BBC News Brasil*, 7 mar. 2021. Disponível em: <https://www.bbc.com/portuguese/internacional-56217245>. Acesso em mar. 2021.

OSMAN, M. Até que ponto somos controlados pelo inconsciente. *BBC News Brasil*, 16 jul. 2021. Disponível em: <https://www.bbc.com/portuguese/vert-fut-57778306>. Acesso em: set. 2021.

PAIS, A. Autopoiesis: a teoria sobre a vida desenvolvida por cientista chileno. *BBC News Brasil*, 6 mar. 2019. Disponível em: <https://www.bbc.com/portuguese/geral-47464093>. Acesso em: mar. 2020.

PARK, R. *Value engineering: a plan for invention*. Boca Raton: St. Lucie Press, 1998.

POR QUE Charles Darwin pode ter sido um dos maiores economistas da história. *BBC News Brasil*, 25 dez. 2018. Disponível em: <https://www.bbc.com/portuguese/geral-46636609>. Acesso em dez. 2018.

PORFÍRIO, F. Mito da Caverna. *Brasil Escola*. Disponível em: <https://brasilescola.uol.com.br/filosofia/mito-caverna-platao.htm>. Acesso em: abr. 2020.

PRESTES, G. et al. *Inovação no Brasil e sua Relação com a Tríplice Hélice Universidade*. In: XVII Mostra de Iniciação Científica, Pós-Graduação, Pesquisa e Extensão. Caxias do Sul: Universidade de Caxias do Sul, out. 2017.

QUEM foi Kurt Gödel, o matemático comparado a Aristóteles que fazia caminhadas com Einstein. *BBC News Brasil*, 8 abr. 2018. Disponível em: <https://www.bbc.com/portuguese/geral-43618903>. Acesso em: jul. 2019.

RAEDER, S. Geografia e Inovação Tecnológica. *Mercator*, v. 15, n. 2, p. 77–90, abr./jun. 2016. Disponível em: <https://www.scielo.br/j/mercator/a/8wDg7czprnsRRQyDLpgtWMj/abstract/?lang=pt>. Acesso em: nov. 2017.

ROCHA, E. M. P.; FERREIRA, M. A. T. Indicadores de ciência, tecnologia e inovação: mensuração dos sistemas de CTeI nos estados brasileiros. *Ciência da Informação*, v. 33, n. 3, p. 61–68, set./dez. 2004.

RODRIGUES, L. G. *Um estudo sobre a Teoria das Inteligências Múltiplas*. São Carlos: USP, 2015. Disponível em: <http://www.gradadm.ifsc.usp.br/dados/20152/SLC0631-1/Trabalho_tipos_inteligencia.pdf>. Acesso em: maio. 2019.

RODRIGUES, P. R. G. Influência social, minorias ativas e desenvolvimento moral: ensaio teórico sobre a representatividade política brasileira. *Psicologia & Sociedade*, v. 30, e173402, 2018. Disponível em: <http://www.scielo.br/pdf/psoc/v30/1807-0310-psoc-30-e173402.pdf>. Acesso em: jan. 2019.

RODRÍGUEZ, M. O que é a inteligência contextual e por que ela é buscada para cargos de liderança. *BBC News Brasil*, 29 set. 2020. Disponível em: <https://www.bbc.com/portuguese/geral-54346864>. Acesso em: set. 2020.

RORTY, R. A trajetória do pragmatista. In: *Interpretação e superinterpretação*. 4. ed. São Paulo: WMF Martins Fontes, 2018.

SAMUEL Colt patenteia revólver que permite vários disparos. *History Channel Brasil, 5 nov. 2019*. Disponível em: <https://www.canalhistory.com.br/hoje-na-historia/samuel-colt-patenteia-revolver-que-permite-varios-disparos>. Acesso em: maio 2024.

SATO, Y.; KAUFMAN, J. J. *Value analysis tear-down: a new process for product development and innovation*. New York: Industrial Press, 2005.

SCHUMPETER, J. A. *Teoria do desenvolvimento econômico*. Tradução: Maria Sílvia Possas. São Paulo: Nova Cultural, 1997.

SILVA, A. J. de J. "Probabilidades negativas" e tomografia de Qubits. Dissertação (Mestrado em Ciências Exatas e da Terra) - *Universidade Federal de São Carlos*, São Carlos, 2007.

SPEEDER76. *A personagem do dia - Enzo Ferrari (Parte 2)*. Disponível em: <http://continental-circus.blogspot.com/2018/08/a-personagem-do-dia-enzo-ferrari-parte-2.html>. Acesso em: abr. 2019.

STONE, I. F. *O julgamento de Sócrates*. [s.l.] Companhia de Bolso, 2005.

SWIFT, T. Damage tolerance in pressurized fuselages. 11th Plantema Memorial Lecture. In: SIMPSON, D. L. (Ed.). *New Materials and Fatigue Resistant Aircraft Design*. Warley: Engineering Materials Advisory Services, 1987. pp.1–7.

TESTER, J. W.; MODELL, M. *Thermodynamics and its applications*. 3. ed. New Jersey: Prentice Hall, 1997.

THOMAS Edison, o gênio da lâmpada. Disponível em: <https://super.abril.com.br/comportamento/thomas-edison-o-genio-da-lampada/>. Acesso em: nov. 2018.

TONELLI, D. F.; ZAMBALDE, A. L. Entre a Pesquisa e a Inovação: Dimensões Endógena e Exógena de dois Casos de Inovação no Brasil. *XXXII ANPAD*, set. 2008.

TORRES, O. F. Elementos da teoria das filas. *Revista de Administração de Empresas*, v. 6, n. 20, p. 111–127, set. 1966. Disponível em: <http://www.scielo.br/scielo.php?script=sci_arttext&pid=S0034-75901966000300005>. Acesso em: dez. 2018.

TROTTA, T. A inovação destrói empregos com mais rapidez do que a educação os salva. *El País*, 8 ago. 2017. Disponível em: <https://brasil.elpais.com/brasil/2017/07/19/economia/1500475025_052040.html>. Acesso em: dez. 2018.

TUCKER encontrado em celeiro pode valer mais de R$ 10 milhões. Disponível em: <https://autoesporte.globo.com/carros/noticia/2016/12/tucker-encontrado-em-celeiro-pode-valer-mais-de-r-10-milhoes.ghtml>. Acesso em: jul. 2019.

UNIVERSIDADE CORNELL, INSEAD E OMPI. *Índice Global de Inovação 2020: Quem financiará a inovação?* (S. Soumitra, B. Lanvin, S. Wunsch-Vincent, Eds.). Ithaca, Fontainebleau e Genebra: [s.n.]. Disponível em: <https://www.wipo.int/edocs/pubdocs/pt/wipo_pub_gii_2020.pdf>. Acesso em: out. 2021.

VAN VOGT, A. E. *The voyage of the Space Beagle*. New York: HarperCollins Publishers, 1973.

VARELLA, S. R. D.; DE MEDEIROS, J. B. S.; SILVA JR, M. T. O desenvolvimento da teoria da inovação schumpeteriana. In: ENCONTRO NACIONAL DE ENGENHARIA DE PRODUÇÃO, 32, 2012, Bento Gonçalvez. *Anais* [...]. Rio de Janeiro: ABEPRO, 2012. Disponível em: <https://abepro.org.br/biblioteca/enegep2012_tn_sto_164_954_21021.pdf>. Acesso em: ago. 2018.

VASCONCELOS, L. Transporte - Pedágio urbano. *Desafios do Desenvolvimento*, Ano 4, Ed. 31, 5 fev. 2007. Disponível em: <https://www.ipea.gov.br/desafios/index.php?option=com_content&view=article&id=1137:reportagens-materias&Itemid=39>. Acesso em: abr. 2020.

VEYNE, P. *Sêneca e o estoicismo*. Tradução: André Telles. Campinas: Três Estrelas, 2015.

VIALI, L.; BERLIKOWSKY, M. E. *Cerveja e estatística: vida e obra de um mestre cervejeiro*. Vidya, v. 36, n. 2, p. 507–522, 2016. Disponível em: <https://periodicos.ufn.edu.br/index.php/VIDYA/article/download/1813/1754/5162>. Acesso em: jan. 2018.

VON MISES, R. *Theory of flight*. New York: Dover Publications, 1959.

WANHILL, R. J. H. *Milestone Case Histories in Aircraft Structural Design*. [s.l.] National Aerospace Laboratory, 2002.

WARK JR, K. *Advanced thermodynamics for engineers*. Maidenhead: Mcgraw Hill, 1994.

WEISZ, J. *Projetos de inovação tecnológica: planejamento, formulação, avaliação, tomada de decisões*. Brasília: IEL, 2009.

WINTERBONE, D. E.; TURAN, A. *Advanced thermodynamics for engineers*. Oxford: Butterworth-Heinemann, 1996.

WYLEN, G. V.; SONNTAG, R. E.; BORGNAKKE, C. *Fundamentos da termodinâmica clássica*. 6. ed. São Paulo: Blucher, 2003.